周紹賢著

孔孟要義

中華書局印行

孔孟要義

前編

甲、孔學要義

乙、五經述論

後編

孟子要義

自序

顧亭林云「天下興亡，匹夫有責」。國家興亡，人人有責，有大力者負大責，無大力者負小責，人之於國，猶魚之於水，人人皆當愛國。負責、愛國、必先自修身作起，故大學云「自天子以至於庶人，壹是皆以修身爲本」。修身增強德智，修身爲自愛，由愛己而愛人，由愛家而愛國，家敗則國弱，國破則家亡，故才力薄者負齊家之責，才力強者負治國之責。我之國已治矣，而四鄰諸邦有衰亂者，吾不忍視其民生之痛苦，故輔導之，使之達乎治安；我力之所及，當協和萬邦，使天下太平，使全人類受福惠；此卽儒家所主張之修齊治平之大道。此偉大之德業，二帝三王、漢祖唐宗、已實現於前，後人如欲繼前人之功烈，首須受儒學之陶鍊，自修身作起。

中國文化未遭破壞之前，傳統之風，士人修養之功，首在得「孔顏之樂趣」，孔子曰「君子固窮」，又曰「貧而樂」，故顏子簞食瓢飲，自得其樂。所謂窮、不僅指財物匱乏而言，窮與達相對，凡遭遇困窘，所志不遂，皆謂之窮。貧窮爲艱苦之境，富貴爲幸運之境，諺云「不如意事常八九」，世間幸運之人少，艱苦之人多，如人人皆不肯歷艱苦，皆野心爭富貴，必造成如今日鬥爭殘殺之社會。君子守道安貧，並非不欲富貴，但得之必以其道，「非其義也，非其道也，祿之以天下弗顧也，繫馬千駟弗視也」（孟子萬章篇）。富貴榮祿，必得自合理之機緣，但合理之機緣可遇而不可求；如強求，勢必違道犯義，巧取妄奪，是亂之首也。故聖人敎人安貧樂道，此中有眞樂，樂天知命，故不憂；知足知止，故常樂；「孔顏之樂趣」卽在此中。或以爲若聖人只敎人安貧樂道，若士之所學只在得「孔顏之樂趣」，如此陋隘，去濟世之大道遠矣。須知此乃修身之基本準則，身不修、則一切道皆落空，自身之問題不能解決，卽不能爲他人解決問題，不能自安，卽不能安人，不能自得其樂，卽不能助他人得樂，不能修身，卽不能齊家，遑論經國濟世！道之境界廣大，包羅萬有，得「孔顏之樂趣」，卽得道之樂，此乃至上之樂，樂孔學顏，希聖希賢，經國濟世之道在其中也。

世俗之士好大言，每云：我將來要爲羣衆謀福利，我將來要作一番轟轟烈烈之大事。而其實則醉心富貴，言不由衷。醉心富貴者，志在享奢華、居高位而已，易言之爲滿足私慾而已，此卽孟子所謂「飲食之人」。士君子立身行道，志在聖賢，故不慕富貴，不憂貧賤，將富貴貧賤等閒視之；修其天爵，惟道是從，「故士窮不失義，達不離道，窮不失義，故士得己焉（安然自得）；達不離道，故民不失望焉。古之人得志，澤加於民，不得志，修身見於世；窮則獨善其身，達則兼善天下」（孟子盡心篇）。大禹平水患，后稷敎稼穡，「禹思天下有溺者、猶己溺之也，稷思天下有飢者、猶己飢之也」，禹稷手胼足胝，不辭艱苦，孔子賢之；顏子當亂世，貧居陋巷，「人不堪其憂，顏子不改其樂，孔子賢之」；顏子獨善其身，禹稷兼善天下；有人以爲獨善其身者不能與兼善天下者相比；須知聖賢之道一也；禹稷處顏子之境地，不得不守獨善其身之樂；顏子處禹稷之地位，自然必作兼善天下之事；故孟子曰「禹稷顏回同道，易地則皆然」（離婁篇）。中庸云「素富貴，行乎富貴；素貧賤，行乎貧賤；素夷狄，行乎夷狄；素患難，行乎患難；君子無入而不自得焉」。程明道詩云「富貴不淫貧賤樂，男兒到此是豪雄」。大丈夫行天下之大道，志不在溫飽，能得「孔顏之樂趣」，始能有此胸襟，有此胸襟，始能負經國濟世之責，此簡明之道，即儒門之學。

清末國運衰微，西風吹來，吹起一般狂徒，迷心於列強物質奢華之中，懾伏在侵略者淫威之下，由自卑而媚外，遂主張毀棄祖國之文化而全盤西化，蠱惑青年助其威勢，如陳李等在北大竭力宣傳其惑世誣民之邪說，自稱其集團曰新青年派，主張打倒中國倫理，打倒孔子。民國六年、北大校長蔡孑民先生聘梁漱溟先生講「印度哲學」，梁先生一進北大便問蔡校長「你對孔子持甚麼態度？」蔡校長答「我不反對孔子！」梁先生說「我不僅不反對而已，我來北大，就是要替孔子與釋迦說箇明白，並且要闡揚中國文化思想。」梁先生自此便在講學中闢駁狂妄之邪說，雙方對壘論辯，梁先生謂：「欲圖國家強盛，必須由自身發生力量，必須由老根發新芽，破壞自身之文化，失却民族性，便不能自立；有自立之力，方能學得他人之長處，以補自身之短處，若先毀棄自己之根本，而空想追步他人，則終於望塵莫及，豈非愚妄？」狂徒們則云：中國文化無一是處，毫無可取，必須「連根拔除」。有一次，「新青年派」之鉅子對學生演講謂：「孔子教人不爭、知足，此即中國人之大病；西洋人以不知足為神聖，故有汽車飛機一切科學發明，中國人之不進步，即被知足所害！」梁先生云「不知足，是人類天生便有之私慾，不待教而即能者也，知足是人類又轉進一步，須受教化而後能之；知足、不爭、是道德中之事，科學發明是學問中之事，二者不能並論，不能說有學問便不須要道德。人類之大患不在無汽車飛機，而在無道德互相危害。中國人深知學海無涯，故云「學然後知不足」，學而不厭，對學問亦有不知足之精神；惟中國偏重道德中之學問，與西方科學中之學問不同而已。若忽視道德，縱慾無度，貪得，不知足，此乃野蠻行為；不知足，故必爭，用科學工具逞其不知足之貪慾，其禍不堪設想」！梁先生之說，雖可使對方無從反喙，但對方仍堅持其打倒中國文化之主張，以表示其為新思想。

英國哲人羅素，對中國文化有深切之認識，民國九年來華，訪晤梁先生，暢談儒家人生哲學之優勝，梁先生稱羅氏有高見，譽之為大賢，羅素在中國住一年，對中國社會人生稱美不置，在其所著中國之問題一書中，再三言及：

「西方文化之特長爲科學方法，中國人之特長爲人生究竟之正當概念」。「中國人所發明人生之道，實行之者數千年；苟爲全世界所採納，則全世界當較今日爲樂。」「以予觀之，平均之中國人雖甚貧窮，但較平均之英國人更快樂」。「好動之西洋人處如此之社會，幾失其常度，而不知向日所爲之目的何在。及夫爲時漸久，乃知中國人生之美滿可貴；故居中國最久之外人卽爲最愛中國之外人。」

爾時中國文化、遭破壞已漸衰落，羅素所見餘風猶在，其最贊美中國人知足不爭之精神，爲難能而可貴。蓋知足不爭，人羣和藹相處，各皆安然自得，此卽人生之幸福。不知足而貪慾膨脹，便爲苦惱，貪得妄取，引起爭鬥，便爲人之大災害。不知足在個人流而爲強盜罪惡，在國家則流爲侵略主義。羅素有高深之見，故能了解中國文化之眞價值。人本來有不知足之慾，此風不可長，近世西風東漸，人慾橫流，日本蘇俄得風氣之先，大肆其不知足之慾，九一八事變、日本一舉而奪取中國之東三省，次年，梁先生到煙台避暑，學術界請其講「如何制止外患」？梁先生所講大意謂「中國文化衰落，失却自立之力，不能自立，故落到今日之地步，欲復興中國，必須復興中國文化；文化復興，有自信自強之力，自然可以抗拒侵略，收復失地」云云。當時一般浮淺之輩聞而大笑之、曰「中國文化能敵外國之槍礮乎」？梁先生曰「非爾等所知也！」——德、義、日三強逞其不知足之野心，積極侵略，引起世界二次大戰，戰火彌漫全球，結果，三強主戰之禍首皆死於非命，敗亡之後，其國家亦隨之而沒落。中國人眼見不知足之結局如此，有心人回頭反省，數十年來，崇效洋人之精神，學而不成，成亦無益，於是始知自己之問題，非由自身之力量不能解決，因而復興中國文化之口號以起，梁先生早日之言，始有人注意；眞理永不泯也！

「己欲立而立人，己欲達而達人」（論語雍也篇），立己立人，必先自修身作起，故羅素云「孔子之功，在教人處己之方」（羅著中國之問題）。印度詩人泰戈爾來華，訪梁先生，述其對儒家之觀點，亦云「孔子之道，是一種人事教訓」；梁先生謂『孔子把握得人類生命更深處作根據，而開出無窮無盡可發揮的前途，所以不必對付人，而人自對付了；人類自要歸入他的轍。看他似收羅不住聰明人，而不知多少過量英豪鑽進去就不出來。看他似了無深義，令人不起勁，而其實有無窮至味，足以使你「不知手之舞之，足之蹈之。」他是「極高明而道中庸」，你不要認爲他平平常常就完了；——他比任何高明者更高明，他比任何新妙者更新妙。如泰戈爾等，祇見孔子處處剴切人事的許多教訓，而未發現其整箇精神，一貫之道；——祇見到外面的「中庸」，未見到內裏的「高明」，故他懷疑孔子非宗教，只有人事的許多教訓，爲何亦能在社會上有根深蒂固偉大而長久的勢力』？——人類生命之深處在理性，儒家之道完全由人類之理性開發而出，從修身齊家、父慈子孝作起，順人情之自然，推己以及人，由父子之愛擴大而爲人羣之愛，由家庭之愛擴大而爲國族之愛，形成博愛互助之倫理社會；此道平易近人，而深寓奧義，論淺近，則孝慈齊家，愚夫可以能行；論遠大，則治國平天下，須有聖人之德能；誠所謂「極高明而道中庸」，中國數千年來，長治久安之幸福，光輝燦爛之文化，皆由此而生。

中國文化思想，主張全人類和平相安，共存共榮，反對侵略者之強盜行爲，故羅素云「西方人能發明新式之武器，而不能善用；須有中國之人生思想，始能善用此新式武器。」誠然，西人以不知足之精神，用銳利之武器，肆行侵略，行爲瘋狂，造成世界大戰，結果慘敗，等於擧火自焚。今日兇狠者不知足之精神，仍然作祟，到處製造鬥爭，又將醞釀大戰，勢必重蹈覆轍，自趨滅亡。侵略者欲挽救自身之失敗，當早自悔悟，勿再造孽；被侵略者亦須速自覺醒，振奮自強，聯合抗敵，以保安全。欲求世界和平，人類共同之幸福，非學儒家「修己安人」之精神不可，非走中國「大同」思想之路不可。吾師梁漱溟先生，自神州失色，被困於大陸，仍然堅持復興中國文化之旗幟，與惡勢力對抗，迄今已八十六歲，歷艱險，受折磨，志不稍餒，其苦可想而知，余愧無力助吾師，爰以此文在默默中靈感相通，作吾師精神之安慰！

因在哲學系講授孔、孟、荀哲學，曾著孟子要義、荀子要義，早已出版，惟孔學要義尚未印行，茲與孟子要義合成一編，名曰孔孟要義。余教課只據經典以講說，不長於發揮，無深邃理論，此書亦只平鋪直敍，求其簡明，輔導諸生通經典之文，曉儒門之正義，俾得善自體會而已。敬撰前文，以爲本書之序。

中華民國六十八年四月十日 海陽周紹賢序於國立政治大學

孔孟要義

前編

甲、孔學要義

一、孔子傳

孔子姓孔、名丘（後世爲尊崇聖人，諱其名，故讀丘爲某），字仲尼，春秋時魯國人，生於周靈王二十一年（魯襄公二十二年，西元前五五一年），卒於周敬王四十一年（魯哀公十六年，西元前四七九年），享年七十三歲。——春秋時代亦卽東周時代。春秋爲古史之通稱，因史官記事，以年繫時，以時繫月，如某年春二月、某年夏四月，一年時序爲春夏秋冬，故簡稱史書曰春秋。孔子將魯史隱公元年至哀公十四年之資料加以整理，重新撰著，雖以魯國爲主，而備述列國之事，寓褒貶以明大義，後世稱其書曰春秋經，遂以其中所記二百四十二年之史，曰春秋時代。

孔子之祖先爲宋國人，十世祖弗父何（周厲王時）本爲宋國太子，讓位於其弟厲公（名鮒祀）。弗父何之曾孫正考父曾爲戴公、武公、宣公三朝之輔佐大臣，曾受三次誥命勳獎，身爲上卿，謙恭愈謹。正考父之子孔父嘉爲大司馬，被太宰華督所殺，其子奔魯（或謂孔父嘉之曾孫防叔始遷居魯國，防叔爲孔子之曾祖），五傳而生孔子，孔子之父孔紇，曾爲郰邑大夫，爲人勇敢有力，出戰曾兩度建大功。初娶施氏生九女，妾生孟皮，有足疾，繼娶顏氏生孔子。

孔子三歲喪父，繼之母亦早亡，孤苦貧窮，好學不倦，嘗曰「三人行，必有我師」，故問禮於老子，學官於郯子，學樂於長弘，學琴於師襄。凡禮樂射御書數，無不精通，博學多能，名聞遐邇，有弟子三千餘人，其中著名之大賢七十二人。

孔子初出仕爲季氏小吏，管理倉庫牛羊等事，凡事皆著成績。當時列國諸侯互相侵伐，而各國之大夫亦往往爭權而起內亂。魯國有三巨室：季孫氏、叔孫氏、孟孫氏（又稱仲孫氏），因皆係桓公之後，故當時稱爲三桓。三家專權跋扈，季氏之勢力最大，昭公患之，率師攻之，欲先滅季氏，結果被三家所擊敗，昭公奔齊，又流亡至晉。孔子亦因內亂而適齊，爲齊貴卿高昭子家臣，齊景公聞孔子賢，屢向孔子問政，但齊相晏子與孔子不同道，齊大夫又嫉忌孔子，景公不能用，孔子遂返魯。

孔子四十二歲，魯昭公卒於晉之乾侯，定公立，是時季氏之家臣陽虎劫持季桓子而奪權作亂，大夫以下皆離正道，故孔子不仕，退而修詩書禮樂，弟子彌衆，聲譽愈高，魯定公乃以孔子爲中都宰（中都、今山東汶上縣），制定禮法，境內大治，路不拾遺，行之一年，諸侯則焉。定公謂孔子曰「以此法治魯國，何如」？孔子曰「雖天下可平，何但魯而已哉」。嗣又以孔子爲大司寇。齊景公懼魯用孔子，乃修好於魯，孔子輔定公與景公會于夾谷，爭取勝利，齊乃歸還所侵魯汶陽之田以謝過。

孔子以欲強國，必須一致擁護政府，統一國內，魯國三家割據，季孫氏據費，叔孫氏據郈，孟孫氏據成，是爲大患，乃設計「墮三都」，以大義曉喻三家，使之拆除私都，使子路爲季氏宰，先策動季氏，於是季桓子、叔孫武叔先後各將私都拆除；惟孟懿子聽家臣公歛處父之言，不肯履行，定公下令攻之不克，此策未得實現；季桓子對孔子遂漸冷淡。事在定公十二年。次年孔子爲魯相，時年五十，攝政七日，首誅亂政大夫少正卯，三月而國大治，齊人懼，乃設計使魯之君臣怠於政治，選妙歌善舞之美女八十人，送於魯，定公與桓子受之，三日不朝，孔子乃率弟子去魯，周遊列國，以覓行道之機。

孔子周遊列國，先至衞，見衞靈公不可與論政，且又父子相夷，遂去；至於匡，匡人恨陽虎曾爲暴於其邑，孔子貌似陽虎，因而被圍，阻留五日，孔子絃歌不輟，處之泰然，及匡人知爲孔子，乃謝罪解圍而去。至曹適宋，宋司馬桓魋欲殺孔子，乃適鄭，自鄭將適蔡，行至陳，遇吳兵攻陳，楚兵救陳，兵荒馬亂之間，困於途中，絕糧七日。居陳三載，又逢晉楚伐陳，孔子乃有歸歟之嘆。於是去陳適蔡，又自蔡至葉，楚昭王遣使聘孔子，陳蔡恐楚用孔子勢將益強，乃發徒阻孔子，子貢先之楚，楚王興師迎孔子，將封以書社地七百里，楚令尹嫉孔子，乃自楚返衞。衞孝公以禮奉養孔子，弟子多仕於衞，留衞五年，又返魯。計周遊列國凡十四年，年已六十九歲，時魯哀公十一年。

返魯後，不得用，孔子亦不求仕，見周室衰微而禮樂廢，詩書缺，乃專心於教學、著述，將詩、書、禮、樂、周易、春秋六大要典，加以整理撰纂，成爲六經，傳於後世。魯哀公十四年四月，孔子卒，年七十三歲。

我國開化最早，至黃帝時政治制度，社會禮法，已燦然可觀，並有文字記述，傳至後人，歷代繼續發揚，及周公制禮作樂，倡政教合一之風，建立周朝之文化。孔子生平最崇周公之德業，故夢寐思之。東周而後之天子，大抵平庸，不能領導群倫，故王室衰微，漸至禮樂崩毀，文教陵遲，諸侯相侵，天下乃亂。孔子以天縱之才，懷濟世之志，然而無權無位，不能成當前平治之功，乃毅然負起中國文化承先啓後之責，闡人生之眞諦，集前聖之大成，致廣大而盡精微，極高明而道中庸，是以成爲中國文化思想之正統，數千年來，作人心之主宰，爲國家之命脈，華夏之盛，彪炳宇宙，厥功偉矣！

近世國人不振，國運頽衰，不能遵先哲之明訓，不能繼先人之盛業，失却自信之力，空逐外人之驥尾而奔忙，愈落伍而愈昏惑，以中國之物質科學不及外國，遂以中國之倫理道德亦皆無一是處，假進步之口號，侮聖人之言，大膽狂妄，對中國文化辱罵破壞不遺餘力，以致大道既隱，人心無所憑依；正義消沈，國家淪於浩劫；嗚呼！迷入歧途，已將陷於絕境，可不知速返乎！欲復興中國，非復興中國文化不可，亦卽非實踐聖人所指示之大道不可。聖人之道，如日月經天，雖偶遇陰霾，而烏雲終不能蔽太淸也。任何異端邪說，不能勝眞理；故任何異端邪說，吾皆敢與之辯也。

二、儒學之淵源

我國開化最早，倫理紀綱，文物制度，至黃帝時已趨入正軌，歷代繼續發揚，至周時而文化大盛。古昔民族領袖，乃順人事之自然而產生，其德足以領導群倫，其才足以造福社會，是以爲群衆所擁戴，出而負治平之責；如堯之克明俊德，協和萬邦；舜之濬哲文明，蠻夷率服；禹之抑平洪水，救濟蒼生；湯武之應天順人，伐暴安良；皆爲創造盛世，德昭萬代之聖王。其治天下之大經大法，在周時稱曰「先王之道」，簡稱曰「王道」。在王道教化之下，所講之學問，名曰「道術」。春秋之世，王道陵夷，孔子憂之，乃整理典籍，聚徒設教，傳先王之道，以啓後之學者，將修身齊家治國平天下之一切道術，統攝於六經之中，以垂後世。及至戰國，諸侯紛爭，天下大亂，有志之士，欲救時弊，各就其所見，各持其所學，以發表其思想理論；各是其所是而非其所非，因而百家爭鳴，互相辯難，此卽莊子所謂「天下大亂，聖賢不明，道德不一，天下多得一察焉以自好」，於是道術分裂，「內聖外王之道，闇而不明」，百家之學，「皆有所長，時有所用」，亦本由道術而衍出，漢書藝文志謂諸子出於王官，誠不誣也；如法家之信賞必罰，墨子之貴儉尚賢，亦王道所不廢，然而其固執一端，雖持之有故而言之成理，終為「一曲之士」，一偏之見也。莊子為諸子中之傑者，「其學無所不闚」，其對當時諸家學說，有恰當之批評，其謂古之道術「配神明，醇天地，育萬物，和天下，澤及百姓……其在於詩書禮樂者，鄒魯之士、搢紳先生，多能明之」（以上所引皆莊子天下篇）。當時稱孔子之學曰儒家，所謂鄒魯之士，即指儒者而言；莊子之評語如此，足見其對儒家之推崇。孟子與莊子同時，在諸子爭鳴之中，最能闢邪說正人心、以宏揚孔子之道者、為孟子。孟子而後，戰國末世，堅持王道禮義之論，以憲章儒學者、為荀子，孟荀之言雖有異點，而殊途同歸。然荀子非十二子、其中譏孟子謂「案往舊造說，謂之五行，甚僻違而無類」，依此而言，則孟荀之學似大有差異；然孟子書中、並無五行之說，楊倞注云「五行、五常，仁義禮智信是也」。若果為五常，荀子豈能反對？余深疑焉；後讀困學記聞（卷十）有云「荀卿非十二子，韓詩外傳四引之、止云十子，而無子思孟子。愚謂荀卿非子思孟子，蓋其門人如韓非李斯之流，託其師說，以毀聖賢，當以韓詩為正」。此言是也，不但非薄子思孟子之言為荀弟子所竄入之文，即荀子大略篇，亦顯然為雜錄荀子之語，出自弟子之手；而堯問篇，謂荀子之善行、「孔子弗過」，亦顯然為弟子所作；尚有其他可據，足證非薄子思孟子，必非荀子之言，余作荀子要義，有詳明之解說，四庫全書簡明目錄：

儒家類、謂荀子「宗法聖人，誦說王道」，是以孔孟連稱，孟荀並列，孟荀皆纘孔子之緒，宏揚儒家之道，故研究儒家哲學，當依次詳解孔、孟、荀三大師之言論。

孔子之學稱爲儒家，孔子自云「述而不作」，儒學非孔子所創，「儒」之名稱，孔子以前卽有之；魯哀公問「儒行」於孔子，孔子作詳明之解答。何謂儒？解釋者不一，禮記儒行篇，鄭康成之注及孔穎達正義之解，皆迂曲而且於義未足。據儒行篇、孔子所述儒者之博學篤行，其剛毅自立、謙讓對人、忠義處事之精神、其人格之完美，非片言可以形容，故周禮天官云「儒以道得民」，鄭注「儒、諸侯保氏、有六藝以敎民者」。地官大司徒「聯師儒」，鄭注「師儒、鄉里敎以道義者」。此可見儒者能以道得人，可以在大學敎國子，亦可以在鄉里敎平民。法言君子篇云「通天地人曰儒」。總之、儒爲品學高尙，足爲人師表者也。然則儒字從人從需，則解爲儒者所傳之道、爲人生所必需，豈不簡明？韓詩外傳卷五云「儒、不易之術也」。亦卽言儒者所傳之道術，爲人生之常理，永不變易也。

三、道德哲學

中庸云「大哉聖人之道」，孔子所傳之道，卽聖人之道，言其廣大，則峻極于天，蕩蕩乎民無能名焉；言其簡易，則其宗旨可以四字括之曰「修己安人」而已。修己卽修身，修身之要領爲「尊德性而道問學」（中庸），亦卽敦品行而修學問，品學並重；但如必不得已而言其先後，則品德爲先，學問次之，故曰「行有餘力，則以學文」（論語學而篇）。蓋學問之中，包括治事之知能，若不修德行，則知能愈大者其爲害亦愈大。人類爲群體生活，當求社會公共之安樂，變亂之中，豈有個人之幸福？故修己卽所以安人，人安則己安；安人必須修己，修己始能安人。小而言之：個人之於家庭，修己始能和睦相處，進而崇德廣業，闔家歡樂，此卽所謂齊家。大而言之：修己而達聖賢之境，欲使天下人皆安樂，故以天下事爲己任，其德足以服衆，才足以濟世，是以能勝殘去暴，撥亂反正；勵精圖治，安民靖邦；此卽所謂治國，推而至於平天下，皆由修己以達成功，故曰「自天子以至於庶人，壹是皆以修身爲本」（大學）。

孔子教人以聖人爲準則，聖人爲大德大智之人，非衆人所能及，雖不能及，然不可無上進之心；上進之心，原無止境，故聖人亦自強不息。聖人不朽之功業，非人人所能爲，然聖人之修身崇德，則人人能爲之。修身崇德，斯爲君子。『子路問君子，子曰「修己以敬」，曰「如斯而已乎」？曰「修己以安人」，曰「如斯而已乎」？曰：修己以安百姓；修己以安百姓，堯舜其猶病諸』！（憲問篇）。達到治天下，安百姓之目的，使人人皆得其所，皆如所願，此爲難能之事，然而聖人不以難能而恕己卸責，故「一民飢、曰我飢之；一民寒、曰我寒之；一民有罪、曰我陷之」，「一夫不獲，則曰是予之辜」（尚書說命），聖人之憂民如此，自感力所不及，深以爲憾，故曰「堯舜其猶病諸」！「修己安人」、作到至善之程度，使天下人人安樂，實現大同世界，此儒家所定之人生理想境界，其哲學宗旨，即導人向此境界而邁進。

孔子將人之才性分爲上中下三等；實行「修己安人」之道，亦可分三種程度，上智之人遵其道，即成爲聖賢，才德超衆，能爲社會人群造幸福；中等人遵其道，向上可以追隨聖賢，而最低限度亦可成爲君子，以身作則，成化民淑世之功；下等人遵其道，必能守其本分，不妨害他人，而自安其身家。可見儒家之道，言其廣大，則無止境；言其淺近，則易知易行；此可舉中庸之言以明之曰「君子之道費（廣）而隱（微），夫婦之愚，可以與知焉；及其至也，雖聖人亦有所不知焉。夫婦之愚，可以能行焉；及其至也，雖聖人亦有所不能焉。天地之大也，人猶有所憾，故君子語大，天下莫能載焉；語小，天下莫能破焉」。儒家之哲學，誠所謂「極高明而道中庸」也。

道與德本爲二義，故當分作解釋。宇宙萬物各有其生存之道，無其道、則不能生存。道亦卽「理」，故道理二字合爲一詞，人生之道，卽人生之理，例如：人必須有衣食始能生活，人必須依群體始能生存，是卽所謂自然之理；而如何求衣食？如何處群體？亦必有其當然之理；此卽所謂人生之道。人生有向上之希求，要求達乎至善之境，故人生之道廣大無涯，凡對己、對人、處事，小而獨善其身，大而兼善天下；上而經國濟世之功，下而販夫走卒之事；一切學問、俱謂之道。茲略述孔子所言之道：

孔子以仁爲道德之本，孟子以仁義爲道德之本，荀子以禮爲道德之本，殊途而同歸，總歸於人生之大道。一切道德皆有連貫性，名辭講說之旨趣不同，而實踐篤行之道無二。孔子以前之聖哲、首先所立道德之本目曰「中」，中者、正也，內心中正而無偏私，則處事光明正大，必合於道。堯命舜曰「允執其中」，故舜治天下，能「用其中於民」，自然能使「民協於中」，咸順乎道（大禹謨、中庸），舜亦以此而命禹（論語堯曰篇）。商湯「建中于民」，十數代後，商道衰，盤庚遵湯之德，躬身率正，令人民「各設中于乃心」（仲虺之誥），，於是商祚復興（盤庚中）。傳至周朝、「中」或稱「正」、或稱「中正」，全部周易，以「中正」爲至上之德。中則持心如秤，公正無私，無過與不及之失，此二帝三王治天下相傳之心法，一切事衡之以中，則順理成章，咸得其宜，大通無礙矣。其顯於個人之態度，即臯陶所言之九德「寬而栗，柔而立，愿而恭，亂而敬，擾而毅，直而溫，簡而廉，剛而塞，強而義」，此即人生處世，中正之常度。總之，「中」爲至極之大道，至極即至善之法則，故亦稱曰皇極（洪範）。

中庸之道——孔子述先聖之道，衍中道之義，稱曰中庸之道。何謂中庸之道？

四書集注、朱子引程子語解釋中庸云「不偏之謂中，不易之謂庸。中者天下之正道，庸者天下之定理」。中者正也；不偏左、不偏右，處其正中，故曰中正，中正即公正；對人公正，則人我兩利；處事公正，則無偏傾之失。凡事不走極端，作到恰好適當，便爲中。庸者常也，正常之道也；正常之道、平實無僞，不逞機巧，對己爲「誠其意、勿自欺」；對人爲「言忠信，行篤敬」；處事爲「實事求是」，「不好高騖遠」；此雖爲平坦之途，易於實行，然而能之者鮮矣。老子云「大道甚夷，而民好徑」，聰明之人，每嫌中庸之道平凡，故不肯行；愚鈍之人，則審事多闇，不明中庸之道；故孔子曰「道之不行也，我知之矣，智者過之，愚者不及也」。又曰「爵祿可辭也，白刃可蹈也，中庸

不可能也」（中庸）

不戀高官厚祿，可謂淸矣，然如段干木，踰垣而避魏文侯，泄柳閉門而阻魯繆公，是皆太過，可以仕則仕，可以止則止，方合中庸之道；子路故意犯難而殺身，卞莊子故意奔敵而趨死，是皆蹈白刃而不懼者，勇則勇矣，然非中庸之道也。

周室劉康公有云「吾聞之，民受天地之中以生，所謂命也；是以有動作禮義威儀之則，以定命也」（左傳成公十三年）。此孔子以前之賢者所講「中」之本義；中者、正也，謂人稟天地之正氣以生，順此天理以盡其生存之道，此乃當然之法則，亦卽生命之所本，有本則生，無本則亡，故由中道而產生禮義，以爲對人處事之法則，由中道而衍出威儀，以爲自愛自重之法則；此種種法則，卽所以保障生命、安定人生也。人之天性皆賦有生存之法則，亦卽皆有中正之善性，然因外感於物，而情慾生，好惡有所偏倚，於是便失却中道，差之一絲，甚至謬之千里。是以孔子敎人注重率性修道之功：率性卽不悖天性，而充實本然之善；修道卽守道不渝，以去夫外誘之私；如此則表裏如一，從容中道矣。

中庸云「喜怒哀樂之未發，謂之中；發而中節，謂之和。中也者、天下之大本也；和也者、天下之達道也。致中和，天地位焉，萬物育焉」。修道養心，不爲外物所惑，不被慾念所擾，則胸境平靜，不作喜怒哀樂之衝動，只有正氣主持一切，此卽謂之中。然人不能無喜怒哀樂，當喜而不喜，當怒而不怒，謂之無情、或矯情；不可哀而哀，不可樂而樂，謂之痴情或反情。情感在內，居乎大中至正，誠於中形於外，故喜怒哀樂不發則已，發而現於外，皆能隨時執中，合乎節度，如此則人我同情，不相乖戾，社會和平，所以說中者天下之大本；人情和順，相處宴然，爲人類共同希求之太平盛世，故曰天下之達道。能致中和之道，則「天秩有禮」（皋陶謨），世事各得其所，萬物各遂其生，此天人合一之道也。

大學之道：在明明德，在新民，在止於至善。——古者八歲入小學，所教者爲灑掃應對進退、日常行事、及對人之儀節，進而至於禮樂射御書數之藝。大學則講治國平天下之道。從修明自身光明之德性作起，進而至於領導衆人日新其德，己立立人，己達達人，以期人己皆達乎至善之境。實現此道，其步驟爲：格物、致知、誠意、正心、修身、齊家、治國、平天下。（大學）。

富與貴是人之所欲也，不以其道得之不處也；貧與賤是人之所惡也，不以其道得之不去也」（論語里仁篇）。——此道指建功立業之道而言。人欲得富貴而去貧賤，當憑己身之學能，由正路而求取，「見利思義」，決不巧取苟得；孟子發揮此義云「非其義也，非其道也，祿之以天下，弗顧也；繫馬千駟，弗視也」（萬章篇）。

士志於道，而恥惡衣惡食者，未足與議也（里仁篇）。——此道指修身爲學之道而言。士者、才之美者也，當敦品好學，志在聖賢，與世俗飲食之人不同，故能安貧樂道，雖簞瓢屢空，宴如也；所謂「君子謀道，不謀食」（衞靈公篇），謀道之目的在乎濟世，非在乎求祿也。

朝聞道，夕死可矣（里仁篇）。——此道指生死自然之道而言。怕死偷生之人，蠅營狗苟，無所不爲。倘能明生死乃自然之律，天命有必然之理，則生順死安，自能處之泰然。所謂「聞道」、言其聞此道而得徹悟也，若徒聞道，而未徹悟，則與未聞道者何異？既豁然大悟，則生無足喜，死無足懼，自古並無不死之人，聽造物之安排而已。此中包括天人相與之道，公冶篇子貢謂「夫子之言性與天道，不可得而聞也」。夫子並非不言天道，雖言天道，而非一般人皆能了悟，故曰「不可得而聞也」。聖賢明天道，能超脫生死，視人之生，等於旦暮之間；人若朝悟道而夕死，亦坦然自如，無所貪戀，無所遺憾也。佛典有云「若人生百歲，不解生滅法，不如生一日，而得了解之」（付法藏因緣傳卷二）。此與「朝聞道，夕死可矣」同意。莊子謂眞人「不知悅生，不知惡死，其出（生）不訢，其入（死）不距，翛然而往，翛然而來而已矣」（大宗師篇）。既了解生死法，則生死自然，生寄死歸，無往而不自在也。

道不行，乘桴浮於海（公冶篇）。天下有道則見，無道則隱（泰伯篇）。道之不行，已知之矣（微子篇）。天下有道，則庶人不議（季氏篇）。——此道皆指政治教化之道而言，亦即「王道」。孔子見當時列國互相攻伐，知大亂將至，故周遊列國，欲以王道開悟時君，雖知風氣所向，時勢所趨，不易挽救，然悲天憫人，憂世心切，故以「知其不可而爲之」之精神，干「七十二君，論先王之道，而明周召之迹，一君無所鉤用」，慨然曰「甚矣夫、人之難說也、道之難明也」！（莊子天運篇）。棲棲奔勞十四載，知道已不行，乃歸而著書傳道，故曰「天下無道則隱」。天下有道，政治修明，人民安居樂業，對政府無所非議，故曰「庶人不議」。今之反聖人之言者曰：「天下無道，當抱奮勇出而革命，豈可隱退？今世文明強國，皆有民議機關，經常議論政治，精而愈求其精，豈天下有道，庶人便不議乎」？——此狂妄無實之言，不足辯也！

隱居以求其志，行義以達其道（季氏篇）。——此道指擴大修己安人之道而言，亦即推行「王道」。士志於道，志在修道濟世，達道亦即得行其志。天下無道則隱，雖隱居、而仍治聖賢之學，以求遂其所志，既得志用世，則推行正義，以實現生平所抱之大道。在隱居求志之時，不顯於世，此類高士，代不乏人，所知者如顏淵原憲是也；若夫行義達道，得展其志，則必須風雲際會，時機許可，此則難矣，如伊尹太公是也；故孔子曰「吾聞其語矣，未見其人也」。

君子學道、則愛人；小人學道、則易使也（陽貨篇）。——此道指禮樂教化之道而言。禮樂教化、足以啓發理性，導人向善，接受此道之程度愈高，其德性愈高，道無止境，學無止境；在位者學道，則愈能善其德政而愛護人民；人民學道，則心平氣和，擁護政府；於是上下親睦，而國寧矣。

君子道者三：仁者不憂、知者不惑，勇者不懼（子罕篇、憲問篇）。——此道卽中庸所謂知仁勇三達德。仁者心胸坦蕩，「達乎天德」，明天人合一之道，與宇宙萬物爲一體，以天地爲蘧廬，以浮生爲幻夢，無私心得失成敗之慮，故無憂。智者能洞察事理，燭照幽微，識是非之端，明變化之機，故不惑。勇者自強心盛，剛正不阿，處事仗義，理直氣壯，故不懼。人之才性高下不一，凡肯致力修養者、皆可成此善德，故孔子曰「好學近乎智、力行近乎仁、知恥近乎勇」（中庸）。好學求知，可以破愚，故近乎智；勉力行善，降伏私心，故近乎仁；恥於墮落，發憤自振，故近乎勇。智仁勇爲人人所必具，故稱三達德。

忠恕之道：里仁篇曾子曰「夫子之道，忠恕而已矣」。中庸云「忠恕違道不遠，施諸己而不願，亦勿施於人」。衞靈公篇「子貢問：有一言而可以終身行之者乎？子曰：其恕乎！己所不欲，勿施於人」。顏淵篇、仲弓問仁，孔子亦告以「己所不欲，勿施於人」。

——忠恕為對人之要道，朱注云「盡己之心為忠，推己及人為恕」。蓋以忠誠待人，凡事必能為人着想，忠指積極方面而言，恕指消極方面而言，雍也篇「己欲立而立人，己欲達而達人」為忠；公治篇「我不欲人之加諸我也，吾亦欲無加諸人」為恕。以己之心度人之心「能近取譬」，擴而充之，至於「老吾老以及人之老，幼吾幼以及人之幼」，此即成為至德仁人，故孔子以忠恕貫通一切對人之道。

人生之道，大體不外以上所述。由庶人而至聖賢，由修身自立而救人濟世，言乎其易，則「道不遠人，人之為道而遠人，不可以為道」（中庸）；言乎其難，則「與天地合其德，與日月合其明」（易乾卦）；由小而大，由近而遠，故曰「君子之道、譬如行遠、必自邇；譬如登高、必自卑」（中庸），「下學而上達」（憲問篇），賢者達乎聖境，常人遠罪保身，莫不由斯道也，道乃人生必由之路程，故中庸曰「道也者、不可須臾離也」。

道德二字連稱，道即理，「道無所不在」，道體無為，待人而明，待人而行，故曰「人能弘道，非道弘人」（衞靈公篇），德即人遵道而行之表現，易言之亦即合理之行為，故稱曰德行，嘉言懿行，利人濟世，皆為德行，簡稱曰德。道德二字，相互為用，違道之行為不能謂之德，無德之行為亦即不合於道；如所謂「有道之明君」，有道即有德者也；如所謂「有德者必有言」（憲問篇），有德即有道者也。「道」廣漠無涯，無象無形，人所未了悟者，固不能實行，不能實現其德；卽人所已了悟者，亦非盡人皆能實行，皆有其德；例如治平之道，聖人明之，而無權位，則不能實現其德；修身之道，衆人知之，而墮落者，又不肯自動實行；因其不肯實行，故有政教之設施，使之不得不勉強實行。是以德之顯現在日常行事間者，皆爲平易之道，爲人人皆能實踐之道，能實踐此道卽德行，人人皆修此德，則家齊而國治矣。道與德互相表裏，故道德合爲一詞。

儒家之道德哲學，由理性開發而出，先哲以爲人類之重大問題、不在乎物質生活問題，而在乎人與人相處之問題。蓋物質生活無論如何簡陋，人類總可以生存，甚至天災流行，發生饑荒，而人類理性發達，惻隱心重，必能患難相恤，共濟時艱。倘人類自身發生問題，泯滅理性，互相磨擦，致成仇敵，釀成戰亂，自古及今「伏屍百萬，流血千里」，慘痛之禍，皆爲人類自造之孽；聖人有見及此，故對此問題，勞心焦思，以求解決之道，如此，則唯一辦法，卽啓發人之理性，使人類互愛互惠，方能共存共榮。互愛互惠、卽人與人相處之道德；實現此德，由五倫作起，由五倫而構成之道德社會，卽所謂倫理社會。

何謂五倫？五倫卽中庸所謂五達道「君臣也、父子也、夫婦也、昆弟也、朋友之交也」。此五者可以總括人與人之關係。君臣一倫、非僅指國君與群臣而言，君者主也，爲尊稱，故今日對人仍有王君李君之稱，臣者僕也，古人每引爲自謙之稱，如項羽本紀，沛公謂項羽曰「臣與將軍戮力而攻秦」。庶人對諸侯亦自稱曰臣，「在國曰市井之臣，在野曰草莽之臣」（孟子萬章篇）。在五倫中，上自國君與群臣，下至各級長官與部屬，以及庶人，皆爲君臣關係，推而至於各事業團體，有首長，有群屬，皆屬於君臣之倫，此與朋友之倫，俱爲社會倫理關係。父子、夫婦、昆弟，爲家庭倫理關係。孟子所講之五倫爲「父子有親、君臣有義、夫婦有別、長幼有序、朋友有信」（滕文公篇），將兄弟一倫攝於長幼有序之中。五倫之中，人與人相對，各有應盡之理，故稱曰倫理，所盡之理名曰人義，每一倫中彼此相對，各有其義，故稱曰十義，禮運篇云「何謂人義？父慈、子孝、兄良、弟悌、夫義、婦聽、長惠、幼順、君仁、臣忠，十者謂之人義」。五倫之道爲人人所必由，故稱爲達道，由五倫達道而構成中國之倫理社會，成爲禮義文明之邦。

仁

說文云「仁、親也；從人二」。鄭康成解釋爲「相人偶」（中庸「仁者人也」注），偶者、並立也，相對也；言二人相親偶也。二人相親偶、卽愛之表現，故仁愛合爲一詞。尚書仲虺之誥「克寬克仁，彰信兆民」，前人謂：此爲古書言仁之始（困學記聞卷二）。周禮地官、大司徒敎民六德，曰「知仁聖義忠和」。（聖爲通理而不固執之意，論語述而篇「若聖與仁、則吾豈敢」，孔子亦曾以聖與仁並擧，此與後來廣義之聖仁有異）。國語周語「仁所以保民也」，又云「愛人能仁」。可見最古所講之仁，只爲慈愛之意。然「愛」爲人對人一切道德產生之根源；人對人互不相恤，甚至互相疾害，皆起於不相愛。人有理性，愛護同類之心，出自天性，但迷於私慾，良心消沉，則淪于罪惡之淵矣。因此、孔子乃提出「仁」字，啓發人之理性，擴充仁愛之心，使人類休戚相關，互助互惠，則天下一家，人群和藹矣。

孔子以仁爲一切善行之本源，以仁爲諸德之總稱，略擧其言如下：

顏淵問仁，子曰「克己復禮爲仁」（論語顏淵篇）。——論語中孔子所答之問仁不一，蓋因人而異，各就問者當時對仁所發問之範圍及心理之所需，而爲之解說。克己爲約束己身，以禮爲度。克、勝也，以理性戰勝私慾，則事事反歸於禮，故「非禮勿視，非禮勿聽，言，非禮勿動」，此之謂克己復禮。顏淵實能恪遵此訓者，故孔子以仁許之，而贊之曰「賢哉」！（雍也篇）。

仲弓問仁，子曰「出門如見大賓，使民如承大祭。己所不欲，勿施於人，在邦無怨，在家無怨」（顏淵篇）。——仲弓爲季氏宰，問仁，故孔子告以處事要敬，對人要恕，能如此，則事必成功，人必愛之；無論仕於諸侯之邦，或仕於大夫之家，皆能和諧無怨。敬與恕、皆由仁而發也。

司馬牛問仁，子曰「仁者其言也訒」（顏淵篇）。——朱注「訒忍也，難也。仁者心存而不放，故其言若有所忍，而不易發」。此謂仁者言而有信，不輕易發言；言必中理，故其言也訥；言必顧行，故「言之不出，耻躬之不逮也」（里仁篇）。

宰我問曰『仁者雖告之曰「井有人焉」，其從之也』？子曰「何爲其然也！君子可逝也，不可陷也；可欺也，不可罔也」（雍也篇）。——孟子云「君子可欺以其方，難罔以非其道」。不能自救，焉能救人？君子雖熱心救人，但決不顢頇從事，決不枉作無謂之犧牲。「好仁不好學，其蔽也愚」（陽貨篇）。昧於事理，徒有善心，受人欺騙，陷於痛苦之中，非仁者之所爲也。

樊遲問仁，子曰「仁者先難而後獲」（雍也篇）。——仁者處事，先致力解決事之難處，不預先空想所獲之成果。對公共之事，則犯難吃苦，爲人之先；論功受奬，居人之後。對個人之事，則只顧耕耘，不問收獲。無功受賞，不勞而獲，仁人不爲也。

樊遲問仁，子曰「愛人」（顏淵篇）。——樊遲此問，蓋與政事有關，故下文孔子告以「舉直錯諸枉，能使枉者直」。子夏解釋云「舜有天下，選於衆，舉皐陶，不仁者遠矣；湯有天下，選於衆，舉伊尹，不仁者遠矣」。行仁政、必須任賢黜邪，賢者在位，則小人道消，化行四海，天下歸仁，不見有不仁之人，故曰不仁者遠矣。

樊遲問仁，子曰「居處恭，執事敬，與人忠」（子路篇）。——日常生活當有規律，不可放肆，處事當鄭重謹慎，不可怠忽，對人要忠實誠懇，不可虛僞。此人人必遵之道，人人能行之事，能如此，則即能達到中庸所謂「君子篤恭而天下平」矣。

子張問仁，孔子曰「能行五者於天下，爲仁矣」。請問之，曰「恭寬信敏惠。恭則不侮，寬則得衆，信則人任焉，敏則有功，惠則足以使人」（陽貨篇）。——爲政篇曾記子張學干祿，子張此問，蓋指爲政者所行之仁，故孔子告以能恭身端正，則人民敬重；能寬厚待人，則人民歸附；能誠實無僞，則人民信仰；能勤於所事，則功業必著，能以惠恤民，則人民服從勞而不怨。能行此五者，可謂仁人仁政矣。

以上孔子所答弟子之問，可見仁道所括之廣；再舉孔子所述仁者之德，以見其蘊義之深：「唯仁者能好人，能惡人」。「惡不仁者，其爲仁矣」（里仁篇）。——好善惡惡，爲人之通情。仁人必然反對惡人。不仁之人，阿其所好，袒護惡人；畏懼正義，疾恨賢人。仁者大公無私，是非分明，故能親君子而遠小人。周公平管蔡之亂，大義滅親；孔子稱晏子之善，不懷夙怨。（史記孔子世家；孔子至齊，被晏子所謗而不得用。公冶篇：孔子讚晏平仲善與人交）。苟非仁人。豈能有此大度？大學云「惟仁人爲能愛人，能惡人」，同此意也。

人之過也，各於黨，觀過斯知仁矣（里仁）。——聖人亦難免有過，但過之類別不同，朱注引程子曰「君子常失於厚，小人常失於薄；君子過於愛，小人過於忍」。故觀其過，則其人之仁不仁，可知矣。

子路曰「桓公殺公子糾，召忽死之，管仲不死，曰未仁乎」？子曰「桓公九合諸侯，不以兵車，管仲之力也，如其仁！如其仁」！子貢曰「管仲非仁者歟？桓公殺公子糾，不能死，又相之」。子曰「管仲相桓公，霸諸侯，一匡天下，民到于今受其賜，微管仲，吾其披髮左衽矣！豈若匹夫匹婦之爲諒也，自經於溝瀆，而莫之知也」！（憲問篇）。——管仲與召忽同輔公子糾，糾與桓公爭位，敗死，召忽殉難，管仲不死，子路子貢皆疑其非仁。孔子謂：管仲相桓公，霸諸侯，尊周攘夷，一匡天下，九合諸侯，不以兵車，立各國共守之約，「既盟之後，言歸於好」（告子篇），戰爭不起，天下安定，其偉大之功業，遺澤後世，「民到于今受其賜」，管仲眞可稱爲仁人矣。殉主人之難爲小節，治國平天下爲大仁，小疵不能掩大德，「大德不踰閑，小德出入可也」（子張篇），八佾篇孔子曾以管仲生活不儉，譏其器小，然其功德盛大，不能不許其爲仁者。無管仲之功，而徒效其不儉之生活，則爲不仁矣。

志士仁人，無求生以害仁，有殺身以成仁（衞靈公篇）。——仁人爲人格完美之稱，對人處事，惟求「心安理得」仰不愧於天，俯不怍於人，堂堂正正，心境坦蕩；凡事不合理、則心不安；必不安，則慚愧自疚，無地以自容，故決不肯因求生而損害仁德。倘事所當爲，責在己身，雖蹈湯赴火在所不辭，身可殺而志不可奪，名不可辱。豈若無耻之徒，居高位、享厚祿，素日大言欺世，玩弄政柄，坐誤國事，而諉罪他人；佩虎符、坐皋比，素日威勢熏天，大敵當前，捫頭鼠竄，而喪師辱國。似此毀道敗德，靦顏苟活，不死奚益？

夫仁者，己欲立而立人，己欲達而達人（雍也篇）。——發同情之心，推己以及人，不但己所不欲勿施於人，更進而以己之所欲施之於人。己既立矣，己既達矣，故當助人立、助人達，此卽中庸所謂「成己」「成物」也。

仁者人也（中庸）。——此言「仁」爲人生之一切道理；可見仁爲諸德之總稱，故孟子盡心篇亦云「仁者、人也；合而言之、道也」。

綜上所述，「仁」包括人生一切善行，反之、不仁卽包括一切劣行，故曰「巧言令色、鮮矣仁」（學而篇），「不仁者不可以久處約，不可以長處樂」（里仁篇），甚至居父母之喪，而美食錦衣，不忘安樂者，亦爲不仁（陽貨篇）。仁包括一切德行，『子張問曰「令尹子文，三仕爲令尹，無喜色，三已之，無慍色；舊令尹之政，必以告新令尹，何如」？子曰「忠矣」！曰「仁矣乎」？曰「未知焉得仁」！崔子弒齊君，陳文子有馬十乘，棄而違之，至於他邦，則曰「猶吾大夫崔子也」！違也。之一邦，則又曰「猶吾大夫崔子也」！違之。「何如」？子曰「清矣」！曰「仁矣乎」？曰「未知焉得仁」！』（公冶篇）。忠與清皆為仁中之事，皆為德行之一，然只能作到忠、清，而其他方面無可稱者，則亦不能謂之仁。仁之最高表現為德無不備，憲問篇云「仁者必有勇，勇者不必有仁」。禮記儒行云「溫良者仁之本也，敬慎者仁之地也，寬裕者仁之作也，遜接者仁之能也，禮節者仁之貌也，言談者仁之文也，歌樂者仁之和也，分散者仁之施也，儒皆兼此而有之，猶且不敢言仁也」。可見仁為諸德之總稱。仁之人格，為儒家所定崇高至上之人生準則，亦即所謂聖人，聖人若得志行道，能澤加於民，贊天地之化育；不得志、則獨善其身，遯世不見知而不悔，此之謂仁人。仁由理性開發而出，以「克己復禮」為實踐之方；蓋能克制自私之心，不為物慾所蔽，則神志清明，通人情而達事理，自然言行有度，從容中道，此即仁者之境界。宋儒對仁之解釋頗為精要，程明道識仁篇云「仁者渾然與物同體」。定性書云「君子之學，廓然而大公，物來而順應」。朱晦庵云「仁者、無私心而合天理之謂」，皆深明「仁」之原理者也。

孝

集家而成國，由家庭而組成社會，家庭之健全卽邦國社會之健全。故國治必先家齊，家齊而後國治。家庭由父子、兄弟、夫婦組成，父慈、子孝、兄友、弟恭、夫義、婦聽，在倫理中各須盡應盡之道，而以孝道貫徹一切德行。一切德行皆由仁心而發，而實現仁愛之德，則由孝道開始，孝經云「人之行莫大於孝」，故諺曰「孝爲百行之先」。

仁爲諸德之總源，禮記祭義云「立愛自親始，教民睦也」，中庸云「仁者人也，親親爲大」，「親親」卽親其所當親、愛其所當愛之人；所當親者爲誰？由博愛之義而言，則凡人類皆當互愛，卽皆爲所當愛者，如此而言，則卽等於墨家之兼愛，愛無差等，所謂愛他人之親如同己親，此乃大而無當之言，不易實行者也。蓋父子之愛，爲天性中基本之愛，此卽所謂不待學而後知、不待教而卽能者也；此天性自然之愛，卽孝道之所由生，由孝道而擴充諸德，亦卽由父子之愛擴大而爲人群之愛，「老吾老以及人之老，幼吾幼以及人之幼」，由親及疏，由近及遠，此易於實行者也。孟子云「仁之實、事親是也」（離婁篇），卽謂孝道爲仁之實現也。

培養父子天倫之愛，其愛情愈深，其仁心愈厚。父母對子應盡之道爲慈，旣愛其子、則不但善盡教養之責，而且愈能崇德廣業，對其子孫之福蔭愈大；故父母之恩廣大無涯。子對父母應盡之道爲孝，孝子之道亦廣大無涯。孝心出自天性自然之愛，此愛發揮而爲至高之人情味，實現而爲孝道，孝道卽此人情味所表現之事實。孝道可分爲三層，曰奉先、事親、顯親：

一、奉先——我民族最重情感，自古有「萬物本乎天，人本乎祖」之觀念，萬物皆由天所生，人固當敬天；我之生命由祖先傳衍而來，故又當追念祖先，不忘本源，商書太甲云「奉先思孝」，用奉祀之禮以表尊敬祖先之意，更應發揚先人之德以佑啓後人，使子孫代代相傳，世世思孝，勿替祭祖奉先之禮，故自古以傳宗繼世爲大事，以作孽無後爲不孝，夏書五子之歌云「荒墜厥緒，覆宗絕祀」。太康失德，黎民離心，其弟責其荒墜祖先大禹之功緒，將覆亡宗族而絕祖先之享祀，此爲最嚴重之警斥。直至近世、一般人對于暴惡之徒，每以「絕子斷孫」之語以詛咒之。孝經感應章云「宗廟致敬，不忘親也；修身愼行，懼辱先也」。論語云「愼終追遠，民德歸厚矣」（學而篇）。盡孝道、不但須善事父母，更須追奉遠祖，不但須奉養無虧，更須修身愼行不辱先人；人人皆如此，則風俗道德歸于淳厚，何須法律禁人爲非哉？

而孝道之功用猶不止此也，宗教家有三生因果之信仰，其理論幽微，非一般人盡能體會。中國之孝道，承先啓後之義，可以代替三生因果之說，祖先是我之前生，本身是我之今生，子孫是我之來生，此事實可見者也。因果經云「欲知過去因，見其現在果；欲知未來果，見其現在因」。先人作善因，我可得善果；我亦作善因，子孫得善果。反之、惡因惡果亦然。尊敬前生，故敬祖孝親；鄭重今生、故修身勵行；愛護來生，故善教子孫；此信而有徵之因果也，孝道之趣味，多寓此中。或謂中國之祭祖近乎宗教；然實與宗教不同也。

二、事親——善事親者、即俗所謂孝順，順者、順適父母之心，即所謂能得父母之歡心。父母心歡、未必爲得到富貴，奉養豐厚也；相反者「家貧顯孝子，菽水可承歡」。父母對子女、決無苛求之願望，故父母所希望，子女所能作者、盡力爲之，以報其願望，即可得其歡心，是以論語以「事父母能竭其力」、即爲孝（學而篇）。話雖如此簡單，但試觀孝經論語所講孝道之精義，禮記所講孝道之細情大節，無微不至，孝固不難，而能盡孝道，則非易也。　凡事當從根本做起，孝經云「身體髮膚受之父母，不敢毀傷，孝之始也」。人莫不知自保其身，以保身爲孝之始，乃容易之事，而其實含義廣大；蓋不能保身，則不能事親，孟子云「事孰爲大？事親爲大；守孰爲大？守身爲大；不失其身而能事其親者，吾聞之矣；失其身而能事其親者，吾未之聞也」（離婁篇）。作惡致死，固爲失身，固不能事親；即犯法受刑，喪失人格，亦爲失身，失身則辱及父母，奉養雖厚，亦非孝矣。曲禮云「孝子不登高，不臨深」，言作無謂之冒險，傷損身體，爲不孝也。是以孝子「一舉足而不敢忘父母，故道而不徑，舟而不游，不敢以先父母之遺體行殆。一出言而不敢忘父母，是故惡言不出於口，忿言不反於身。不辱其身，不羞其親，可謂孝矣」。曾子曰「身也者、父母之遺體也；行父母之遺體、敢不敬乎？居處不莊、非孝也，事君不忠、非孝也，涖官不敬、非孝也，朋友不信、非孝也，戰陣無勇、非孝也；五者不遂，災及於親，敢不敬乎」？（禮記祭義）。保身並非違悖大義，怕死偷生，而是不作無謂之犧牲。人人有保國衞家之責，而戰陣無勇者、或屈身降敵，或棄甲曳兵而逃，皆非孝也；如此可見孝道總括一切德行。

孝道涵義既如此廣大，雖云「不順乎親不可以爲子」（離婁篇），然而祭義云「君子之所謂孝者、先意承志，諭父母於道」。善爲孝者、對父母意志之所願，不待父母出言指示，便能預順親心，而答其所願。然所謂順親、並非不審是非，一味順從而已也，「亂命」不可順從，當「諭父母於道」，子對父母亦有諫諍之義，順從「亂命」，小而助成過失，是爲「愚孝」；大而身敗名裂，陷父母於不義；則落爲不孝之罪矣。子而不肖，父母當以不善教導而自咎；父母有過，子當以未能盡孝以自責；慈父孝子不但爲齊家之私德，亦社會公德之根源也。

三、顯親——曾子云「孝有三：大孝尊親，其次弗辱，其下能養」（祭義）。尊親者、己身爲人群造福，揚名於世，父母亦因之而得尊榮，尊榮卽顯親也。孝經云「身體髮膚，受之父母，不敢毀傷，孝之始也；立身行道，揚名於後世，以顯父母，孝之終也」。孝之始、即基本之孝道，前已說明。基本之孝道，即不辱親，能養親，此人人所能者也。大孝顯親，則非人人所能，必才德兼備，而且時機許可、始能爲也。所謂「立身行道、即才德充實，卓然自立，而抱己立立人之志，乘運而起，作及時之甘雨，作濟世之偉人，建不朽之功業，揚聲名於後世，己身之榮顯，亦即父母之尊榮，此之謂大孝。孝親齊家、爲孝之始，已足構成倫理社會之基礎。大孝進而立身行道，其道即致力公德，福惠人群之道，其成功愈大者，其榮譽愈大，亦即其所盡之孝道愈大，如此、則公亦即等於私；孝心愈大，其建功立業之志愈大，其對於邦家之貢獻亦愈大，如此、則私亦即等於公；公私不但互不相礙，而且互相爲益。有害於公，必然累及身家；而身亡家破，亦爲社會之損失。破除公私之隔閡，而能「大而化之」，以至公之心，成博愛之德，惟有達人明大孝之義，以實現之。勿謂此義深遠，徒爲理想也，中國倫理傳統，數千年來，道同風一，社會優良之秩序，胥由道德維持，即此理想之實現也。由孝道而發揚諸德，由家而國，古諺云「忠臣出於孝子之門」，小而齊家，大而治國，家齊國治，皆忠臣孝子之所爲，是以成爲泱泱大國、禮義之邦。

何謂人生之幸福？生活安定，便爲幸福，中國倫理社會，人民安居樂業，定居之處，子孫相繼，歷數世而不變，甚至歷數百年而不變，此可謂生活安定矣；縱有變遷，離故鄉遠出謀生，而仍不忘「先人之敝廬，祖宗之墳墓」，雖未必返回故土，而仍然「奉先思孝」，創業興家，以求上無忝於祖先，下無愧於子孫，總之承先啓後，作久遠之計，普通人之思想，大抵如斯，是以有其安寧之社會。談至此，今人每謂：「此乃農業社會之思想，不能實行於今日之工商社會」。夫工商社會便必須推翻倫理思想乎？倫理孝道必不能行于工商社會乎？美國哈佛大學博士夏彰德（譯音）、作文論「中國之孝道」，彼對孝道已有眞切之了解，一九六九年、特來華訪問中國學者，對證其所了解之大意，彼曾兩次與余相談，彼甚讚美由孝道發揚德行之妙義，但彼亦以爲有幾項問題，不適應於工商社會，余一一爲之解釋；彼滿意而歸。——空講博愛，空講公德，虛浮之口號，不能洽於人心，孝道乃倫理道德之本源，由孝道而擴充之德行，乃根於人心，易於實行者也。

若破壞倫理道德，全憑法律維持社會秩序「法令滋彰，盜賊多有」（老子五十七章），大盜小盜相競而起，於是人類之大刼至矣！今日之世風、已入此趨向，物慾思想流行，倫理思想已遭破壞，如談及孝道、則有人罵曰「落伍！今日是太空時代」！如談及爲祖宗爭光，則有人罵曰「封建！今日是民主時代」！如談及「孝子一舉足而不敢忘父母」，則有人罵曰「頑固！今日是革命時代」！試問太空與孝道有何關聯？而民主與革命彼亦不明其眞義也。彼以爲講孝道能昇太空乎？太空境內，安有所謂孝道？故弒其父者而有上訴之理由，彼以爲榮譽有何用？且祖宗已爲枯骨，榮辱於他何干？故認賊作父，任人暗中咒詈，曰「爾奈我何哉」？彼以爲「孝子不登高，不臨深」，乃腐敗之語，是以不諳水性，而敢競浮深淵，甘罹滅頂之凶；逞強攀援雪山，股慄膽寒，甘作凍死之鬼；此之謂有勇氣，有革命精神。——而今紛歧錯雜之思想，反對倫理，每引「自由」之美詞以自解，而其實浮空淺狹，飄蕩恍惚，漫無主宰，不相信天道，不相信法律，更不相信道德，無天、無法、無德，而所迷信者爲物慾；吸一口海洛英，死亦甘心；貪一批大賄賂，未必案發；今日作奸犯科，明日甘受制裁。其自暴自棄，對生命之輕視，直等於飛蛾投火，前仆後繼，而怙惡不悛。不受理性之約束，一任慾性之衝動，爲福？爲禍？事實顯然。

人必須過群體生活，但群衆相處，發生磨擦，則又爲最嚴重之問題。自古中外哲人，皆以「仁愛」爲人類相處之唯一要道；然如何實踐此要道？此則中國聖人得其要妙，由人之天性啓發孝道，由孝道而發揮仁心，由仁心而擴充一切德行，故孝經云「夫孝德之本也，教之所由生也」。如上所述孝道。不惟錦衣美食，能養父母而已也，不惟家人父子私愛而已也；一切德行，統攝於孝道，爲官不忠，戰陣無勇，凡違道敗德之行，皆爲不孝；而德稱於世，功顯於國者，乃爲大孝。普通之人亦能以孝道齊家，家齊而國治矣，故論語云「君子務本，本立而道生，孝悌也者、其爲人之本與」（學而篇）。孟子云「道在邇，而求諸遠；事在易，而求諸難；人人親其親，長其長，而天下平」（離婁篇）。古之明君以孝道治天下，上下同德，故政通人和，此中國倫理社會之所以形成也。

倫理社會，長治久安，人生有保障，是以中國歷史悠久，人口衆多。今日世界，弱肉強食之風流行，而中國人亦自動破壞其倫理社會。悲天憫人之士，憂心如焚，苦口婆心，講慈善，說仁義，雖舌敝唇焦，亦不能動迷信物慾者之心，無可奈何，只有歸之於天意而已。蓋生滅之道，全爲天運，人不能自作主張，天生之，天必滅之，人類蕃孳日盛，若只憑疾病老死，新陳代謝，畢竟死者不如生者之多。仍以人多爲患，故必須加以人力自相消滅，兩次世界大戰，皆強國所發動，強國自以爲不但可以保障其自己之國民，而且自以人多勢衆，可以侵害他國，故橫行屠殺，肆無忌憚，然「天道好還」，銳則必挫，剛則必折，結果兩次發動大戰之強國，皆一敗塗地，其人民之傷亡，財物之損失，與被侵略者相等，空落兇暴之罪名，而靦顏投降。兩次大戰雖有前例以作明訓，而將來必仍有發動三次大戰，甘蹈覆轍而不悟者。歷史證明、好勝者必遇其敵，強梁者不得其死，已成定理，而桀驁之徒，竟不相信，竟迷信弱肉強食之行爲，率其族類，演舉火自焚之慘劇，明知而故犯，似智而實愚，此種心理，無法解說，只得歸之於天意而已。元惡大憝、玩弄政權，驅人於死路，而人服從之；橫暴犯險，乃難行之事，而人樂爲之；聖賢闡明人生之道，令人共存共榮，而人不服從；遵道而行，自求多福，乃易行之事，而人不肯爲。茫茫孽海，人類甘願沉溺於苦難之中，豈非天意哉！

禮

子曰「禮者、理也」（禮記、仲尼燕居），「禮也者，理之不可易者也」（樂記）。「先王之立禮也，有本、有文，忠信禮之本也，義理禮之文也」（禮器）。禮之本義爲處事合理，而且其理嚴正而不可變易。忠信由內心而發，處事合理，由忠信之心作主；事當如何措施，爲外在之因素。「文」爲事體外觀之美，以忠信之心處事，明了事之義理，而措施得當，恰合於禮，其事之表現，令人如意，故曰「忠信禮之本也，義理禮之文也」。「夫禮、先王以承天之道，以治人之情，故失之者死，得之者生」（禮運）。天道即天理，天理即自然之理，爲人所不可違反者也，人情之自然必合天理，違天理者必不近人情，故先王立禮，即依天理以治人情，使人情合理；不合理即失禮，無禮即爲人群所不容，故曰「失之者死，得之者生」。朱子對禮有簡要之解釋云「禮者、天理之節文，人事之儀則也」（論語學而篇禮之用注）。「節」譬如竹節，有一定之度數，故事之法度、規律、稱曰節度；「文」即由節度所現之美善。是非之心人皆有之，人同此心，心同此理，天理現於人心之中，此即所謂良心，或本心。良心所規定對人處事，各有其道，由其道可達於美善之境，此卽爲天理之節文；天禮之節文，實現而爲人事之儀則，儀則卽法則，對人處事必有合理之法則，此爲禮之定義。

「禮」本乎天理，發乎人情；其實一切道德莫不皆然。孝慈仁義，德目不同，而皆相關聯，有相通之義。禮爲事之節度，無過、無不及，而恰得其當，例如：父對子慈，而不可溺愛，節之以禮，方爲眞慈；子對父孝，而不作愚孝，無違乎禮，方不失孝；對人須謙恭，任事當有勇，「然恭而無禮則勞，勇而無禮則亂」（論語泰伯篇），宋襄之仁，不可謂之仁（左傳僖公二十二年）；盜跖之義，不可謂之義（莊子胠篋篇）；故曲禮云「道德仁義，非禮不成」。可知禮之本質卽本乎天理、順乎人情之公正法度，故情理二字合爲一詞，違反情理爲人群所不容，故曰「人有禮則安，無禮則危」（曲禮），禮之爲用大矣。

總之，禮之本義，爲人生一切行爲之規範，上自國君、下至庶人，皆不能外，故爾雅釋言云「履、禮也」，履與禮同音，謂履行不離乎禮也；禮之定義早已如此，試看孔子以前之賢哲對禮之解釋：

夫禮天之經也，地之義也，民之行也（左傳昭公二十五年、鄭子太叔述子產語）。——民指一切人而言。天經地義爲經常之理，爲人所必行之道。尙書皐陶謨「天敍有典，勑我五典，五惇哉！天秩有禮，自我五禮，有庸哉」！「典」常也，五典卽五倫，五倫之禮、爲自天子以至於庶人、一致遵行之禮。五禮爲天子、諸侯、卿大夫、士、庶人，按職責而各有其必遵之禮。敍與秩同義，卽次序秩序之意，卽整齊、規律之意，天敍天秩卽自然合理之規律，亦卽禮也。

夫禮所以整民也，故會以訓上下之則，制財用之節，朝以正班爵之義，帥長幼之序，征伐以討其不然（左傳莊公二十三年魯曹劌語）。——禮所以治理人民，天子集會諸侯，以訓上下應守之典則，制定財用之節度，按功勳而排定爵位，階級服從，小國朝大國，以率天下長幼之序，不遵守禮法者，則征伐以討其罪。

禮國之幹也，禮不行、則上下昏，何以長世？（左傳僖公十一年、周內史過語）。——禮爲國家之本，無禮則上下昏亂，豈能長存於世！

禮政之輿也（左傳襄公二十一年晉叔向語）。——輿所以行路，政令不合理，則不能實行。

禮王之大經也（左傳昭公十五年晉叔向語）。——王者以身率天下，以禮爲經常之道，失禮則不足以爲王矣。

奉義順則，謂之禮（國語周語中、周單襄公語）。——義者、事之宜也，世事各有其當然之理，處事當奉持其本義，勿失其目的；當順乎法則規矩而爲之，不可苟且、不可取巧；此之謂行事合理。

以上略舉孔子以前賢士大夫、對于禮之解釋，其嚴正之義，已含有後世所謂法律之意味，是以後來有「禮法」之稱。及孔子講學，所闡明者尤爲詳盡，孔子時、早期法家如管仲子產等之言論，已漸流行，禮法之法與法家之法，實不相同，孔子云「禮者禁於將然之前，而法者禁於已然之後」；「禮云禮云，貴絕惡於未萌，而起敬於微眇，使民日徙善遠罪，而不自知也」（大戴記、禮察篇）。孔子不贊成徒以法治，蓋禮者順乎人情，定於正義，使人不忍爲惡；法乃徒恃刑罰，使人不敢爲惡；禮能包括法，而法則不能包括禮，略舉孔子所講禮之大意：

禮者、因人之情而爲之，以爲民坊者也（禮記坊記）。——坊、隄也，所以防水之泛濫也。因人情共同之好惡，而制定之節度儀文，則人易於遵從，各循其道而行，不至於濫。

人藏其心，不可測度也，美惡皆在其心，不見其色也，欲一以窮之，舍禮何以哉？（禮運）——人之善惡藏在心中，不見於形色，禮既出自人情，爲人類之公約，則善惡之分，惟有衡之以禮，而使人一律向善，亦惟有齊之以禮。

禮釋回，增美質，其在人也，如竹箭之有筠，松柏之有心也（禮器）。——以禮爲治身之器，不但能消釋邪回之心，而且能美化氣質，言行有度。箭乃竹之一種，筠為竹之青皮，翠碧美觀；松柏有貞固之心，經冬不凋，松柏竹箭，皆四時蒼茂，令人美感；君子以禮立身，其端正之風度，令人景慕，故以比松竹長青之美。

禮之於正國也，猶衡之於輕重也，繩墨之於曲直也，規矩之於方圓也（經解）。——欲量輕重，非衡不可；欲知曲直，必用繩墨；欲成方圓，必用規矩；欲治國，非禮不可；君子明理，善於執禮，故善於治國。

故朝覲之禮，所以明君臣之義也；聘問之禮，所以使諸侯相尊敬也；喪祭之禮，所以明臣子之恩也；鄉飲酒之禮，所以明長幼之序也；昏姻之禮，所以明男女之別也。夫禮禁亂之所由生，猶坊止水之所自來也。………故婚姻之禮廢，則夫婦之道苦，而淫僻之罪多矣，鄉飲酒之禮廢，則長幼之序失，而爭鬥之獄繁矣；喪祭之禮廢，則臣子之恩薄，而背死忘生者衆矣；聘覲之禮廢，則君臣之位失，諸侯之行惡，而背叛侵陵之敗起矣。故禮之教化也微，其止邪也於未形，使人日徙善遠罪，而不自知也（經解）。——天子主持中樞大權，諸侯在各地方主政，若各顧其事，不相接近，易於發生隔膜，唐虞時規定；天子五載一巡守，巡行四方，視察諸侯守地之政治。諸侯與朝廷間之公事，素日有卿大夫往來，若無重大之事，雖諸侯無須面見天子，而五年之中，諸侯亦必朝覲一次，名曰述職，所謂「五載一巡守，群后四朝」（尚書舜典）。蓋巡守之明年，東方之諸侯來朝，又明年，南方之諸侯來朝；又明年，西方之諸侯來朝；又明年，北方之諸侯來朝；又明年，天子復巡守，於是上下禮相往來，互相了解，政通人和。諸侯之間，雖無事，亦有互相聘問之禮，以通友好。喪祭之禮，臣子盡哀致敬，以慰懷恩之心。鄉飲酒者、鄉人以禮聚會，飲酒宴歡，以序長幼之義，以明政教之本。又、周禮地官鄉大夫「三年則大比，考其德行道藝，而興賢者能者」。比者、比較也，考量也，於鄉區選拔賢能，鄉老及鄉大夫（掌一鄉之政教禁令），率衆以禮燕饗之，亦曰鄉飲酒。又、州長會民習射，或鄉大夫會民習射，皆曰鄉飲酒。又、黨正（五百家爲黨，黨正掌一黨之政令）於年終舉行蜡祭，亦有鄉飲酒之禮。總之凡鄉人有聚會，皆有飲酒之禮，以明人倫，以通情感。婚禮以定夫婦之義，以明男女之分（名分）。——凡一切禮皆由事之當然之理而規定，皆寓教化之義，皆有隆重之儀式。

總上所述、禮之本質爲一切事合理之法則，自國家大事、以至社會庶務，個人之言行，皆各有其應遵之禮。一切事理互不相礙，一切禮法亦相諧不紊，總之皆爲成就人生世事之美。一切事處治合理、爲禮之本質，而外在一切合理之表現，謂之禮文，例如朝會論政，振木鐸而宣政令（禮記明堂位），儀式隆重，而「天子穆穆，諸侯皇皇，大夫濟濟，士蹌蹌」（曲禮下），問答進退，各有禮度；又如軍旅出征，「兵車不式」以示嚴肅，行軍旂幟「前朱鳥、而後玄武，左靑龍、而右白虎」（曲禮上），步伐周旋，各有法度；乃至鄉人燕會、主賓揖讓，各有儀度，此皆所謂禮之文。中庸云「禮儀三百，威儀三千」，千百皆言其條目之多，非定數也，朱子云「禮儀指禮經（卽儀禮），威儀指曲禮」。蓋謂禮儀指禮經所載朝覲婚喪之大儀文而言；威儀指曲禮所述動作容貌之小禮節而言。劉向以爲三百爲官禮（卽周禮），三千爲儀禮。官禮述官職制度，包括政典；儀禮包括朝、聘、燕、射、冠、婚、喪、祭，一切禮儀；禮記則於曲禮講日常通行之禮，其餘諸篇闡明禮之義理，故兼及官禮與儀禮。總之三禮之內容可分兩部：曰禮制，卽依禮所定之一切制度；曰儀文，禮制儀文，皆依禮之本質而規定。本質爲定理、爲原則，永不能變，故曰「三代之禮一也」（禮器），儀文則可因時制宜，故「五帝殊時，不相沿樂；三王異世，不相襲禮」（樂記）；故禮器云「禮時爲大，堯授舜、舜授禹，湯放桀、武王伐紂，時也」。禮又須因地制宜，曲禮云「禮從宜，使從俗」，禮有經常不變之原則，卽凡事須合乎理而順乎人情，反之，卽爲失宜，卽爲失禮，如尊卑上下之禮節顚倒，便爲失宜，凡矯情勉強之事，皆爲失宜，故「貧者不以貨財爲禮，老者不以筋力爲禮」（曲禮上），「居山以魚鼈爲禮，居澤以鹿豕爲禮，君子謂之不知禮」（禮器）。千里不同風，「入國而問俗」，不但出使他邦當順其風俗，不可違犯，「使」又有「

用」字或「行」字之意，禮之大節不可變，然形之於外之方式，當從風俗所通行者，不可標奇立異，拂逆人情，凡悖人情、違天理，即爲無禮也。

禮之本質爲理，無象無形，故遂直指儀文以爲禮，如對人謙恭，曰有禮；態度輕褻、曰非禮；然若素日不孝，而對父母之喪，雖鋪張備至，行禮如儀，人亦謂之不知禮；兩國邦交惡化，戰事即將暴發，而使節猶禮相往來，外交辭令雖美，而彼此皆知「禮之實」已亡；徒有虛僞之形式，焉得謂禮？左傳昭公五年，魯昭公如晉，揖讓之禮，始終無失，晉侯稱其善禮，女叔齊曰「是儀也，不可謂禮，禮所以守其國，行其政令，無失其民者也」，其後昭公果以三家之亂而出奔，客死于晉。又鄭游吉見晉趙鞅，鞅問揖讓周旋之禮，對曰「是儀也，非禮也」！曰「敢問何謂禮」？對曰「吉也聞諸先大夫子產曰：夫禮天之經也，地之義也，民之行也；天地之經，而民實則之」（昭公二十五年）。可知禮之實際已亡，而虛有儀文，無補於事也，故周內史云「禮所以觀忠信仁義也」（國語周語上）。「故壞國喪家亡人，必先失其禮」（禮運）。

儀文雖爲禮之外表，然亦不可無也；如誠敬在心，而態度怠慢，何以知其敬意？誠於中而形於外，內外如一，方不違禮；故禮器云「君子欲觀仁義之道，禮其本也」；此禮即指行禮之表現而言。對于內心敬愛之人，形之于辭氣顏色，謂之禮貌；藉物品以表敬意，謂之禮物，尚書洛誥云「享多儀，儀不及物，惟曰不享，惟不役志于享」，享、貢獻也，儀、禮也，物、禮物也，謂貢獻禮物，以禮儀爲重，若禮物多而禮意薄，儀不及物，失却禮意，便不成爲禮物，不成其爲貢獻，卽所謂「不享」；其用心並非貢獻致敬，不役志于享，而是別有用意，此種禮物不可接受。此種禮物等而下之，卽流爲近世所謂賄賂，美其名曰「禮物」，其實不但毫無禮意可言，送賄者悖禮違法，而受賄者亦卽甘作犯法之事以酬報之。諺云「千里送鵝毛，禮輕人情重」，禮物雖輕而敬愛之情重，如此方合于禮。

由禮之本質，發而爲禮之儀文，二者相輔而行，不可偏廢，「是故君子服其服，則文以君子之容；有其容，則文以君子之辭；遂其辭，則實以君子之德。是故君子恥服其服而無其容，恥有其容而無其辭，恥有其辭而無其德，恥有其德而無其行。是故君子衰絰則有哀色，端冕則有敬色，甲冑則有不可犯之色」（表記）。「人之所以爲人者、禮義也；禮義之始在於正容體，齊顏色，順辭令。容體正，顏色齊，辭令順，而後禮義備；以正君臣，親父子，和長幼。君臣正，父子親，長幼和，而後禮義立」（冠義）。儀文足以增加人之情感，促進禮義之實踐，故儒家重之如此。

曲禮總述禮之功用云「夫禮者所以定親疏，決嫌疑，別同異，明是非也。……道德仁義，非禮不成；教訓正俗，非禮不備；分爭辨訟，非禮不決；君臣上下父子兄弟，非禮不定；

宦學事師，非禮不親；班朝治軍，涖官行法，非禮威嚴不行。……人有禮則安，無禮則危，故曰禮者不可不學也。夫禮者自卑而尊人，雖負販者必有尊也，而況富貴乎？富貴而知好禮，則不驕不淫；貧賤而知好禮，則志不懾」。可見由國家社會以至個人，有一貫之道，皆以禮爲本；「故聖人之所以治人七情，修十義，講信修睦，尚辭讓，去爭奪，舍禮何以治之？」（禮運）。

樂

禮記樂記篇爲儒門講「樂」之專書，讀之可知中國古樂涵義之精微及功用之重大。「夫樂者樂也，人情之所不能免也。樂必發於聲音、形於動靜」。「凡音之起，由人心生也，人心之動，物使之然也；感於物而動，故形於聲，聲相應故生變，變成方謂之音，比音而樂之，及干戚羽毛，謂之樂」，此樂之定義也。——聲音指歌唱及樂器之聲而言，動靜指舞蹈而言。人心有所感而樂，則不禁發出愉快之聲，是爲歌；歌則以物擊節以助其美，故遠古之人「蕢桴土鼓」（禮運），以爲樂器。歌而歡情軒昂，則不禁「手之舞之，足之蹈之」以與歌聲相伴，此之謂歌舞。歌舞樂聲必須相諧，相諧而又須有高低清濁諸音各種變化，變化之中而有規律，成爲曲調，故曰「成方」。比合歌曲樂器之音而奏之，加以干戚（武舞）羽旄（

文舞）名種之舞，而樂備矣。

自黃帝時已有五音十二律之學，音樂已大有可觀。至唐虞時已有專掌音樂之官，研究樂曲、詩歌、舞蹈。至周朝而音樂益盛，周公制禮作樂，以禮與樂相輔為用。原夫禮之初義起於祭祀，故禮運云禮所以「儐鬼神」，說文云「禮所以祀神致福」，禮字從示從豊，示、神所示也，天垂象以示人，故聖人因以神道設教，使人尊敬神道而歸於善，豊為祭器，象形為豆中祭物豐滿。禮運云「夫禮始諸飲食，其燔黍捭豚，汙尊而抔飲，蕢桴而土鼓，猶若可以致其敬於鬼神」。置黍米捭豚肉於燒石之上，燴而熟之以為禮物，以蕢蒿之幹作槌，以土塊為鼓，擊之以娛神；可見自遠古之時，有禮即有樂，及後來禮之意義擴大，而樂亦隨之，試看虞書所述之功用云：

帝（舜）曰：「夔！命汝典樂，教冑子，直而溫，寬而栗，剛而無虐，簡而無傲。詩言志，歌永言，聲依永，律和聲，八音克諧，無相奪倫，神人以和」（舜典）。

夔曰：「戛擊鳴球，搏拊琴瑟、以詠，祖考來格，虞賓在位，羣后德讓；（以上為堂上之樂，以下為堂下之樂）下管鼗鼓，合止柷敔，笙鏞以間，鳥獸蹌蹌，簫韶九成，鳳凰來儀。……予擊石拊石（磬），百獸舞，庶尹允諧」（益稷）。——命夔主持樂教，直接教導天子及卿大夫之長子。樂教之目的在陶冶性情，使人直而溫，寬而栗（戒慎），剛而不虐，簡易率直而不傲慢。詩（歌辭）所以表達情志，歌唱即將表情之言拖長其聲音而委婉盡致，樂之聲音，高低曲折，恰與歌辭相依順。十二律爲五音變化之標準，音律與歌聲調叶融貫；八音（匏土革木石金絲竹八類樂器）互奏，而相諧和，不失其序，雅樂妙音，相協成趣，達乎美善之境，可以淑人心而感神明。

夔自言其擊磬搏鼓鳴琴鼓瑟、奏唱樂章，不但能感動祖考降臨、來享祭祀，而且能感召鳥獸相率而舞，則庶尹百官當然無不和諧。

由上所述，可見唐虞時之樂、雖仍用於祭禮以享祖考，更進而擴充其功用，重在陶冶性情，淑化人心，以輔政教，如大禹謨謂：養民之政「戒之用休（戒之喻之，使歸於善），董之用威，勸之以九歌（九德之歌、九韶之樂）」。故帝舜云「予欲聞六律五聲八音，在治忽」，聞其樂、可察政治之得失。總之、樂之功用，要使神人咸悅，羣后德讓，庶尹允諧，天下和平，甚至鳥獸亦可感召，「萬物並育而不相害」（中庸），「鳥獸之卵胎，皆可俯而闚也」（禮運），所謂百獸率舞，鳳凰來儀，以喻玄德之風，澤及萬物，亦言樂技之妙猶如後來所謂「瓠巴鼓瑟而游魚出聽，伯牙鼓琴而六馬仰秣」（大戴記勸學），音樂之精妙已至於此，無怪乎「子在齊聞韶，三月不知肉味」也（論語述而篇）。

周公以禮樂並行，以施政教，建立周朝之盛治。周禮地官大司徒掌邦之教，以六德（智仁聖義忠和）六行（孝友睦婣任恤）教民而外，又「以五禮防萬民之僞，而教之中；以六樂防萬民之情，而教之和」。五禮：吉凶軍賓嘉；吉爲一切祭禮，凶爲弔喪除災等禮，軍爲興師出役等禮，賓爲朝覲聘問等禮，嘉爲冠婚慶賀等禮。六樂：「雲門」黃帝之樂，「咸池」堯之樂，「大韶」舜之樂，「大夏」禹之樂，「大濩」湯之樂，「大武」武王之樂。「中」即中正，中正而無偏私，故無僞；「和」即和平，和平而無暴氣，故安順。

春官大司樂掌樂政，凡樂語（歌辭）、樂舞、及各種樂器，皆有專師。周朝之樂器，據經書所載，主要有：鐘、鏞、磬、琴、瑟、鼓（有數種）、簫（形似今之口琴而大，與後之洞簫不同）、韶、笙、管、鐸、壎、篪、柷、敔等。舞具則有干戚等，武舞所用；羽、旄、帗、籥等，文舞所用。據左傳襄公二十九年所載：吳季札如魯觀周樂，樂工奏列國之風，舞舜禹湯武四王之舞，季札一一加評贊之語，嘆爲觀止！其時音樂之精美可知，而季札妙解音律，能如子貢所云「見其禮而知其政，聞其樂而知其德」（孟子公孫丑篇），其不但善於樂，而且深於禮，故孔子贊之云「延陵季子，吳之習於禮者也」（檀弓下）。賢士大夫皆禮樂兼修，爲當時教化所使然。

孔子發揚周公之學，訂正禮樂，闡其義理，謂「安上治民，莫善於禮；移風易俗，莫善於樂」（孝經），樂記對禮樂之妙義，言之盡矣，謂人心「感於物而動」，心情有何感觸，便發出何種音樂，故曰：

樂者、……其本在人心之感於物也。是故其哀心感者、其聲噍以殺；其樂心感者、其聲嘽以緩；其喜心感者、其聲發以散；其怒心感者、其聲粗以厲；其敬心感者、其聲直以廉；其愛心感者、其聲和以柔；六者非性也，感於物而後動。——此言樂由人心所生之原因。

樂由人之心理而發，能感動人，得到人心之共鳴，故某種音樂流行，便能啓發某種心情，引發某種思想，釀成某種社會風尚，是以音樂有關國家之治亂，故曰：

夫民有血氣心知之性，而無哀樂喜怒之常，應感起物而動，然後心術形焉，是故志微噍殺之音作，而民思憂；嘽諧慢易繁文簡節之音作，而民康樂；粗厲猛起奮末廣賁之音作，而民剛毅；廉直勁正莊誠之音作，而民肅敬；寬裕肉好順成和動之音作，而民慈愛；流辟邪散狄成滌濫之音作，而民淫亂。

凡音者、生人心者也，情動於中，故形於聲，聲成文，謂之音。是故治世之音安以樂，其政和；亂世之音怨以怒，其政乖；亡國之音哀以思，其民困；聲音之道，與政通矣。

禮樂之功用：「禮節民心，樂和民聲」，樂以輔禮，禮以正樂，禮所以滌邪念而正人心，心正則思想純潔而情志和悅，所發之聲音，亦無「惰慢邪僻之氣」，「故樂行而倫清，耳目聰明，血氣和平，移風易俗，天下感寧」。是以陶養人格，化道羣倫，皆以禮樂爲本，故曰：禮樂不可斯須去身，致樂以治心，則易直子諒（慈良）之心、油然生矣；易直子諒之心生，則樂；樂則安，安則久，久則天，天則神，天則不言而信，神則不怒而威，致樂以治心者也。

故樂也者、動於內者也，禮也者、動於外者也（行動表現）；樂極和，禮極順，內和而外順，則民瞻其顏色而弗與爭也；望其容貌而民不生易慢焉。故德煇動於內而民莫不承德；理發諸外而民莫不承順；故曰致禮樂之道，舉而措之天下、無難矣。

禮樂之本：禮之本在乎敬，樂之本在乎和，能敬人敬事，則無不順；能心志和平，則不違禮；禮樂之用，一也。世衰道微，禮樂徒存形式，失其本義，而無實效，孔子慨然曰「禮云禮云，玉帛云乎哉？樂云樂云，鐘鼓云乎哉」？故曰「樂者非謂黃鍾大呂，絃歌干揚也。樂之末節也。故童者舞之，鋪筵席、陳尊俎、列籩豆、以升降爲禮者，禮之末節也」。「是故樂之隆、非極音也；食饗之禮、非致味也」；樂之隆盛、並非爲極盡聲音之美；饗禮隆重、並非爲極盡滋味之美；禮樂固須有儀文，然而「先王之制禮樂也，非以極口腹耳目之欲也；將以教民平好惡而反人道之正也」。好惡有偏私，則人道不正，此亂之因也；禮樂之本義，在乎使人心平氣和歸於正道，是故「大樂與天地同和，大體與天地同節」，天無私覆，地無私載，涵虛廣大，無所不容；四時有度，寒暑有節，萬物化生，各得其宜；大樂大禮導人效法天地，是以非聖人不能制禮作樂，故曰：

樂者天地之和也，禮者天地之序也。和故百物皆化，序故羣物皆別。樂由天作，禮以地制，過制則亂，過作則暴，明於天地，然後能興禮樂也。——古樂以五音配四時，以十二律按十二月之氣以定聲音之標準，如月令所記、故曰樂由天作；地之山嶽高下各有定位，江河源流各有定軌，禮法之不可紊亂如此，故曰禮以地制。明天地自然之理，故能不違人道而制禮作樂。

禮樂之眞義：禮樂爲隆重之事，故必有儀文之美，然儀文所以助禮樂之實際功用，「中正無邪、禮之質也；莊敬恭順，禮之制也」；樂以和其心志，「和順積中，而英華發外」，故「德音謂之樂」，若不明禮樂之眞義，徒務繁文縟節，華而不實，等於戲劇游藝，徒有虛飾，何有功用？故「大樂必易，大禮必簡，樂至則無怨，禮至則不爭，揖讓而治天下者、禮樂之謂也；此禮樂之眞義也，故孔子閒居篇又有所謂「無聲之樂，無體之禮」，「無聲之樂，志氣不違；無體之禮，上下和同」；不違、則無戾氣，和同、則天下一家矣。

總之儒家以禮樂化民成俗、以治天下。政治含有硬性之規定，而以禮樂導之，則人易於就範，寓禮樂於政教之中，使上下道同風一，而成爲公共自然之守則，禮器云「先王之制禮也以節事，修樂以導志，故觀其禮樂、而治亂可知也」。「故禮以道其志，樂以和其聲，政以一其行，刑以防其姦，禮樂刑政、其極一也，所以同民心而出治道也」（樂記）。「修樂以道志」者、謂樂可以開導情志，勞而不怨，哀而不傷。「禮以道其志」者、謂以禮指導其心志，付於行事，更加樂以和其心聲，而成其內外一致之德；禮樂能以教化之功、完成政治之美。

孔子指示學者養成完美之人格，謂「興於詩，立於禮，成於樂」（論語泰伯篇）。「詩三百、一言以蔽之，曰思無邪」（爲政篇），詩可鼓舞意志，引發美感，涵養人生敦厚之雅量。禮包括對人處事之理則，明禮則德性堅定，言行有度，方能堂堂正正卓然自立。樂可以暢悅性靈，和平心志，培養優美之情操，因而出入禮門義路，安然自得；至此修養之功已成，故曰成於樂。儒家以禮樂爲政教之本，故教導個人修養、亦以「詩禮」、「禮樂」、爲本。

四、政治哲學

人不能離羣體而生活，羣體愈大，人事愈複雜，問題愈繁難，因此、必建立社會制度，訂立羣衆公約，使人人各安其分，互助合作，以謀共存共榮之幸福，於是乃有政治產生。周禮夏官「司馬使率其屬，而掌邦政，以佐王平邦國」。注「政、所以正不正者也」。人人皆能守正，則國治而天下平。然則掌政權者，負保障人羣、造福社會之任務，此任務至爲艱鉅，非大智大仁之人不能承當。

皇古之世，有巢、燧人、伏羲、神農，皆聖明睿智，領導羣倫，保障社會，發明物用，改善生活，是以被擁戴而爲民族領袖。黃帝革庸君之命，平蚩尤之亂，統一天下，發揚文化，八方來朝。帝堯光被四表，化及荒裔；帝舜恭己南面，無爲而治。「禹思天下有溺者，猶己溺之也；稷思天下有飢者，猶己飢之也」（孟子離婁篇）；以及湯武之革命伐暴，救民水火，華夏蠻貊，罔不率服。自古邦家之元首，非聖哲莫敢當，其執掌政權、在大衆之眼光觀之，乃負天下治亂之艱鉅責任，並非徒享尊榮而已也；是以人民心悅誠服，而不願過問政治。中國執政階級，有如此優越之史實，故傳統思想以爲「惟仁者宜在高位，不仁而在高位，是播其惡於衆也」，惟賢而有能者始可參預政事；是以儒家之政治哲學爲人治主義，而非權勢主義；爲德治主義，而非法治主義；爲民本政治，而非獨裁政治；以至爲政之術，治平之方，皆有千古不易之哲理，述之如下：

人治主義

皋陶謂大禹曰：安民必須知人善任；周公戒成王曰：立政必須克用善人（虞書皋陶謨、周書立政），政治關連國家之興亡與人羣之禍福，必須由大智大仁之人主持；大智大仁之人，志在治國安民，必能選賢與能，勵精圖治，政治爲國家之大事，決非普通人皆可干預，「一國三公，吾誰適從」，一國之中有三種政見，人民便不知如何是好；若人人皆可參預政事，則亂紛紛莫衷一是，豈非無理取鬧，同歸於盡？君主政治固不許可如此；卽民主政治又豈容如此？然則主持政治仍必須爲少數人，此少數人卽爲賢而能者，負治國之重責，有遠大之見解，有高明之辦法，有堅強之毅力，各忠其職，任勞任怨，無私於己，無愧於心，故終能爲國家造福，孚萬民之望。是以儒家相信「爲政在人」，「苟非其人，道不虛行」，有治人自然有治法，有治法而無治人「徒法不能以自行」，故中庸曰「文武之政，布在方策，其人存，則其政舉；其人亡，則其政息」。此儒家所以主張人治主義也。

古稱政治領袖曰「天子」，有何等德能始可爲天子？禮記經解云：

「天子者、與天地參，故德配天地，兼利萬物，與日月並明，明照四海，而不遺微小。其在朝廷。則道仁聖禮義之序；燕處、則聽雅頌之音，居處有禮，進退有度，百官得其宜，萬事得其序」。——天子福庇蒼生之功，與天地並列而爲三，仁民愛物，德配天地。其睿知明察，如日月之光照天下，無微不至。其在朝廷所研討者，爲政事中仁聖之術，及一切合理之程序。其閒暇生活，則聽雅頌之樂，以陶冶心情。凡一動一靜、皆合禮度。任用官吏皆得其當，故天下萬事皆入正軌。

舉二帝三王以爲帝王之模範、曰：

大哉堯之爲君也！巍巍乎唯天爲大，惟堯則之，蕩蕩乎民無能名焉。巍巍乎其有成功也，煥乎其有文章（論語泰伯篇）。虞帝（舜）「君天下，生無私，死不厚其子，子民如父母，有憯怛之憂，有忠利之教（忠恕之德、利民厚生之教）。」（禮記表記）。子夏曰「三王之德，參於天地，敢問何如斯可謂參天地矣」？孔子曰「奉三無私以勞天下」。子夏曰「敢問何謂三無私」？孔子曰「天無私覆、地無私載、日月無私照，奉斯三者以勞天下，此之謂三無私」（仲尼閒居）。

在位者必須賢能，必須才足濟世，德足服衆，故稱在位者曰君子；何謂君子？曲禮云「博聞強識而讓，敦善行而不怠，謂之君子」。在位者必須爲君子，故上自元首，下至羣臣，皆能以身作則，領導羣倫，使人羣率服，天下歸心。試看孔子之言云：

哀公問曰「何爲則民服」？孔子對曰「舉直錯諸枉、則民服；舉枉錯諸直，則民不服」（論語爲政篇）。

哀公問政，孔子對曰「政者正也，君爲正、則百姓從政矣；君之所爲，百姓之所從也」（禮記哀公問）。

季康子問政，孔子對曰「政者正也，子帥以正，孰敢不正」？「季康子患盜，問於孔子」，孔子對曰「苟子之不欲，雖賞之不竊」。季康子問政於孔子曰「欲殺無道以就有道，何如」？孔子對曰「子爲正，焉用殺？子欲善，而民善矣。君子之德風，小人之德草，草上之風，必偃」（論語顏淵篇）。季康子問「使民敬忠以勸、如之何」？子曰「臨之以莊則敬，孝慈則忠，舉善而教不能，則勸」（爲政篇）。

子曰「其身正，不令而行；其身不正，雖令不從」。子曰「苟正其身矣，於從政乎何有？不能正其身，於正人何」？（子路篇）。

一家仁，一國興仁；一家讓，一國興讓；一人貪戾，一國作亂（一家指國君之家，一人指國君）。　「上老老而民興孝，上長長而民興悌，上恤孤而民不倍」、「堯舜率天下以仁，而民從之；桀紂率天下以暴，而民從之；其所令反其所好而民不從」（大學）。執政者負責維持社會秩序，安定人民生活，有作福作威，生殺予奪之權，然己之不正，安能正人？故必須以身率正，爲羣衆作楷模；又須知人善任，「舉直錯枉」，如此、則賢者在位，能者在職，民心向化，故上下同德，互相信賴，「民以君爲心，君以民爲體」（禮記緇衣篇），國家政令，風行雷厲，故「不賞而民勸，不怒而民畏」（中庸）；不然、若徒特權勢管制人民，擁兵自衞，壟斷帝位，「使天下之人，不敢自私，不敢自利；以我之大私爲天下之公，視天下爲個人之產業」；「人之欲得產業，誰不如我」？（黃宗羲原君），於是野心政權者羣起，而大亂作矣。

德治主義

子曰「道之以德，齊之以禮，有恥且格」（爲政篇），德指人類相愛之仁德而言，以仁德化導人民，「民日遷善，而不知爲之者」（孟子盡心），孝經云「聖人之教，不肅而成，其政不言而治，其所因者本也」。本者何？卽學而篇所謂「孝弟也者、其爲仁之本與」！故曰「夫孝德之本也，教之所由生也」。「教民親愛，莫善於孝；教民禮順，莫善於悌；移風易俗，莫善於樂；安上治民，莫善於禮」（孝經）。父子之愛，出自天性，此爲人類基本之愛，由基本之愛，擴大而爲社會人羣之愛，有其自然之理，先王卽順此自然之理，以身示教，而成郅治之功，孝經云：

先王見教之可以化民也，是故先之以博愛，而民莫遺其親；陳之於德義，而民興行；先之以敬讓，而民不爭；導之以禮樂，而民和睦；示之以好惡，而民知禁。

言思可道，行思可樂，德義可尊，作事可法，容止可觀，進退可度，以臨其民，是以其民畏而愛之，則而象之，故能成其德教，而行其政令。

以身示教，以德化民，「故君民者，子以愛之，則民親之；信以結之，則民不背；恭以涖之，則民有遜心」（緇衣篇）。如此、爲君之義已盡，然爲政之道尚不足；仁愛敬讓，俱爲美德，但必有節度，方能行通，而況人情複雜，世事繁多，縱然無心爲惡，亦難免有糾葛發生，因此、必須「約之以禮」，制定公正合理之法度，使一切行事有軌可循，各順其道，各有分際，而不相踰越，故無衝突磨擦之虞，此卽爲齊之以禮。

祭統云「凡治人之道，莫急於禮」、無禮則亂也。禮者理也，凡事必求合理，以德化民，啓發人民向上之心，使之自動爲善，此爲合理之教化；制定合理之規則，使人羣有共同之信守，而建立良好之社會秩序，此爲合理之政治；故德治亦卽禮治。德化有溫柔之性，禮治有嚴正之性，純施溫柔之教化，難免有頑忽之民，視若無睹，置若罔聞；故必須有嚴正之禮法以策勵之，振聾發聵，使之警惕奮勉，向善流看齊。禮運云「禮者、君之大柄也」，國君若如後世之教主一般，只講道德，勸人爲善，對於頑梗難化之徒，任其自便，不加干涉，則德教必至失效；於是人心無所依歸，一盤散沙，豈能建立國家社會？禮爲公正之人生準則，所以明是非，防邪惡；邪惡之流，欲任所欲爲，在禮治之下，自知理屈，故只得約束自己，追隨大衆，循軌而行。國君爲羣衆之首長，負治國安民之責，秉禮以行事，萬民悅服，故曰「禮者君之大柄也」。

德以化心，禮以制行，化心以啓發理性，使人修身自愛而向善；制行則遵道而行，不入歧途以自陷。禮樂教化相輔爲用，政教合一，道德倫理形成社會秩序，人心歸於正義，皆以違禮爲恥，故曰「有恥且格」。

彼夫法治主義，由統治者之成見規定政治條律，以刑罰驅迫人民就範，使人民不敢犯法，故人民陽奉陰違，作惡爲非者，苟能規避法律制裁，則與不犯法者同等，無善惡之分；猶如貪官汙吏，伎倆巧詐，苟贓案不發，則任人指罵，而無動於中，故曰「道之以政，齊之以刑，民免而無恥」。造成無恥之風，將來刑罰亦必失效，故曰「政之不行也，教之不成也，爵祿不足勸也，刑罰不足恥也」（緇衣篇）。政令不行、亦卽教化不成，執政者不以身作則，不以禮行事，而徒以刑罰威脅人民，維持政權，使人民敢怒而不敢言，人民對政府已無信仰，受賞不足以爲榮，受罰不足以爲恥；於是人心思亂，而國危矣。

民本政治

中國近世受洋化之打擊，妄自菲薄之徒，謂中國之一切皆不及外國；謂孔子所講之仁愛，不及耶穌所講之博愛；問其理由，彼有強有力之辯證曰「孔子所講之仁愛、如能及耶穌所講之博愛，爲何外人信耶穌而國強，中國信孔子而國弱」？又謂「民主政治爲外國人所發明，中國無此進步之思想；中國自古只有民本政治，而無民主政治」。此類荒謬之言，不勝枚舉。

夫民主政治、政府以人民爲主；民本政治、政府以人民爲本；主體與根本、名詞不同，實際有何不同？蓋無論君主或民主，執政階級，必爲少數才智之人，無才智不能取得帝位，無才智不能競選總統，帝王總統既皆得登元首之榮位，即皆願治國安民，贏得羣衆之擁護，元首以下各部官員，必須專門人才負其職責，元首有任免官員之權，並非一切人民皆可干預其事，故執政階級必爲少數才智之人；總統以人民爲主，帝王以人民爲本，無人民則無元首，故曰民主與民本，其實一也。

古之元首何以稱曰天子？元首之才智足以領導羣倫，然有元首之才智者、非止一人，一時或許有數人，或許有數十人，此數十人、雖有元首之才智，或因環境所限，未能出首；或因無其志趣，不謀其事；或因時機不遂，懷才莫展；舜禹不遇堯舜之禪讓，不過一朝之大臣耳；湯武不遇桀紂之暴亂，不過一世之諸侯耳；沛公破咸陽入秦宮，初志只在王關中耳，以張良之謀，而平羣雄建立漢朝；光武平王莽勦羣寇，初志只在爲蕭王耳，以耿純之勸而稱帝號統一天下。尙有其他種種原因，雖有絕世之才智，而未能成帝王之業，甚至埋沒草野，默默無聞；而獨有一人，才智固然非凡，似乎天啓其衷，走入政治之路，逐步前進，雖亦曾遭遇挫折，幾致躓頓，而總皆得意外之幸，轉危爲安，彷彿如俗語所云「眞天子百靈相助」，而終獲機遇巧合，得爲元首。元首又稱元后，在其心中亦自認喜出望外，非預料所及；所謂「盡人事而聽天命」，盡人事者多矣，而此人獨遇盛運，升爲至尊，豈非天命哉？元后自認爲：才智及我者大有人在，甚至有高於我者，而我獨得爲元后，此乃造化之偶合，只可曰天意所使然，羣衆亦認爲元后乃天命所歸，因此有天子之稱，天子負何等責任？試看古書云：天子作民父母，以爲天下王（周書洪範）。——天子爲天下人之領袖，負教導人民保護人民之責。愛民如子，如父母對子女所負之責一般，否則失去天子之資格。

惟天生民有欲，無主乃亂，惟天生聰明是乂；有夏昏德，民墜塗炭，天乃錫王勇智，表正萬邦，纘禹舊服，茲率厥典，奉若天命，（商書仲虺之誥）。——人生而有欲，有欲則起爭端，若無領導之人，主持正義，則天下乃亂；惟天生聰明才智之人，使之負治民之責，是爲天子。夏禹當日爲天子，平洪水、救人民，今桀嗣位，昏亂無道，陷人民于痛苦之中，天乃錫湯王以大勇大智之德，革除暴君之命，作天下之表率以正萬邦，此乃繼續大禹所行之事，率循自古以來之常法，奉順天命，執行天子任務。

惟天地萬物父母，惟人萬物之靈，亶聰明作元后，元后作民父母。今商王受（紂），弗敬上天，降災下民。……商罪貫盈，天命誅之（周書泰誓）。——人爲天地所生，天命誠實聰明之人作元后，元后對人民、當如父母愛護子女一般，今商紂不敬天命，禍害人民，其罪大惡極，我（武王自稱）乃奉天之命，伐暴救民。

由上述可知天子所負之責，亦可知天命之意義。天子以爲遇幸運、承天命、而得萬民之擁護，天命在冥冥之中，無聲無臭，而藉萬民以示意，人民歸心卽天命降臨，人民背叛卽天命已去。仁聖之君固以仁心而行仁政，其造福人羣固非爲保持其帝位；明哲之君以旣受天命而爲天子，應如何保持天命？則惟有寵惠人羣，善得民心，民心不失，卽天命未改之徵。太甲云「惟天無親，克敬惟親；民罔常懷，懷于有仁」；天命民心，非固定不移者，旣受天命而爲天子，若以天之驕子自居，任所欲爲，則天命便失；若設鉤餌以誘民心，及被擁護登臺之後，果以人民爲魚肉，則天怒人怨，亡無日矣！觀此天然之律，顯然可見人民之擁戴天子，爲受其福庇也；天子所負之使命，爲保邦安民也；有民始有君，「苟無民何有君」？尙書大禹謨云「衆非元后何戴？后非衆，罔與守邦」；由此顯明之事實而演出民本政治，夏朝典籍，已有明文記載，曰「皇祖有訓，民可近，不可下，民惟邦本，本固邦寧」（尙書五子之歌）。天子非若後世之軍閥，壟斷政權，擁兵自衞，使人民不敢不尊重。天子之地位乃人民所抬擧者，故天子作民父母，以民事爲切身之事，不敢高居在上，卑視人民，無民則無國，故曰「民惟邦本」，民安則國安，因此、故政治以人民爲本，天子所受之天命，亦全賴人民支持，亦卽以人民爲主也。尙書明言之云：

天聰明，自我民聰明；天明畏，自我民明威（皐陶謨）。——蔡注云「威畏二字通用，明者顯其善，畏者威其惡」。天之聰明付託於人民，人民之耳目卽天之耳目，天之賞罰，因民之好惡而決定。

天視自我民視，天聽自我民聽（泰誓）。——天意寄託於人民，天之視聽如何，全由人民作表示，故民怨天必怨，天怒亦卽民怨。故天子欲看天之指示、聽天之意見，卽自人民觀察，以人民爲依據。

天矜於民，民之所欲，天必從之（泰誓）。——天道憐恤人民，暴惡者當受制裁，民之所欲，天必從之，誰敢違哉！

民意卽天意，執政者不敢違天意，故謂其以人民爲本，以人民爲主皆可；然則民本政治與民主政治何異？如上所述，執政者以人民爲本，無數羣衆皆爲主人，若無執政之權、何以推行政令？民意之共同需要者爲生活幸福，然如何致得幸福？此中問題繁難多端，建立國家，保障人羣，改善民生，此豈多數庸碌之人所能爲？此非有元首之才智不能勝任。元首亦爲天民之一，自然有其天賦之權，而且天又賜以才智、降以大任，使之有裁斷事理之權，以便完其天職，泰誓曰「天佑下民，作之君，作之師，惟其克相上帝，寵綏四方，有罪無罪，予曷敢有越厥志」。天意保佑下民，故立非常之人爲元首、君長，協助上帝，愛護人民，安定四方，有罪者討之，無罪者赦之，爲君長者決不敢私心用事，違越天意。故「闢四門，明四目，達四聰」（舜典），集思廣益，詢于芻蕘，察納民意、以符天意。

元首體天行道，爲全民謀幸福，有除暴安良之權，其愛民如子，依從民意，「民之所好好之，民之所惡惡之」（大學），但衆人之輿論，平庸之見解，每有無益於事實者，甚且有害於將來者，故「衆惡之必察焉，衆好之必察焉」（論語衞靈公篇）。衆人之好惡、未必皆得當，元首聰明睿智，必對事實考察清晰，以作處理之依據，決不可由衆人之衝動。一犬吠影，百犬吠聲，而亦隨之附和，孟浪從事，鑄成錯誤，諉過於衆人。元首對人民之照顧，無微不至，「若保赤子」（康誥），故告人曰「爾有善，朕弗敢蔽，罪當朕躬，弗敢自赦。爾萬方有罪，在予一人，予一人有罪，無以爾萬方」（湯誥）。元首爲人羣之代表，負此重大之責，故必須有執行政事之權，方能完成任務。

君長之保護人民，如父母之保護赤子，有督導向善、制止作惡之責任，政令之施行，以全民之幸福爲目的，國家遠大之計畫、非萬衆皆能明其原理，若因衆口錯雜，意見紛歧，而遂擧措不定，誤却大事，其責任仍在君長，是以嘉謨已成，政策既定，不因有干擾者而遂廢止，盤庚遷都，子產整田，皆不顧輿情反對，而強制執行，以完成其福利人羣之善擧。卽而今之民主政治，亦有「強行法」之規定，此孔子所以有「民可使由之，不可使知之」之說也（泰伯篇）。不可使知、非不願使之知，乃不可能使之知也；國家政策之設計，皆爲專門學問，只勸導人民如法實行卽可，不能使人民了解其所以然之理，此乃知難行易之事也，晚近乖誕浮薄之徒，譭中國文化，誣聖人之言，謂孔子此言爲愚民政策；其發此謬論，並非愚昧，乃是破壞倫理思想，故意無理取鬧。

中國歷代之君主政體，實行民本政治，綜上所述，民本政治與民主政治，實際有何高低？無論君主民主，執政者皆爲少數才智之人，非才智之人莫能勝任，其元首在君主時代爲帝王，在民主時代爲總統；以帝王之才、競選總統必獲成功。所異者、君主時代之官吏，由帝王考選，民主時代之官員，由人民票選；如必言帝王考選有弊端，則人民票選又何嘗無弊端？全國政令既統一，則大局已定，政府之意見，人民豈能不服從？人民所選之官員，必為政府所支持者，而帝王考選之官吏，亦必為政治人才，能為國家盡職者，其與人民所選有何不同？以清朝衰微之季世，科舉所選，猶有曾胡左李等，一般非常之人才，以與民初國會、人民票選之「豬仔議員」相較，奚啻霄壤之別？故無論君主民主，不在名義，而在所行之實際如何；無論民主民本，實事求是，其義一也。

政術

人治、德治、民本主義、為政治之本體，而完成政治之任務，必須有為政之方，即所謂政術。政術有經、有法、經者、國家政策之大綱，法者、實行政綱之一切法則。中庸云「凡為天下國家、有九經」曰：

修身也，尊賢也，親親也（商書伊訓云「立愛惟親」，愛人必自親親始，愛吾之親、以及人之親），敬大臣也，體羣臣也，子庶民也，來百工也，柔遠人也，懷諸侯也。修身則道立，尊賢則不惑，親親則諸父昆弟不怨，敬大臣則不眩，體羣臣則士之報禮重，子庶民則百姓勸，來百工則財用足，柔遠人則四方歸之，懷諸侯則天下畏之。

「一人有慶，兆民賴之」（尚書呂刑），一人者、元首也，國家之治亂，全由元首之領導，故治國之大經、首須有賢明之元首，元首修身、尊賢、親親，以身作則，領導羣倫，以至敬大臣、恤羣臣、愛人民、獎勵百工，安撫遠來之人、惠愛諸侯之國，此九經之道，切實行之，而天下平。政綱簡要，政術多端，茲擧論語所述之要則如下：

子路曰「衞君待子而爲政，子將奚先」？子曰「必也正名乎！名不正，則言不順；言不順，則事不成；事不成，則禮樂不興；禮樂不興，則刑罰不中；刑罰不中，則民無所措手足」（子路篇）。——名卽名義、名分，各種事物皆有所具之義理，按其義理而予以名稱，因其名而卽可思其義；如父子名義、君臣名義，有其名義，則各有應守之本分，故曰名分。分內之事，必須實行，如不實行，便爲有名無實，故循名責實，爲判斷事理之要則。正名義、定名分，理由正確，方能使人信服，所事方能有成；如此、則政治方面禮樂刑罰，方能各奏其功。名正分定，「君君臣臣父父子子」，各有禮法，反之、則「君不君、臣不臣、父不父、子不子」（顏淵篇），上下紊亂，談何政治？

子貢問政，子曰「足食、足兵、民信之矣」（顏淵篇）。——衣食富足，兵力充足，政府一切措施，使人民信仰，此保國安民不可缺之三大要項。

子曰「善人敎民七年，亦可以卽戎矣」。又曰「以不敎民戰，是謂棄之」（子路篇）。——

寓兵於農，古之良制，善人爲政，教導人民以孝悌忠信，修其德行；以兵法戰術，練其武勇；人民忠於國家，習於戰陣；如此七年之教練，則全國皆兵，戰無不克。兵可千年不用，而不可一日不備，若素日對人民不作明恥教戰之訓練，一旦有外患或內亂，而遽然征集人民，使之應戰，必然敗績，是直等於驅人民於死地也。

子適衞，冉有僕，子曰「庶矣哉」！冉有曰「既庶矣，又何加焉」？曰「富之」！曰「既富矣，又何加焉」？曰「教之」！（子路篇）。——國以民爲本，民既繁庶，當加行經濟政策，使之生活富足；生活既富足，當增加教育程度，提高國民知識。蓋倉廩實而後知禮節，衣食足而後知榮辱，先富後教，教化乃易成功也。

敬事而信，節用而愛人，使民以時（學而篇）。——一切政事當有鄭重之計畫，不可朝令夕改，失信於民。生活不可奢侈，公帑不可虛耗，處處要爲人民着想，不可亂征徭役以誤農事。

子張問政，子曰「居子無倦，行之以忠」（顏淵篇）。——居官任職，當事事謹愼，不可懈惰；辦理政事，當切實認眞，不可敷衍。若虛僞應付，不但遺誤公務，雖善政亦將轉而爲弊害。

仲弓爲季氏宰，問政，子曰「先有司，赦小過，擧賢才」（子路篇）。——有司爲宰官之部屬，凡事當起領導作用、以身先之。有司或有過失，過之小者，應予寬恕，大者則限於法令、不得不懲。用人不循私情，舉拔賢才，是以人才來歸，度績咸熙。

子張問於孔子曰「何如斯可以從政矣」？子曰「尊五美，屏四惡，斯可以從政矣」！子張曰「何謂五美」？子曰「君子惠而不費，勞而不怨，欲而不貪，泰而不驕，威而不猛」。子張曰「何謂惠而不費」？子曰「因民之所利而利之，斯不亦惠而不費乎？擇可勞而勞之，又誰怨？欲仁而得仁，又焉貪？君子無衆寡、無大小，無敢慢，斯不亦泰而不驕乎？君子正其衣冠，尊其瞻視，儼然人望而畏之，斯不亦威而不猛乎」？子張曰「何謂四惡」？子曰「不教而殺，謂之虐；不戒視成，謂之暴；慢令致期，謂之賊；猶之與人也，出納之吝，謂之有司」（堯曰篇）。——惠而不費之事頗多，就淺顯者言之；例如兩村之間道路湫隘，雖皆感行走不便，而皆不肯倡修，政府只派員督導兩村分工合作，其事便成；許多民間應興應革之事，每由政府一紙公文，便可引導人民自動完成其事，無須政府耗費公帑，此即所謂惠而不費。修路爲自己方便，當兵爲自古公認之義務，如此種種力役，人民勞而不怨。君子所欲者、爲行仁政以達其政治之理想，其日理萬機，孳孳不息，以公事爲己事，得到仁之結果，於願已足，並無其他貪求。態度從容自然而不驕傲；莊重守禮而不激烈；在位者臨民，尊重彼此之身份，故有此風度，此爲五美，必當遵行。不以禮義敎導人民，及其犯法，則嚴刑以懲之，是謂不敎而殺；當禁之事，不預先訓戒，坐視其構成憂患；政令延宕，而要求於民者，則限期嚴格；賞罰予奪，當正確嚴明，執行果斷，不可猶豫拖延，如出納小吏支付財物一般，有失政令之尊嚴；此爲四惡，必當屏除。

執政階級上自元首下及羣僚，皆爲才智之士，既能取得行政地位，亦必勵精圖治以保持其地位，自然能勞心周慮，有嘉謨嘉猷，以達治平之目的。然自古爲政者之失敗，多非才能不足，而乃私心用事，利令智昏，遂玩弄政柄，反道敗德，領導作惡，製造亂因，禍害人民，自尋滅亡，論語所載政治之要道，及爲政者之態度，皆爲千古不易之法則；至若因時制宜，令無不行，賢者爲政，自然有其善術也。宋趙普謂太宗曰「臣有論語一部，以半部佐太祖定天下；以半部佐陛下致太平」。果眞深明聖人之微言大義，據實演理，奉而行之，趙氏之言，豈虛語哉？

五、教育哲學

中庸云「仲尼祖述堯舜，憲章文武」。禮記所載：孔子曾屢稱三王之德；而周公制禮作樂，以建立周朝文化，孔子對其崇慕之甚，每至夢寐不忘；可知孔子思想之淵源。古昔政教合一，故君師並重，寓政治於教育之中，以教育輔導政治，教育與政治相爲表裏，教育思想與政治思想一體。茲分述孔子教育之各項要點：

教育宗旨

自古教育一貫宗旨、在造就德智兼備之人才，故教育大端分爲二項：曰道德教育、知識教育。中庸云「尊德性而道問學」，道德與學問本爲並重，然事實顯然可見，有道德人格者，自利而利人；無道德人格者，其知識愈多，作惡之能力亦愈大；所以必不得已而論二者之先後，則道德教育爲先，知識教育次之，亦卽道德重於知識，故論語云：

子曰：弟子入則孝，出則悌，謹而信，汎愛衆，而親仁，行有餘力，則以學文」。——學重實行，力行之餘，當更加學文，以增知識。

子夏曰「賢賢易色，事父母能竭其力，事君能致其身，與朋友交，言而有信，雖曰未學，吾必謂之學矣」（學而篇）。

人類之幸福在乎社會安定，社會安定、則民生安樂，欲使社會安定，盜竊亂賊不作，必須啓發人類相愛之心，發揚仁愛之德，先由家人父子、天倫自然之情開始，由近而遠，由親及疏，推己及人，愛人者人亦愛之，此易於實行者也。古昔聖王、循此理而定五倫：父子有親、君臣有義、夫婦有別、長幼有序、朋友有信。唐虞時代已以此爲教育之本，司徒掌邦之教，推行五倫教育，舜命契曰「百姓不親，五品（五倫）不遜，汝作司徒，敬敷五教」（舜典），五教之功用擴展，構成倫理社會。教育首重道德，學校造就人才，最低限度能在社會以道德人格作衆人之楷式，孟子云「夏曰校，殷曰序，周曰庠，學則三代共之，皆所以明人倫也，人明於上，小民親於下」（滕文公篇），受學校教育之知識分子、即所謂士人，其學優登仕者，以身作則，負教民之責；退居草野者，亦潔身自好，有懷德淑世之功。古時學校教育雖未普及，而一般人能效法士人，崇孝悌忠信之德，故曰「雖未學，吾必謂之學矣」。

教育以修齊治平之道，作育人才，能負治平之大事者不可多得，而修身齊家，則普通人皆能之。人雖不能皆爲聖賢，而不可不志在聖賢，取法乎上，僅得乎中，故以聖人爲學者之師範，孔子曰「聖人吾不得而見之矣，得見君子者，斯可矣」（述而篇），孔子每論及君子與士，可知其希望所教之人才爲士、爲君子。君子與士爲何等人物？論語言之甚詳，簡述如下：

君子之程度不一，故聖人可稱爲君子，而君子未必可稱爲聖人，如俗稱品行端正之人爲君子，而不可稱爲聖人。如孔子所言「君子無終食之間違仁，造次必如是，顛沛必如是」（里仁篇）。所謂「君子道者三，我無能焉；智者不惑，仁者不憂，勇者不懼」（憲問篇），此卽聖人之德也。所謂「君子不器」（爲政篇），君子不如器具一般，一器只有一器之用；君子博學多能，守常通變，無往不宜；此卽聖人之才也。以及中庸所稱「君子之道」、卽聖人之道也。若夫「君子食無求飽，居無求安」（學而篇），「君子欲訥於言而敏於行」（里仁篇），「君子求諸己」（衞靈公篇），「君子思而不出其位」（憲問篇），「君子泰而不驕」（子路篇），「君子成人之美」（顏淵篇）等等，則凡勵志愼修者，皆能爲之。宓子賤爲單父宰，尊賢取友，孔子稱之曰「君子哉！若人」（公冶篇）；南宮适尚德謹言，孔子亦稱之曰「君子哉！若人」（憲問篇）；孔子對弟子如此稱許，而自謂「君子之道者三，我無能焉」，又謂「君子之道四，丘未能一焉」（中庸），子貢謂夫子自謙之言如此云。可見君子程度之差別，猶如聖賢之等級。

士之程度亦不一，如曾子所謂「士不可以不弘毅，任重而道遠，仁以爲己任，不亦重乎？死而後已，不亦遠乎」？（泰伯篇），此與「無終食之間違仁」之君子相同。「士志於道」，不恥惡衣食（里仁篇），與不求安飽之君子相同。子張曰「士見危致命，見得思義」（子張篇），與泰伯篇「臨大節而不可奪」之君子相同。子貢問曰「何如斯可謂之士矣」？子曰「行己有恥，使於四方，不辱君命，可謂士矣」，曰「敢問其次」？曰「宗族稱孝焉，鄉黨稱悌焉」，曰「敢問其次」？曰「言必信，行必果，硜硜然小人哉，抑亦可以爲次矣」（子路篇）；硜硜然、言行堅確，而識量淺狹，處事拘滯，本無可觀，然其循規蹈矩，操守謹嚴，終不失爲善人，故可列於士林。此可見士人程度之等差。

君子與士而外，又有「成人」之稱，成人者、成德之人，猶俗所云人格完備之人。子路問成人，子曰「若臧武仲之智，公綽之不欲，卞莊子之勇，冉求之藝，文之以禮樂，亦可以爲成人矣」！曰「今之成人者，何必然，見利思義，見危授命，久要不忘平生之言，亦可以爲成人矣」（憲問篇）。此則成人與君子與士，皆名異而實同也，三者可以君子之名稱括之，孔子之教育目的，即在教人成德達材、成爲君子，其門下君子衆多，最著者有七十二賢焉。

教育內容

周朝以前，已有學校制度，其教育內容：德育、有五倫之教，智育、則文武之學兼備，由禮記、王制、及文王世子等篇，可以考知。及周朝學校大興，「家有塾、黨有庠、州有序、國有學」（學記）。周禮、地官、大司徒：以鄉三物教萬民「一曰六德：智、仁、聖、義、忠、和。二曰六行：孝、友、睦、婣、任、恤。三曰六藝：禮、樂、射、御、書、數」。教育之內容益加充實。——孔子設教：德育以仁爲本，以孝爲實現仁德之發端，推而至於五倫，擴而充之至於人羣。智育之項目，可以詩、書、禮、樂、六藝以括之，此爲文武合一之教材。近世規定教育內容爲：德育、智育、體育三項。古時文武合一之教育，其中當然包括體育、「十三歲，學樂、誦詩、舞勺；成童（十五歲以上），舞象、學射御」（禮記、內則），勺與象皆「舞」名，舞有文舞、武舞，文舞之導具爲羽、籥，武舞之導具爲干、戈；而拉弓射箭，尤爲強力與技巧之鍛鍊；御、則較今日之駕駛汽車尤難，何也？汽車爲死物，由人按排，馬爲動物，不易控制，馳馬習射，一切動作，既須強力，又須敏捷；駕御戰車，則手馭四馬，遲速周旋，皆有法度；可見古時之體育不遜於今日之體育。　文教包括智育，史記孔子世家謂「以詩書禮樂教弟子」。孔子作易象、著春秋，曾自言學易可以寡過（述而篇），亦引易言以教弟子，弟子亦引易以講道（子路篇、孔子引易經恒卦爻辭「不恒其德，或承之羞」，憲問篇、曾子曰「君子思不出其位」。乃艮卦之象辭）。弟子商瞿受易於孔子，五傳而至西漢田何；猶之子夏傳春秋於公羊高、又四傳而至西漢公羊壽。易與春秋，皆爲孔門之要典，則其當日亦爲重要之教材可知。武教則習干戈，習射騎，駕戰車，孔子之教學如此，是以其弟子冉有爲政治家，亦爲軍事家，齊侵魯，冉有帥師，持矛衝鋒，戰勝齊軍（左傳哀公十一年）。

教材之運用，各有適當之步驟。子曰「興於詩，立於禮，成於樂」（泰伯篇），孔子謂「詩可以興，可以觀，可以羣，可以怨。邇之事父，遠之事君，多識於鳥獸草木之名」（陽貨篇），詩可以感發人之情志，使人振奮；可以觀往昔政治風俗之得失，及列國大夫賦詩見志之雅趣；可以溝通人情，使羣心融和；可以發抒抑鬱，平弭怨憤；小而家庭之情感，大而政治之美刺，其中皆涵倫理之義；而且詩爲文藝佳品，有賦、比、興、修辭之妙，習辭令者，必須學詩，故曰「不學詩、無以言」（季氏篇）。

其時小學規定「十三歲，學樂誦詩」（禮記、內則），童年雖尚未能通達詩之精義，然此時記憶力強，童而習之，終身不忘，詩與樂合教，足以和悅性靈，引發學問之趣味，故曰「興於詩」。禮者理也，包括對人處事一切合理之法則；明禮方能言行有度，立身處世，故曰「立於禮」（季氏篇云：不學禮、無以立）。禮以表事理，樂以和心志，人自童年習樂，涵養性情，年事日長，心境亦愈廣博，樂之程度與功用亦隨之而深入；世事之喜怒哀樂，皆不可縱情而趨極端，皆由樂之情趣以調節，則心情坦然，無入而不自得，故曰「成於樂」。孔子在陳絕糧，而絃歌不輟，子路執干而舞（莊子讓王篇）；原憲窮居陋巷，匡坐而絃歌（劉向新序）；「樂云樂云，鐘鼓云乎哉」？（陽貨篇），「樂者、天地之和也」（樂記），樂不在乎鐘鼓之聲悅耳，而在乎滌蕩穢邪，澄清心境，響應天地之和氣，融化胸中之冰炭，陶養中和之德性，和而不流，與道相從，此之謂藝術人生。詩、禮、樂、三者有連貫性，為孔門之基本教材。

孔子訓練人之品格、有四教，曰「文、行、忠、信」（述而篇），文指詩書禮樂之典籍而言，既通曉其中之義理，則當奉而行之，方不落為空談。盡己之謂忠，誠實之謂信，此為對人處事之態度；約而言之，此四者卽知識、行為、品性三者並重。孔子所教專門學問分為四科：德行、言語、政事、文學。政治與文學各為專科，至今猶然，此無異議；德行乃行為之實踐，人人必修，何以列為專科？而且孔子舉顏淵、閔子騫以為德行科之代表人才（先進篇），蓋闡揚道德之眞諦，猶如今之倫理學、宗教學、皆為專門學問，顏閔善講此學，且能切實篤行也。當時列國紛爭，外交辭令，至為重要，故言語列為一科；長於文學，未必長於言語；長於言語，未必長於文學；二者之功用不同，不能合一。今之文學革命家，妄倡語文合一，欲以語言代替文學，謂古之文學卽古時之白話，眞乃一派胡言也。

施教方法

兒童教育之重要——子曰「性相近也，習相遠也」（陽貨篇），程子朱子皆言：此性指氣質之性而言，非指理性而言；理性無不善，氣質之性初皆不相遠，但習於善則善，習於惡則惡，始相去甚遠。人皆有理性，亦皆有氣質之性，二者皆天賦所有，孔子此處所言之要意，只在教人注重學習。例如有兩兒童，性格相似，天才亦相等，而因後來所處之境遇不同，及其成人，乃一善一惡；觀其材能、則如韓愈所云「三十骨骼成，乃一龍一猪，問之何因耳？學與不學歟」！（符讀書城南詩）。如此可見後天學習之重要，亦即教育之重要。而教育尤當注重幼年時代，孔子云「少成若天性，習慣成自然」（見賈誼治安策），幼年品格易受薰陶，知能易於增進，道德學問自幼年培養，一切易於就範，成爲習慣，猶如天性所具有一般，可見兒童教育之重要。

因材施教——孔子將人之才智分爲上中下三等，謂「中人以上，可以語上也；中人以下，不可以語上也」（雍也篇）。資質低下者，若語以高深之道理，彼必不能接受，當審量其所能接受者而教之，或許其能由淺而入深。然亦有因天才所限，而永遠盤旋在初級或中級之內，無法引進，所謂「不憤不啓，不悱不發，舉一隅，不以三隅反，則不復也」（述而篇）

。憤者、發憤積極，對於某一部學問，既有志趣，而又在追求之中，然遇層層問題，急於求通，而不能達；此時如得良師之啓導，則一點卽悟，豁然暢曉。悱者、沉鬱苦思，對於某一部學問，雖已粗得概略，而未了其奧義，展轉深思，不能圓滿其說；此時如有明師提示要旨，闡其眞義，則疑雲盡消，而能暢所欲言。若夫限於天才，舉一不能反三者，卽不必強行督教，勞而無功，徒增其煩惱，而無裨益。又有某種學問、有人根本無其興趣，而絕不能吸收者，如強迫其學，則扞格而不入，「雖終其業，其去之也必速」（學記），縱使之勉強畢業，而畢業之後，自知所學無所長，亦必棄之若遺。如近世科學風盛，青年學子，以爭入此科爲榮，許多放棄其他學科固有之天才，而勉強就學，結果只取得畢業名義，學無所成，適以自誤。孔子因材施教，各就弟子性之所近、才之所長而教育之。觀其素日對弟子所問，以至對國君、大夫之所問，雖或同一問題，而所答不同，皆就其人之性格、及其所需要，而予以開導啓發，皆切乎實際，而無寬泛膚廓之言。

施教之要領——子曰「志於道，據於德，依於仁，游於藝」（述而篇）。此施教之要領，亦卽自修之要領。道者、對人處事之道，所包甚廣，當立志學道，以求明達。遵道而行爲德，據者、守也，一切行爲皆本乎德，則言有度而行有方。仁者、克己復禮，胸境曠朗，依者、賴也，賴此純正之仁心，坦然於人生之途，不糾纏於私慾之中。藝者、禮樂之文，及射御書數之法，游者、如今所謂娛樂，禮記少儀云「士游於藝」，以文藝技藝爲陶情適心之事，可以美化生活之趣味，至於有所應用，乃其餘事也。學者依此四項而進修，則本末兼賅，內外交養，而可達於聖域賢關矣。對於讀書之進修，其要領曰「博學於文，約之以禮」（雍也篇）。文指典籍之文而言，如今所謂「書本上的學問」，書要多讀，學要廣博，但不可散漫而無中心，故必須約之以禮，禮者理也，以禮統轄學問，故思想正確而合於道，此卽世人所謂「讀書明理」之士。

爲學之道

諺云「一勤天下無難事」，爲學之道、莫重於勤，試看論語所記、孔子所言云：

子曰：學而時習之（學而篇）。——學而不時習，則學業荒蕪；且惟時習、方能深通其奧義。

子曰：溫故而知新（爲政篇）。——故者往日所學，新者今之所得，若以前所學而不加以溫習，則日久疏忘，化有爲無。溫故所以堅定根基，知新所以繼長增高，如此、則學問日進。且溫故所以精研其義理，可以觸類旁通，增加知新之力。既須溫故，又須知新，故曰「學如不及，猶恐失之」（泰伯篇），不及者、言世間學問甚多，學而不厭，力加追求，如恐追之不及一般；及求之有得，則時加溫習，惟恐忘失。此猶之子夏所云好學者「日知其所亡，月無忘其所能」（子張篇）。知其所無，則必學如不及，力求新知；不忘其所能，則卽猶恐失之、而勤於溫故。

子曰：學而不思則罔，思而不學則殆（爲政篇）。——學而不思其義理，則迷惘而無心得，食古而不能化。思而不學，則空洞而無實據，疑慮而不能定。故學必須博、必須思，方能約之以禮，歸於實用，學與思不可偏廢。

子曰：默而識之，學而不厭（述而篇）。——默識者、深刻記於心中而不忘，如今所謂默寫，卽謂默記於胸中而寫出也。不厭、不滿足也，所學而不記憶，則雖讀書萬卷，不猶等於未讀乎？一切學問皆須記憶，如不記憶，卽等於未學。記憶背誦，當然須勞心力，今之教學者，爲得學子之歡心，反對背誦，罵記憶、背誦爲塡鴨式之教育，爲灌輸式之教育，而空唱啓發式之口號；豈知不能背誦、亦卽未能記憶，學生胸中無所記憶，用何物作啓發之資料？「巧女難作無米之炊」，學生腹內空空如也，啓發者能使之無中生有乎？此誠欺人之談也！試問文學詞章、數學公式，甚至唱歌彈琴，何一不須記憶背誦？故學生之眞有成就者，皆爲能對其所學默志而不忘者，背誦卽默誌之考驗也。以聖人之天才、猶須默而誌之，學而不厭，記憶愈多，學問愈豐富。史書所載名人傳中每云「博學強識」，記憶並非易事，故云「強識」，天才卓越者、猶須強誌，平常之人而反對背誦，難怪其學無所成也。

子曰：古之學者爲己，今之學者爲人（憲問篇）。——爲己者、求學問爲充實自己之知能，多多益善，故學而不厭；爲人者、藉學問以要人知，既得名位，則榮譽耀人，於願已足，此其爲學之目的也。

如上所述，爲學之道，總不外乎「勤」字。「學以致用，效用於世，仍然勤力於學，則所學愈多，爲用愈廣。倘不見用於世，則「人不知，而不慍」，「君子遯世不見知，而不悔」（中庸），故孔子自幼立志於學，「發憤忘食，樂以忘憂，不知老之將至」（述而篇）；顏子好學，簞食瓢飲，居陋巷，不改其樂（雍也篇）；愈勤學而所學愈博，愈博而趣味愈富，故儒者不寶金玉，多文以爲富；不求富貴，安貧而樂道；（禮記儒行篇），此即所謂孔顏之樂趣。

有教無類

子曰「有教無類」（衞靈公篇）。類者、等類，如貧富貴賤智愚賢不肖之類別是也。孔子無論對何等人物，凡誠心來學者、無不教也，故曰「自行束脩以上，吾未嘗無誨焉」（述而篇），凡執弟子禮而來至門下者，必一視同仁，而善教之；故孔子門中有互鄉童子，梁父大盜。（互鄉多惡人，童子求見，弟子反對，而孔子不拒絕，見述而篇。「顏涿聚梁父之大盜也，學於孔子」，見呂氏春秋尊抑篇）。是以東郭子惠問於子貢曰「夫子之門何其雜也」？子貢曰「夫隱括之旁，多枉木；良醫之門，多病人；砥礪之旁，多頑鈍；夫子修道以俟，天下來者不止，是以雜也」（說苑雜言篇）。孔子教人，猶如醫之治病，不分等類，一律循循善誘，以成化育之功。其學校教育如此，其在社會亦然，故曰「有鄙夫問於我，空空如也，我叩其兩端而竭焉」（子罕篇），雖愚鄙之人請教於孔子，其所談之問題，空空然，不切實際，又無內容，孔子亦必詳細詢其始終本末，得其重點所在，而盡其道理以作答覆。可見孔子誨人不倦、博愛之精神。

一般論者云：古之學術、守在王官，受教育者惟有貴族子弟，自孔子始開平民講學之風，平民始有受教育之機會。夫孔子爲大教育家，生平誨人不倦，致力於教育之普及，此誠然也，已足尊矣；然不必謂孔子爲平民講學之創始人，何也？蓋學而優則仕，爲自古之史實，故官師合一，政教合一，學術多由官家傳授。然學而優者未必皆仕，故在野者亦有講學之人，「古之教者：家有塾，黨有庠，州有序，國有學」（學記），古二十五家爲閭，閭有塾，五百家爲黨，黨有庠，州序國學爲官校，家塾黨庠則爲民間之校。王制云「命鄉論秀士升之司徒，曰選士」。鄉閭如無私人講學，何有秀士、選士？且古昔亦未有禁止平民就學，或禁止私人講學之法令。「舜發於畎畝之中，傅說舉於版築之間，膠鬲舉於魚鹽之中，管夷吾舉於士，孫叔敖舉於海，百里奚舉於市」（孟子告子篇），此等明君賢相，皆爲平民出身，其在草野之時，如不從師受業，不學無術，何以能被選而登庸於朝廷？周時教育益盛，老子亦係私人講學者，嘗云「人之所教，我亦教之」（第四十二章），其著名弟子、有文子蜎子等，皆有書傳世（見漢書藝文志），孔子亦從而學禮焉。孔子自云「吾少也賤」（子罕篇），子貢稱孔子學無常師（子張篇），人有所長，必從而學之，無固定之師，孔子亦係平民出身，其在爲微吏之前，所從之師，亦皆爲私人講學者也。孔子有弟子三千餘人，身通六藝之大賢有七十二人，故謂私人講學，生徒之衆，古史所載，未有盛於孔子者、斯可矣；不必謂孔子始開私人講學之風也。

六、結語

雖然人性相近「人情大抵不相遠」（唐、陸家先語），然天下無絕對相同之事物，故每一民族之文化，各有其特點，此乃民族各有其特性，其心理、思想之趨向不同，故產生不同之文化。我中華民族之特性；崇正義、愛和平，故產生中國文化。溯自黃帝而後，文物制度已有成規，雖朝代有變，政權易主，而倫理社會、政教禮俗，一貫相承，人民在淳風德化之中，以爲「日出而作，日入而息，鑿井而飲，耕田而食，帝力何有於我哉」？（堯時民歌）。五倫之義，已成爲人人自然習慣共守之法則，元首以天下爲家，以萬民爲子弟，人民各安其生，不願過問政治，亦不必過問政治，惟或遇昏君當權，始有人起而革故命而創新朝，雨過天晴之後，依然「陽春布德澤，萬物生光輝」，人在幸福之中而不自知，故曰「帝力何有於我哉」？復感「立我蒸民，莫悲爾極，不識不知，順帝之則」。（前二句、周頌、美后稷，後二句、大雅、美文王）。元首以大仁大智領導人民，人民以爲使我皆有自立之生活，而無階級之壓迫，乃元首至德之治所致，故對於一切政令，絕對遵信，只不識不知，聽從指導卽可矣；萬勿謂人民不過問政治，必有弊害；蓋「天下有道，則庶人不議」，政府負保邦安民之責，無須人民勞神，此實人民之福也。反之、美其名曰「人民政府」，人民敢問政治乎？亦萬不可說人民知識程度不夠，故不干預政治；此類問題，皆非中國倫理文化中之問題，倫理思想所處一切事，皆歸於仁義，對人以仁，處事以義，家庭爲倫理家庭，社會爲倫理社會，政治爲倫理政治。國者載民之舟也，政府爲駛舟之機關，人民與政府互相信任，互相愛護，政府處處爲人民着想，人民對政府不忍苛求。人民與政府非處於對立之地位，而乃君民倫理上下一體之關係。若破壞倫理，空講法治，人民知識程度高，正可以向政府尋釁爲難；而政府有權，人民雖有善議亦可拒而不納，空講法治有何用哉？

中國聖人、以人類之重大問題卽爲人對人之問題，亦卽所謂人事問題；解決此問題，非由人類之理性開出倫理思想，別無善策；徒增高知識程度，不能解決此問題。近世人類之知識、進步驚人，而人類互相危害之災禍亦驚人；據西人統計、在拿破崙時代，許多戰爭，歷經二十五年共死亡約三百萬人，第一次世界大戰，僅一千七百五十日，死亡一千萬人，傷殘三十萬人，死亡之數超過拿破崙戰爭時數倍；二次世界大戰，武器較前次尤爲精銳，死亡之數不知超過前次若干倍？由此可知，知識愈高，科學愈進步，戰爭愈殘酷，人類之災禍愈劇烈。何謂人生之幸福？社會安定卽爲人生之幸福，中國歷史，每逢衰運，朝代更易，雖有政權之爭，而總之無大變動，倫理社會、數千年如一日，較之今世戰亂相因，幾無寧日，人民之幸福何啻霄壤之別？人類欲享安樂之福，非走理性之路不可，非建立倫理思想不可，倫理思想、崇正義、愛和平，此即中國文化之根源。

中國文化至周朝而益盛，及春秋之世，又當衰運，孔子以天縱之聖，祖述堯舜，憲章文武，繼往聖之學，闡人生之義，承先啓後，傳道授業，訂六經之要典，集人文思想之大成，總其要義爲修齊治平之道；小而獨善其身，尊德樂道，無入而不自得；大而兼善天下，即所謂平天下，使天下和平，爲天下人造福，其最終之目的，爲實現大同世界。何謂大同？天下統一之謂大，利害均等之謂同。所謂統一，並非如近世之帝國主義欲以武力兼併世界也，而是領導人類皆走正義之路，天下一家，故謂之統一；人類利害均等，故和平無爭；正義即所謂大道，大道以全人類爲本位，故曰天下爲公。人性相近，「人情大抵不相遠」，人生皆欲求安樂，欲得永遠之安樂，非進步至大同世界不可，欲實現大同世界，必須由理性發揚倫理思想，崇正義、愛和平，秉己立立人之仁德，有抑強扶弱之力量，國治而後能平天下。唐虞三代之德化，「聲教訖于四海」；漢唐兩朝之盛治，八方聞風向化；實現大同雖非易事，而非不可能之事。中國爲禮義之邦，如有強力起而主持天下和平，即能促進世界大同。

近世唯物思想流行，人心迷於物慾，理性隱沒，造成弱肉強食之風，世界陷於恐怖之中，人人自危，雖物質文明燦爛眩目，而人類之痛苦有加無已，狂妄之徒，仍然破壞倫理，致力於打倒中國文化，迷途而不知返，不造成毀滅之浩劫，決不罷休。然人類理性終不能泯，物極必反，將來必有覺醒之日，一旦豁然而悟，欲求人生有保障，欲求社會得安樂，非走孔子所傳之大道不可，其道貫通古今而不悖，放之四海而皆準，如日月之經天，豈狂風暴雨所能蔽？然此非短視之徒所能相信者也。

乙、五經述論

古之典籍

我國最古之典籍，不僅儒家之六經而已也，六經之外，如左傳狼瞫所引之周志（文公二年），楚成王所引之軍志（僖公廿八年）孔子所引之古志（襄公廿五年），楚左史倚相所讀之三墳、五典、八索、九丘（昭公十二年）；以及老子四十一章所引之建言，七十八章所引之「聖人云」，莊子徐无鬼篇所稱之金版六弢，人間世所引之法言，鶡冠子天權篇所引之逸言，鬼谷子謀篇所引之陰言，此類古書散見於各家所引而徒存其名者，不勝歷舉，足徵六經而外之書甚多。及至戰國道術分裂，百家爭鳴，各有所本，各據一端，互相攻難，其書已散亂，而無人統其大全，故莊子慨然曰「天下之人、各爲其所欲焉，以自爲方，悲夫！百家往而不反，必不合矣！後之學者，不幸不見天地之純、古人之大體，道術將爲天下裂」（天下篇）。及秦皇焚「詩書百家語」，六經諸子皆遭毀棄，漢初、復興儒學，蒐求餘書，經諸儒之整理，儒書略具規模，卽傳至今之五經是也。孔子當日修治六經，自云「吾自衞返魯，然後樂正，雅頌各得其所」（論語子罕）。六經之中有樂經，秦火而後失傳，故自漢而後，雖存六經之名，而實際則只有詩、書、易、禮、春秋、五經而已。

六經亦稱六藝（見史記太史公自序），經指道而言，藝指文而言，孔子以六藝教弟子。六經爲自周而上、歷代所輯之書，孔子以前卽爲寶貴之典籍。如左傳所載：襄公廿九年，吳公子季札至魯觀周樂，聽樂人奏詩經中各國之詩章，大加贊歎；昭公二年，晉卿韓宣子至魯，「觀書於大史氏，見易象與魯春秋」，亦大爲贊美。其時學校雖未如後世以六經爲固定之課本，然而教師或博通六經，或專治一經，受業者可隨意選修，大抵修詩、書、禮、樂者，最爲通行，故詩書禮樂，早已成爲流行之名詞，而詩書又似乎爲代表六經之簡稱，此在古書中易於察見者也。國語、楚語、莊王時士亹爲太子傅，其教學之科目中有春秋、詩、禮、樂。左傳、國語中所載當時之人物，其言論應答之辭，每引詩書以說理，而朝聘交際種種大典，皆以禮書爲據，卜筮決疑、以易經爲本，可知在孔子以前，六經卽爲政教之要典。

六經在孔子以前已早有其書，孔子抱濟世之志，周游列國十四年，道不得行，乃歸而專心於教育，修訂經典，致力於承先啓後，弘揚文化之大業，史記云：

「幽厲之後，王道缺，禮樂衰，孔子修舊起廢，論詩書、作春秋，學者至今則之」（太史公自序）。

「孔子之時，周室微而禮樂廢、詩書缺，追迹三代之禮序書傳，上起唐虞之際，下至秦繆，編次其事」（孔子世家）。

幽厲而後，世衰道微，「禮樂廢、詩書缺」，孔子乃修治舊典「禮失而求諸野」，將廢墮之禮樂，提起整頓，「禮儀三百，威儀三千」，以及九歌之妙義，雅頌之正音，其尚可尋繹者，皆筆之於書，成爲禮樂之典。詩書之文，已散亂殘缺，孔子則加以考訂而論列之。各國皆有史，孔子據魯史而作春秋，意在「彰善癉惡」，寓微言大義於其中；易經本爲卜筮之書，孔子作易傳（十翼），以明天道人事之理；此六經成立之來歷。

六經爲東周以前所集歷代政教之典，故老子云「六經先王之陳迹也」（莊子天運篇）。孔子自謂「繙十二經」（莊子天道篇），繙、猶今所謂繙譯，古人之言論，證以當今之事實，繙覆講說之也，十二經中有六經；又自謂「治詩、書、禮、樂、易、春秋六經」（莊子天運篇）；禮樂廢、詩書缺，孔子加以撰纂整理，其中當然有補敍之文，例如易傳爲據卦爻而引申之理；春秋乃據魯史而改造之作；故孔子自云「述而不作」也。後之經學家、古文派謂六經乃孔子所述，今文派謂六經乃孔子所作；謂爲孔子所作者，只可據易傳春秋而言，然易之卦爻，春秋之史實，則非孔子所作，故古文派之說爲確當。

所謂正統思想者，即自古政教文化自然一貫之傳統思想，孔子「祖述堯舜，憲章文武」，弘揚修、齊、治、平之人生大道，蒐輯攸關之文獻，加以整理，集其大成，成為有系統之六經大典，建立儒家學說，代表正統思想。

六經為正統思想之主幹，六經系統以外之書亦甚繁，老子為周之守藏史，周室所藏之書，當然不止六經，東漢時尚有許多古書之名流傳，例如白虎通五經篇云「三王百世計神元書、五帝之受錄圖、世史記從政錄、帝魁已來禮樂之書三千二百四十篇」，此皆六經以外之書。就六經系統以內之書而言，孔子自衞返魯，以至於歿，五載之歲月，豈能將所有之文盡收入編纂之中？如國語周語、墨子非攻篇、莊子外物篇、荀子王霸、天論、解蔽、正名、法行各篇、皆有逸詩，臣道篇有逸書，皆孔子詩書中所缺之文。

六經而外之書，戰國諸子所本，初與六經不相違離，例如孔子謂「兼愛無私，此仁義之情也」（莊子天道篇），荀子云「堯讓賢，以為民，氾利兼愛，德澤均」（成相篇）。兼愛原即博愛之意，後來墨家據之，強調其愛無差等之說，則離却原意，而與儒家相敵。先王之法，用五刑「以弼五教」（尚書大禹謨），孔子亦禮樂刑罰相提並論。後來法家亦稱「以先王之法為比」（韓非子有度篇），然而只用嚴法以為治，則違離先王之道，而與儒家相悖。

在孔子之時，道術尚未分裂，六經而外之說，亦不判離正統，故孔子云「道並行而不相悖」（中庸）。及至戰國、道術分裂，百家爭鳴，各是其是，互相攻擊，甚至儒家本身亦相紛歧，然而於六經正統之地位並無影響，當時莊子有持平之論，其天下篇所稱述之君子，卽孔子教弟子所學之「君子儒」。又稱正統道術云「配神明、醇天地、育萬物、和天下、澤及百姓、明於本數、係於末度，六通四闢，小大精粗，其運無乎不在。其明而在數度者、舊法世傳之史、尚多有之。其在於詩書禮樂者、鄒魯之士，搢紳先生，多能明之。」詩書禮樂之數，「散於天下，而設於中國者，百家之學，時或稱而道之。天下大亂，聖賢不明，道德不一，天下多得一察焉以自好，譬如耳目口鼻，皆有所明，不能相通，猶百家衆技也，皆有所長，時有所用，雖然，不該不徧，一曲之士也。」——莊子爲道家之大師，就當時之實況，立於儒家與諸子之中間，無所偏袒，而作此論，謂詩書所載「育萬物、和天下、澤及百姓」之大道，鄒魯之士多能明之，詩書禮樂爲六經之代表，鄒魯之士爲儒者之代表，此可見莊子對儒家學術地位之重視。謂百家時或稱道六經之學，卽謂諸子原不違悖正統，因各執所好，各據一偏，遂至互相攻擊，而其實「皆有所長，時有所用」，不能抹煞。

漢興，尊崇儒學，表章六經，百家之學，亦所不廢，班固云「今異家者、各推所長，窮知究慮，以明其指，雖有蔽短，合其要歸，亦六經之支與流裔，使其遭明主聖王，得其所折中，皆股肱之材已」（漢書藝文志），此與莊子所言，皆爲至當之論，契合孔子「道並行而不相悖」之旨。然須有明主聖王，務本識末，善爲折中，方能有助於盛治；不然，若空談理論，卽六經亦爲古人之糟粕，無濟於事，誠如韓非所言「舉先王，言仁義者盈庭，而政不免於亂」（五蠹篇）；非仁義亂政，乃空唱高調，而行與言違之罪也。

六經所載：修齊治平之大道，終爲萬世不易之至理，爲中華文化生命之根源，前已言及、六經之中樂經已佚，而禮記中樂記所述，已可見「樂」之大旨，茲略述五經之要義如下：

一、詩經

㈠詩之本旨

尚書舜典云「詩言志」，左傳襄公廿七年、趙文子告叔向亦云「詩以言志」，莊子天下篇亦云「詩以道志」，荀子儒效篇亦云「詩言是其志也」。可知「詩言志」之說，爲古之定義。志者、心情意志也，簡稱情志，心有所感而發生情趣，意志便順此情趣而宣洩之以取快慰，謂之情志。詩卽爲發抒情志之作，凡喜怒哀樂之情，對事物之讚賞與貶刺，皆可藉詩以抒懷，此種發抒，皆在乎「言志」也。情志能對宇宙萬物、人情事理、發生幽深靈妙之感，著而爲詩，可以淑人心而善世風，古人詩教之義深矣！

㈡詩與樂

舜典云「詩言志，歌永言，聲依永，律和聲，八音克諧，無相奪倫，神人以和」。詩大序云「詩者志之所之也，在心爲志，發言爲詩。情動於中而形於言，言之不足，故嗟歎之；嗟歎之不足，故永歌之；永歌之不足，不知手之舞之足之蹈之也」。情志表達於文辭、謂之詩，口誦詩辭發之於聲，謂之歌，歌辭必引長其聲，以求委婉盡致，故曰「歌永言」；以音樂飾歌聲，音樂之聲必與歌聲相附，故曰「聲依永」；五音之高下清濁，必以十二律爲準，故曰「律和聲」；詩歌音樂相諧和，有理致、有次序，不相乖剌，足以感人心而和人情，古時祭祀燕饗種種典禮，皆有詩章樂歌，故曰「神人以和」。有詩則歌，歌則有舞，故「不知手之舞之，足之蹈之也。」舜時樂官夔、拊琴瑟、擊磬鼓，奏樂歌詠，「百獸率舞，庶尹允諧」（尚書益稷），詩與音樂、可以陶淑人心溝通情感，故能達政通人和，鳥獸不驚，郅治之盛況。

史記孔子世家云「詩三百五篇，孔子皆絃歌之，以求合韶武雅頌之音。」孔子曰「吾自衞返魯，然後樂正、雅頌各得其所」（論語子罕），此孔子整理詩樂之記述。又曰「師摯之始，關雎之亂，洋洋乎盈耳哉！」（泰伯篇），此孔子欣賞詩樂之記述。又曰「樂則韶舞」（衞靈公篇），此孔子所舉樂與舞之標準。左傳襄公廿九年，吳公子季札聘於魯，觀周樂，樂工爲之歌詩、奏樂、舞韶箾、大武，公子歎曰「觀止矣」！可見詩、樂、舞，關係之密切。

㈢詩之年代與地域

詩經三百五篇，孔子每舉其大數而言曰「詩三百」。其篇什最早者當爲豳風之七月，此詩中再三述「七月流火，九月授衣」，此爲夏正時令。又，豳爲古國，周朝無此國，周之先人后稷之曾孫公劉於豳立國，修后稷之業，見大雅公劉篇。公劉爲夏朝太康時人，七月之詩出自豳國，作於夏代，故此詩爲最早。朱子詩注、據古傳之說謂：「周公以成王年幼，未知稼穡之艱難，故陳后稷公劉風化之所由，使樂師諷誦以敎之」。如此、似謂此詩乃周公之作也；周公陳述此詩，然不必爲周公之作，蓋公劉時之文獻、相傳至周也。且詩中所述乃民間寫實之語，非周公對成王之語。尙書無逸、周公誡成王須知稼穡之艱難。蓋誡之以無逸、並陳此古詩以感之，使其知民間勤勞之實況也。此詩產生之時間與地域，分明爲夏時豳國之詩，故曰豳風之七月在詩中爲最早之作品。

其次則爲商頌，國語魯語、「昔正考父校商之名頌十二篇於周太師，以那爲首。」微子爲商紂之庶兄，周武王封之於宋，正考父春秋初年人，爲宋閔公之曾孫，爲孔子之七世祖，正考父保存其祖先之名頌（即商頌）十二篇，就正於周之樂官長，其篇目以那爲首。春秋時禮樂崩毀，至孔子時，商頌之傳授只存五篇，直傳至今，那仍在首章。

史記稱宋襄公爲禮讓之君，追念遠祖，祭祀成湯，商頌之樂章乃復振於廟堂。故有人謂商頌成於宋襄公之際，因而誤以商頌之正考父爲襄公之大夫。商頌辭句多難解，有絕不可解者，注疏家只得曰「未詳」。商頌確爲商朝之作品，然其中亦或有周朝竄入之文。周頌作於周初，今全部詩經中、西周之作品爲最多，魯頌作於春秋時，其第四篇閟宮有云「周公之孫，莊公之子」。此篇爲魯僖公時之詩，此爲詩經中最晚之作品。

詩之產生地域，以黃河爲中心。其十五國中：周南、召南、王、檜、陳、鄭、在河之南。邶、鄘、衞、曹、齊、魏、唐、在河之北。豳、秦、則在涇渭之濱。疆域概在河南、山西、陝西、山東、四省之內。

㈣詩之內容

詩之內容、可以六義概之，周禮春官太師「敎六詩：曰風、曰賦、曰比、曰興、曰雅、曰頌」。詩大序稱此六者曰六義。風雅頌、指詩之體材而言；賦比興、指詩之作法而言；分述於下：

風　——風者民間之詩歌也。詩大序云「上以風化下，下以風刺上，主文而譎諫，言之者無罪，聞之者足戒，故曰風。」此指民間輿情對政治之反應，或讚美、或諷刺、宣洩於詩歌者而言。又、風中之詩，包括民間生活之描述，及悲歡離合抒情之歌謠，故十五國之風、可以觀民情風俗焉；玆略擧風之內容如下：

一、朝章國政之得失——如：甘棠、定之方中、干旄、揚之水……等。

二、國君之荒淫失禮——如：雄雉、匏有苦葉、谷風、新臺……等。

三、國君之暴亂喪亡——如：擊鼓、兔爰、式微、黍離……等。

四、婚姻好合室家之樂——如：關雎、桃夭、芣苢、鵲巢……等。

五、民情風俗之美惡——如：兔罝、漢廣、凱風、桑中……等。

十五國風共一百六十一篇，爲各國民歌之記錄，及詩人寫實之作。可觀時代之盛衰、政治之得失、及當時朝野上下之略況。化行俗美，詠之於詩，是爲正風；世衰道微，詩多諷刺，是爲變風。

雅——雅爲朝廷之樂章。其詩之內容，述周室之興盛及衰亂，述民生之安樂與疾苦，以及祭祀與燕饗等詩，皆直接關係於朝廷，故曰朝廷之樂章。詩大序云「雅者、正也，言王政之所由興廢也，政有小大，故有小雅焉，有大雅焉。」天子以政正天下，二雅之詩，述文武之盛德，修己安人，足以化民，使天下歸於正，此雅之本義。述幽厲之暴虐，自促滅亡，足作懲戒，使朝廷反其惡，是爲變雅。小雅所陳者，如燕飲賓客，賞勞羣臣等等，爲王者之小事，故稱小雅。大雅所陳者，自周室開國，以至伐殷安民等等，乃王者之大事，故稱大雅。——小雅八十篇，以傷亂之詩爲最多，賢者去位、軍士久役、人民流離、以及天災地震等等，皆有詩。其次則燕饗酬答之詩爲多，新婚之宴、築室落成、皆有詩。又有宣王中興，命尹吉甫擊玁狁，命方叔南征及會諸侯於東都等詩。大雅三十篇、自后稷興稼穡、公劉治豳太王遷岐、文武克商、周公召公輔成王。以及幽厲暴惡、周室衰微，宣王中興、武功之盛，皆有詩；燕饗之詩則惟行葦、既醉、鳧鷖、三篇而已。

頌

——頌爲宗廟之樂章。詩大序云「頌者、美盛德之形容，以其成功、告於神明者也。」意謂作頌者、贊美盛德之實況，或王者以所成之功，告於神明，頌神之德以報神恩。周頌三十一篇、其中祭宗廟、頌美文武之詩爲最多，亦有成王戒農官、及自戒之詩，列於頌中，亦所以美之也。魯頌四篇、頌美周之先人、及魯侯建國僖公爲政之詩。商頌五篇、爲商人祭宗廟之詩。

賦

——鄭玄詩箋「賦者、鋪也」，謂敷陳其事也。文心雕龍詮賦篇「賦者、鋪也，鋪采摛文，體物爲志也」。朱子詩注「賦者、敷陳其事而直言之也」；例如甘棠篇、謂召伯曾憩此甘棠之下，後人思其德、愛其樹、而不忍翦伐，詩人直敘其事而歌之。

比

——擬也，不直敘其事，取其他事物以比擬之也。朱子詩注云「比者、以彼物比此物也」。例如碩鼠篇、人民以大鼠之害比貪官之苛斂，謂將離去此地而遠避之。

興——朱子詩注云「興者、先言他物，以引起所詠之辭也」。蓋外有所觸而引起內感，所謂借物託興是也。例如關雎篇，因雎鳩和鳴之聲，乃思及淑女君子夫婦之美德而吟述之。

六義而外，又有四始之說，史記孔子世家「關雎之亂以爲風始，鹿鳴爲小雅始，文王爲大雅始，清廟爲頌始」。鄭箋云「四始者、王道興廢之所由」；蓋王道首在化民，周南召南詠王化之美，是爲王道之始。小雅述燕樂忠臣嘉賓，以明君臣和諧、爲治道之始。大雅述聖君之功德、足以儀型萬邦，爲平天下之始。頌者、四海清平，頌神明之德，藉祭禮以示誠，矢志不敢怠荒，「夙夜敬止」（周頌），此爲敬愼在位之始。始者、首也，言首要之事也；人君能行此四者則興，廢此四者則衰也。

(五)詩之功用

子曰「興於詩、立於禮、成於樂」（論語泰伯）。——詩可以激發人之情志，使人興起振奮，故曰「興於詩」。禮者、理也，禮爲對人處事之一切規範，明禮方能言行合理，堂堂正正立身處世，故曰「立於禮」，又曰「不學禮，無以立」（季氏篇）。樂以陶冶性情，和平心志，與詩相輔為用，詩意之淳厚，配以樂聲之暢諧，足以美化情操，喜怒哀樂有「樂」之雅趣以調節之，不至縱情而失禮，方能意志高尚，心胸坦蕩，此即所謂成德之人，故曰「成於樂」。詩、禮、樂，三者有連貫性，為孔子施教之基本教材。

子曰「小子何莫學夫詩？詩可以興、可以觀、可以羣、可以怨，邇之事父，遠之事君，多識於鳥獸草木之名」（陽貨篇）。——詩可以鼓舞性情，感發志氣；可以觀察往昔政治之得失，風俗之優劣；可以溝通情感，和睦人羣；可以發抒抑鬱，消解憂怨。近而家人父子之情，遠而國事君臣之義，詩中皆涵容之以勵風教。至若詩人託物比興，文辭中所引草木鳥獸之名，可以與實物相徵而多有所識，此又其餘事也。

子曰「誦詩三百，授之以政，不達；使於四方，不能專對；雖多，亦奚以為」（子路篇）。——詩、書之文，皆記述往代之政事。詩中所敍周室開國之文治武功，幽厲暴虐之製造禍亂，以及政教民風，朝野上下盛衰之況，皆為當時寫實之作。傳詩講學之師，並非只就字面解釋文句而已也；必籍詩中之史料，講說政治得失之理，以作當世之教訓。漢書藝文志云「登高能賦，可以為大夫」，賦者、賦詩也；賦、誦也，詠詩、吟詩，亦曰賦詩。詩經文辭優美，三百篇為詩歌之總集，不學詩，豈能賦詩？周朝「車同軌，書同文」（中庸），大夫在朝論政，或出使他國，登會盟之臺，述事說理，則能文辭流利，並能引詩以證義；燕饗應酬，則能賦詩以聯誼，協和情感，國君相會亦然。茲舉左傳所載四則如下：

魯侯如晉，與晉侯盟，晉侯饗之，賦菁菁者莪，魯侯賦嘉樂（文公三年）。

晉執衞侯而囚之，齊侯鄭伯如晉救衞侯，晉侯享之，晉侯賦嘉樂，國景子相齊侯賦蓼蕭，子展相鄭伯賦緇衣。對衞侯之事談論終結，國子賦轡之柔矣，子展賦將仲子兮；晉侯乃許衞侯歸（襄公廿六年）。

襄公四年，魯穆叔如晉報聘，晉侯享之，金奏肆夏之三，不拜；工歌文王之三，又不拜；歌鹿鳴之三，三拜；韓獻子使行人問之曰「子以君命，辱於敝邑，先君之禮，藉之以樂，以辱吾子，吾子舍其大，而重拜其細，敢問何禮也？」對曰「三夏、天子所以享元侯也，使臣弗敢與聞；文王、兩君相見之樂也，臣不敢及；鹿鳴、君所以嘉寡君也，敢不拜嘉？四牡、君所以勞使臣也，敢不重拜？皇皇者華、君教使臣曰「必諮於周」，臣聞之，訪問於善者、爲咨，咨親爲詢，咨禮爲度，咨事爲諏，咨難爲謀，臣獲五善，敢不重拜。」

昭公元年，晉趙孟、魯穆叔如鄭、與鄭卿子皮，三人互相賦詩，以敦友好。

左傳所載當時列國君臣之言，盟會燕饗之禮，每引詩以說理，或賦詩以相酬，正可見外交辭令必藉重於詩。若不通詩義，不習詩文，使不達政理，使於四方不能專對。專對者、在外交議場之中，能隨機應變，決斷事宜，應對問題，無失言或窮辭之虞，故曰「不學詩，無以言」（季氏篇）。

子謂伯魚曰「汝爲周南召南矣乎？人而不爲周南召南。其猶正墻面而立也與！」（陽貨篇）。——周公召公施布王化，達於南國，乃有二南之詩。觀二南詩中所述之社會狀況，閒靜雍和，可見太平盛世之景象。有夫婦然後有父子，故中庸云「君子之道，造端乎夫婦。」周南以關雎爲首篇，召南以鵲巢爲首篇，皆詠婚姻室家之好。其餘諸篇，亦多述男女純淑之德，民間淳厚之風，足見家齊國治文化之美，王道雍熙，令人心嚮往之。二南之嘉詩，配以絃歌之雅音，孔子贊之曰「關雎之亂（樂曲末章，衆樂合奏，衆人合唱曰亂），洋洋乎盈耳哉！」（泰伯篇）。詩與樂如此其美，故曰如不學周南召南，不知其美，猶如正面向墻，所見者狹，不能睹大觀之美也。

子曰「詩三百、一言以蔽之，曰思無邪」（爲政篇）。——史記孔子世家謂：古詩三千餘篇，孔子刪之，取其可施於禮義者，三百五篇。孔穎達已不信此說。孔子屢言詩三百，蓋孔子所誦習編纂者，卽只此數。散見於各家所引之逸詩，乃孔子所未及收入者，並非被孔子所刪，觀其詩，如左傳成公九年所引「雖有絲麻，無棄菅蒯；雖有姬妻，無棄憔悴。」此並無悖於禮義，亦卽無可刪之理由；其他各家所引之逸詩，亦皆然，故刪詩之說不可信。

孔子曾言「惡鄭聲之亂雅樂也」（陽貨篇），又云「放鄭聲，鄭聲淫」（衞靈公篇），刪詩如果眞有其事，則鄭衞風中，男女幽會之詩，悖於禮義，爲何不刪？豈孔子早已有心如今世之人主張男女解放，隨意措合，甚至於提倡性交教育乎？夫「飲食男女」乃天賦之大欲，飲食如何下嚥？男女如何相戀？皆有自然之本能，無須教導，而且色情最易泛濫，應加防閑，不然，若自由亂愛，淫風流行，造成種種慘案，甚可畏也！故中國聖人所啓導之倫理思想，男女須有別，不可任性縱慾，隨意苟合。然鄭衞風中，桑間濮上之音，子都狂且之語，而孔子不刪之何也？蓋詩乃往代之文獻，頌文武之德，亦述幽厲之暴；詠淑女君子之好逑，亦誌狡童衒女之敗俗，史事不可泯滅。好善疾惡，人之天性，賢者流芳，醜行可恥，善惡昭彰，亦勸亦戒。

周禮大師「教六詩」，孔子以前，詩卽列爲教典，旣用之以施教化，當然所教者爲好賢如緇衣，惡惡如巷伯，啓發「好是懿德」之思想，不必開導男女私交之趣，故孔子曰「詩三百，一言以蔽之，曰思無邪。」「思無邪」爲魯頌駉篇之語，思想爲人生之方針，正道爲光明之大路，思想正確而不邪僻，持守正義而不傾向邪道，此爲「自求多福」之方，此聖人施教之旨也。鄭衞之風中，男女相悅之詩，固爲當時寫實之作，但對於教化而言，必以爲此風不可長，故孔子以「思無邪」以概括詩教之義。仲子攀樹踰墻以挑情，少女褰裳涉水以幽會

（鄭風），同其好者曰此乃艷情之佳作，固無不可，但朱子依「思無邪」以作注，只得曰「此乃淫奔之詩」，亦無不當。而近世反對中國文化者，謂此乃「吃人之禮教」，明爲戀愛之詩，而偏說此乃淫奔之詩；於是大罵儒者爲頑固；愈以肆無忌憚，大倡男女自由亂愛之風。

詩與文學——詩經於涵養倫理，陶冶性情而外，則在文學領域發揮功用。五經爲文學之祖，而詩與文學之關係尤爲密切，有賦、比、興三種文法，有韻語諧暢之修辭法，啓迪後人之詩學。歷代詩人之傑作，美不勝收，皆源於詩經也。

近世文學革命家，假借自由思想，反對經義，反對經文，實行其以白話打倒文言文之勾當，以愚惑青年，謂不必習文言，五經之文皆爲當時之白話，今之人何必學古人之白話？今之人應寫今之白話。故對於文學主張「不避俗字俗語」、「話怎麼說就怎麼寫」，利用青年避難就易之心理，而竟得大行其道。

夫「語」爲言語，「文」爲文學，人人皆能言語，而未必皆能文學，亦非將語言逐句用字音寫出，便爲文學，故孔子設教「言語」與「文學」分爲兩科。不但雅頌之詩非當時之白話，即國風民歌亦非當時之白話，試想：十五國之方言俗語，能一致乎？當日十五國之地域，即今之魯、豫、晉、陝四省，其言語複雜，至今仍不一致；言語雖不同，而華夏文學早已統一；故文人各將當地之民歌用文辭寫出，在文學領域中，不分地區，不分時代，縱橫數萬里，上下數千年，皆可通曉；孔子云「言之無文，行而不遠」（左傳襄公廿五年），若「不避俗字俗語、話怎麼說就怎麼寫」，時過境遷，便無人能懂，變爲死物，假若五經爲當時之白話，豈能傳至數千年？豈能統一中國文化？須知拋棄五經，打倒文言，即打倒中國文化之首要工作，文學革命家表面雖未說打倒中國文化，而謂傳統之倫理、禮法，爲「儒家之流毒」，打倒倫理、打倒儒家，中國文化尚存在乎？

漢初說詩者有四家，魯、齊、韓三家爲今文，毛詩爲古文。魯詩爲浮丘伯（齊人）之弟子魯人申公培所傳；齊詩爲齊人轅固生所傳；韓詩爲燕人韓嬰所傳；毛詩由子夏五傳至荀卿，卿傳魯國毛亨，亨以授趙國毛萇，故稱毛詩，惟毛詩傳至於今。毛詩有大序、小序，鄭康成云：大序爲子夏所作，小序爲毛亨所作。鄭樵雖有異說，然鄭康成說仍存，詩序言事，多與左傳符合，故學者宗之。

二、書經

書經又名尚書，爲唐虞夏商周之史書。論語爲政所引君陳篇「惟孝友于兄弟」，孟子梁惠王所引泰誓篇「作之君，作之師」，皆稱「書曰」；左傳莊公八年所引大禹謨「臯陶邁種德」，稱「夏書曰」，文公十八年所引舜典「愼徽五典」，稱「虞書曰」；古無「尚書」之名，孔安國書序云：伏生以其爲「上古之書，謂之尚書」，漢初始有尚書之名。

先秦所有詩書及百家語，遭秦火之後，漢室蒐求餘書，五經而外，如漢志所列者多於五經數倍，而多未傳至今，如賈誼新書修政語所引黃帝、顓頊、帝嚳、堯、舜、禹、湯、文王之言，及武王問鬻子、問王子旦、問師尚父之言；及淮南子人間訓所引之堯戒，皆帝王之大訓，漢時尚有其書，無論其書爲古昔之原典，或爲戰國時人所追述，而皆不宜謂爲僞造。古書甚多遭秦之劫，漢時所有者，迄今亦多佚失，而況先秦時代所有之書，後人更無法知其數目。

孔子當日編訂六經，實難將天下所有之書，盡行收入，故曾嘆「文獻不足」（論語八佾篇），漢時尚傳說：孔子求書，所得上自黃帝玄孫帝魁、下及秦穆公，其書三千二百四十篇，「斷遠取近，定可爲後世法者百二十篇」（尚書緯）。漢志亦云「書之所起遠矣，至孔子纂焉；上斷於堯，下迄於秦，凡百篇，而爲之序。」自秦皇焚書坑儒，至漢惠帝除挾書之律，其間幾三十年，學術近乎窒息，及文帝求書，所收集殘缺之經典，由諸儒整理校編，實已不能得孔子當日所纂六經之大全，傳說孔子得書三千餘篇，然漢世只獲百餘篇，故只就現有之資料而爲之說曰：三千餘篇之中，孔子選其「可爲後世法者」、斷自堯舜，取此百餘篇，然則堯舜以上以至羲、農、黃帝、皆無足取乎？此不通之說也；此與古詩三千餘篇，經孔子刪留三百五篇之說相同，此中疑問頗多，年遠事湮，無法尋究也。

漢初求書，山崖屋壁，蒐羅殆盡，所得之書，整理完竣，只得曰：孔子當日所編者亦只如此，然所謂孔子所選者百二十篇，又云凡百篇，論衡正說云「說尚書者，或以爲本百兩篇；蓋尚書本百篇，孔子以授也」。孔子所編者，已難知其確數，後學傳授之篇數亦不一，如舜典合併於堯典，盤庚分爲三篇，諸如此類，其篇目與書之本質無關；漢世今古文之爭，近世「僞尚書」之說，皆爲細枝末節，無關宏旨。現在尚書五十八篇，爲自漢以來久傳之典，爲多方鳩集而成之書，當然不能與先秦之原典盡同，其中有脫簡殘句，亦或有後人補竄之文，皆無法追究，亦不必追究；而總之此乃儒門傳授之經書，二帝三王治天下之大道，可於此中察其眞義，得其要旨焉。

書之內容

孔穎達依書之篇名而分類，如書中有禹貢、五子之歌、胤征、伊訓、洪範各一篇，則列貢、歌、征、訓、範、為五類，此種分法，未以內容爲主，玆綜合內容而分之；然就內容而言，亦有不能確然分別者，例如說命篇有高宗命傅說之語，而以傅說所奏之言爲多，故當列爲「謨」類。謨與訓相關聯，而訓與誥亦有兩可之目，不能強分，玆仍按典、謨、訓、誥、誓、命、六類分述如下：

典——典者、常也，謂常道也，故五經曰經典。朝廷之政治制度、法令規則，曰典章。書中堯典、舜典，記述命羲和司天文曆法，以授人事。述天子選賢任能及巡守、考功，以及明制典刑、敷陳五教等事。禹貢亦典也，內容列敍九州山川地勢、田賦等級、及納貢之物品。洪範亦典也，爲箕子所陳帝王治天下之大法有九類，故曰「洪範九疇。」金縢篇首述武王有疾，周公爲武王祈禱，後述武王歿，周公出居東方，成王迎公回朝等事，因篇內述祭禱之禮及祝辭之文，故當列於典類。

謨——謨者、謀也；臣下處事畫策、對君之奏議進諫，皆爲朝廷國家作謀，故曰謨。書中大禹謨、皐陶謨及益稷篇、記述君臣論道，而以臣對君敷奏之言爲多。說命三篇，述高宗命傅說爲冢宰、及傅說對高宗陳述爲君之道，說之言爲最多，故列爲謨類。

訓

——訓爲訓導告戒之意。太康以荒逸失位，厥弟五人述其祖大禹之訓，作歌以相儆戒。伊訓爲伊尹奉太甲卽位，述成湯之德以作勸導，以及太甲、咸有一德、皆伊尹對太甲諫誡之言。高宗肜日爲祖己諫高宗謂：帝王之職責在乎以德率民，不在乎豐祭邀福。旅獒：武王克商之後，蠻夷來朝，西旅來貢靈犬，太保召公以「玩物喪志」、「不矜細行，終累大德」以戒王。無逸：成王年幼卽位，周公輔之，恐其耽於安逸，故下述民間稼穡之艱難，上述先王之勤政愛民，以作戒。立政：周公以任用常德之人，勿用憸利之小人告戒成王。周官：成王以「勿以公滅私」、「居寵思危」、「勿怠忽荒政」種種箴言，告戒百官。

誥

——誥、告也，周禮秋官士師「以五戒先後刑罰，勿使罪麗于民：一曰誓、用之於軍旅，二曰誥、用之于會同」；天子會合諸侯，對諸侯有所宣告之事，以及頒布政令，告喻羣衆，或臣下以大事告君，或臣僚互有事相告，皆曰誥。仲虺之誥：仲虺爲湯左相，湯放桀，自慼有慚德，仲虺乃作此誥，謂「有夏昏德，民墜塗炭，天乃錫湯勇智，奉天伐罪，表正萬邦」；並敍之湯賢德，使臣民皆知其詳。文中語氣似乎對湯而言，臣對君言、稱曰誥，前人多費解說，其實全文直至末段仍爲對羣衆敍湯之德，謂湯能「欽崇天道，永保天命」，意在加重羣衆對湯之信心。　湯誥：湯伐夏歸亳，諸侯來朝，湯乃作誥，說明伐夏之原因，並告羣侯，今後「各守爾典，以承天休」。　盤庚：盤庚爲商湯之十六代孫，湯之十代孫祖乙都耿（山西河津縣），時有河決之害，至盤庚乃欲復遷於殷（河南偃師縣西），臣民安土重遷，咸相咨怨，盤庚乃誥以遷都之利，不遷之害，強迫執行，卒涉河以遷，改國號曰殷，遵湯之德，行湯之政，商朝復興。　西伯戡黎：文王既戰勝黎國，殷宗室祖伊奔告于紂王，謂王如此淫戲，自絕於天，天命去矣。微子：殷將亡，宗室大臣微子將紂王無道，殷將淪喪之現況告于箕子、比干；以及箕子勸告微子當出走，以免紂之害，而保商之祀。　武成：武王伐夏成功之後，祭告祖廟、並述紂之罪狀。平亂之後，並將施政之要領，宣告天下。　大誥：紂子武庚叛，成王命周公征討，大告於天下。　康誥：首段四十八字，爲洛誥之脫簡，以下全文爲武王封康叔誥命之語。康叔名封，武王之同母少弟也。　酒誥：紂王酗酒，天下化之，紂之都邑妹邦，酒風尤盛，武王以其地封康叔，本篇首告妹邦人士勿亂于酒。次告康叔當率諸臣，以身作則，以禁「民湎于酒」。　梓材：此亦武王誥康叔之書，諭以治國之道、須通上下之情，寬刑罰之用。然此篇有錯簡，前則以尊諭卑之辭，自「今王惟曰」

以下，則爲臣進諫之語。

召誥：武王本有宅洛之志，而未實行，成王即位，周公召公完成營洛之事，此篇爲召公作書，以夏商之興亡，誥戒成王。洛誥：洛邑既定，周公遣使以地圖及卜辭告成王，使者與王互答之辭，以及成王命史逸冊誥周公治洛留洛之事。

多士：成王遷從武庚叛變之頑民於洛，其中不乏有位之士，周公以王命告多士，述說殷亡周興，時惟天命，王矜恤爾等，不究既往，使爾等有土田，可以安居於洛。

君奭：召公奭、欲去位，周公告勉召公，當始終如一，共輔成王。多方：方、邦也，地也，多方、猶言諸國也。成王即位，奄與淮夷又叛，成王滅奄，周公以王命告諸國、當「宅爾宅，畋爾田」，以順天命，勿「自速辜」。康王之誥：成王崩、康王受顧命，召公畢公率諸侯進戒于王，王亦作誥以勉諸侯。呂刑：呂侯爲穆王司寇，作刑法以告四方。

誓

——盟誓、表示遵守諾言，確守信約之辭。又、猶命也，周禮春官典命「誓於天子」，謂受命於天子也；受命於天子，當然必誓言忠於所命，故曰「誓於天子」。孫詒讓云「凡策命有告戒之辭，亦謂之誓。」

甘誓：禹崩、啓立，有扈氏叛，啓誓六軍伐之，戰于甘之野，滅有扈氏。胤征：仲康即位，命胤侯掌六師征羲和，此爲胤侯誓師伐罪之辭。湯誓：商湯誓師伐桀之辭。　泰誓：武王會諸侯誓師伐紂之辭。　牧誓：武王誓師與紂戰于牧野之辭。
費誓：徐戎、淮夷、並起爲寇，魯侯伯禽征之，在費誓師之辭。　秦誓：左傳僖公三十二年、杞子勸秦穆公伐鄭，蹇叔謂不可，穆公不聽，次年伐鄭，晉襄公擊之，敗秦師於殽，禽其三帥，穆公悔不聽蹇叔之言，此其對羣臣悔過之誓言。

命

——命、令也，君命之辭。　說命：商高宗命傅說爲相，而其中以傅說對高宗奏言爲最多，故列爲謨類。　微子之命：成王封微子於宋以奉湯祀之命。　蔡仲之命：蔡叔以與武庚叛、被囚，周公以蔡仲賢（蔡叔之子），授意於成王，復封之於蔡，此成王戒蔡仲之誥命。　君陳：君陳爲周公之子，即周平公。周公遷殷頑民於洛，親自監之，周公歿，成王命君陳代周公之職，此其策命之辭。　顧命：成王將崩，命羣臣立康王。顧命者、謂王臨崩、回顧囑託未了之事、所發之命令也。史錄王之顧命，及召公輔康王即位之禮儀。　畢命：殷頑民居於洛邑，「商俗靡靡，利口惟賢，餘風未殄」，康王命畢公「旌別淑慝」，安定之，化導之，此其册命之辭。（畢公爲文王第十五子）。
君牙：穆王命君牙爲大司徒之誥命。　冏命：穆王命伯冏爲太僕正之誥命。

總覽尚書之內容，自唐虞揖讓、帝德廣運之郅治，以及湯武革命，弔民伐罪之盛德，禮讓征誅，其義一也。皆以「民惟邦本，本固邦寧」（五子之歌）、「德惟善政，政在養民」、「

罔違道以干百姓之譽，罔咈百姓以從己之欲」、「明于五刑，以弼五教」、「刑期于無刑，民協于中」（大禹謨）；二帝三王治天下之大經大法如此。下及仲康、太甲、成、康、穆王、君臣奏言納諫，繩愆糾謬，克紹前哲之謨，實施德政之令，載於此書者，雖非當日之全集，而亦可見其要略焉。

先儒云「二帝三王之治，本於道，二帝三王之道，本於心；得其心，則道與治固可得而言矣；何者？精一執中，堯舜禹、相授之心法也；建中建極，商湯周武、相傳之心法也；曰德、曰仁、曰敬、曰誠，言雖殊，而理則一，無非所以明此心之妙也」（蔡沈書經集傳序）。大禹謨「人心惟危，道心惟微，惟精惟一，允執厥中」，此乃王道聖功之圭臬，宋儒稱爲十六字心傳。「人心易私而難公，故危；道心難明而易昧，故微；惟能精以察之，而不偏於私；誠以守之，而不失於正；使道心爲主，而人心聽命焉，則危者安，微者著，動靜云爲，自無過不及之差，而信能執其中矣」（蔡沈注），此聖賢之心法，一切人皆當奉爲治心之要道也。

論道統者謂尚書有四始：仲虺之誥「克寬克仁，彰信兆民」，爲言「仁」之始；湯誥「惟皇上帝，降衷于下民，若有恒性」，爲言「性」之始；太甲下「鬼神無常享，享于克誠」，爲言「誠」之始；說命下「惟學遜志，務時敏」，爲言「學」之始；（見困學紀聞）。

聖君賢臣之名言，垂教萬世，總之人有常道，「惠迪吉，從逆凶」（大禹謨）「愼厥身修」，自當遵道而行，此人人所易知者，然「非知之艱，行之惟艱」（說命中），「凡人未見聖，若不克見；既見聖，亦不克由聖，爾其戒哉！」（君陳篇），噫！而今聖人之言猶在，誰克由之哉！

三、易經

易繫辭云「古者包犧氏之王天下也，仰則觀象於天，俯則觀法於地，觀鳥獸之文、與地之宜，近取諸身，遠取諸物，於是始作八卦，以通神明之德，以類萬物之情」。「黃帝堯舜垂衣裳而天下治，蓋取諸乾坤。」——神明之德、指陰陽變化無形之事理而言，萬物之情、指宇宙一切有形之現象而言。類者、統類也，荀子儒效篇云「大儒知統類」，統謂總則，類爲總則中分類之細則，孔子所謂「推十合一」（說文士字解），顏子能「聞一知十」（論語公冶篇），荀子謂「以一持萬」（儒效），諺語謂「以此類推」，皆謂由原理而推及衆理，以此事而參徵彼事。伏羲當日觀察天地萬物之變化，近取諸身，遠取諸物，由自心之體悟，以考驗事物之理，於是乃制八卦以作因事推理之符號、工具，其運用之法，年遠失傳，後人不得而知；雖能知之，然而「神而明之，存乎其人」，「苟非其人，道不虛行」（繫辭），且妙道玄義，非文字所能記述。八卦之學術自伏羲而下，傳至周朝，惟有卜筮一術，將六十四卦繫以文辭，著之於書，即而今之周易。周易完成之經過，考據家所言不一，茲就通行之說略述之。

(一)易之爲名

鄭玄易贊及易論云「易一名而含三義：易簡一也，變易二也，不易三也。」後之論易者，大抵皆宗此說；孔穎達周易正義有論易之三名，專述其義。

周禮春官太卜掌三易，「一曰連山，二曰歸藏，三曰周易。」杜子春云「連山、伏羲，歸藏、黃帝」。鄭玄易贊及易論云「夏曰連山，殷曰歸藏，周曰周易」。又云「連山者、象山之出雲、連連不絕；歸藏者、萬物莫不歸藏于中；周易者、言易道周普、無所不備。」孔穎達從杜說，謂鄭說無據，曰『今按世譜等羣書：神農一曰連山氏，亦曰烈山氏；黃帝亦曰歸藏氏。旣連山、歸藏並是代號，則周易稱周，取岐陽地名、毛詩云「周原膴膴」是也』。皮錫瑞易經通論，則從鄭說，繫辭云「易之爲書也；變動不居，周流六虛」，「廣大悉備，有天道焉，有地道焉，有人道焉」；鄭說「易道周普，無所不備」，非無據也。蓋神農之連山、黃帝之歸藏，夏商襲用其法，而夏商自成其書，猶之周易襲伏羲之八卦，亦自成其書，其書成於周朝，故謂周爲朝代之稱亦無不可。

晚近士習，多尚疑古，周朝立太卜掌三易，而今之考據家或疑連山歸藏不見於世，本無其書，按左傳僖公十五年、秦卜徒父所筮之卦辭，及成公十六年、晉侯之筮辭，皆非周易中之語，當係連山或歸藏之辭也。又、襄公九年、魯穆姜之筮、用三易，謂「周易曰：隨元亨利貞無咎」，標明周易之辭，以顯示與連山歸藏不同。宣公十二年、晉智莊子引易語、亦特說明爲周易之語。昭公九年，孔成子之筮，哀公九年，陽虎之筮，皆特別標明曰「以周易筮之」。漢志列蓍龜十五家，又列古雜八十篇，皆爲卜筮之書，連山歸藏或卽寓於其中乎？而總之漢時三易皆存，說苑敬愼篇所引「易曰：有一道，大足以守天下，中足以守國家，小足以守其身；謙之謂也」；指武篇所引「易曰：不威小，不懲大」；以及鹽鐵論本議篇所引「易曰：通其變，使民不倦」；遵道篇所引「易曰：小人處盛位，雖高必崩」；雜論篇所引「易曰：焚如棄如，處非其位，行非其道，果隕其性，以及厥宗。」以上所引易曰，皆非周易之語，或卽連山、歸藏之語乎？禮運孔子曰「我觀殷道，吾得坤乾焉」鄭注「得殷陰陽之書也，其書存者有歸藏。」桓譚新論云「連山八萬言，歸藏四千三百言」，可知連山歸藏、漢時尚有其書也。

(二) 易之作者

重卦之說

繫辭云：伏羲「始作八卦」，而未言何人重之為六十四卦，因此、其說不一。王弼以為造八卦，重而為六十四卦，皆伏羲所為；鄭玄以為神農重卦；孫盛以為夏禹重卦；史遷、揚雄、班固等皆以為文王重卦；皮錫瑞易經通論，則從史遷之說，而判定重卦者為文王。因年遠無徵，故各據所見而自立其說；然周禮春官明言：太卜掌連山歸藏周易三易，「其經卦皆八，其別皆六十有四」，則重卦不自文王始也明矣！

夫伏羲作八卦，以通神明之德，若僅有天、地、雷、山、火、水、澤、風、八種符號，如此簡單而以之類萬物之情，推萬物之變，必有所不足，故繫辭云「八卦成列，象在其中矣，因而重之，爻在其中矣。」此分明言列卦重卦為一人所為，又曰：易道「廣大悉備，有天道焉，有人道焉，有地道焉，兼三才而兩之故六，六者非他也，三才之道也，道有變動，故曰爻。」八卦相重，六爻錯綜，因而演出六十四卦，且繫辭明言：伏羲結繩為網罟，以佃以漁，蓋取諸「離」；神農作耒耜以教天下，蓋取諸「益」，日中為市，交易而退，各得其所，蓋取諸「噬嗑」；黃帝、堯舜、垂衣裳而天下治，蓋取諸「乾」「坤」，事理可以寓之於卦象，卦象亦可推衍事理，由繫辭所述，卽足證作八卦及重卦，皆伏羲所自爲，是以孔安國、馬融、王肅、姚信等皆云：伏羲作「易」，易包括六十四卦之易理而言，故王弼以爲伏羲既畫八卦卽重而爲六十四卦；其說當矣。八卦爲六十四卦之總稱。吾師熊十力先生云：「大抵伏羲畫八卦，因而重之爲六十四，此本自然之數；不必自文王而始重之也。但文王占演當別有發明，卽卦爻取義，有異夏殷二易，而其功等於創作，故以重卦歸之文王。史記云：文王演三百六十四爻；揚雄云：文王附六爻（六爻者、就一卦言之）；蓋自文王新創占法，而三百六十四爻，遂無異爲文王之所創演，此文王重卦之說所由始也。伏羲作八卦，演而爲六十四卦，以通神明之德，以類萬物之情，其學術本不限於卜筮之用，由於「斷天下之疑」而言（繫辭），乃成立卜筮之術，初亦未始定名曰「易」，故「夏曰連山，殷曰歸藏，周曰周易」，易之名由周而定，故有三易之名，傳至於今惟有周易。

周易之作者

繫辭云「易之興也，其於中古乎！作易者其有憂患乎！」又曰「易之興也，其當殷之末世，周之盛德耶（也）！當文王與紂王之事耶！」故史遷謂「文王拘（囚）而演易」（報任少卿書），即謂文王被紂所囚，在憂患之中而作易；又云「西伯蓋即位五十年，其囚羑里，蓋益易之八卦爲六十四卦」（史記周本記），又云「自伏羲作八卦，周文王演三百八十四爻」（史記日者傳。）

伏羲造八卦，又重卦爲六十四，當然有三百八十四爻；三百八十四爻以八卦爲根本，故八卦爲六十四卦之總稱，在周朝則以「易」爲六十四卦之總稱。所謂文王演易乃指周易而言，易與八卦其實一也，八卦指象而言，易指理而言。所謂「益易之八卦爲六十四卦」者，此乃當時簡便之言，故措辭亦如此其簡，夏商皆有易，易不止八卦也。八卦爲伏羲之八卦，其六十四卦之文，歷代皆有沿革或增益，故夏商之易不同，然而伏羲所畫之卦，所取之象，所定之名，則未曾改變。故八卦仍歸於伏羲，而八卦變化之六十四卦，其內容已非伏羲之原作，至周文王復演六十四卦，造出三百八十四爻之新義。連山、歸藏在漢時已不傳授，惟周易流行，故言及易學，則惟指周易而言，周以前之易不與焉，因此，有人謂伏羲畫卦，僅有奇偶之文，而無字，蓋亦因伏羲之原易久佚，惟卦體尚存，周易乃文王按八卦所自創者耳。

漢書藝文志云：伏羲氏始作八卦，文王「重易六爻，作上下篇；孔子爲之彖、象、繫辭、文言、序卦之屬十篇。故曰易道深矣遠矣！人更三聖，世歷三古」，三聖者：卦爲伏羲所作，卦辭、爻皆爲文王作，十翼爲孔子作也。然而升卦第四爻「王用亨於岐山」，解者謂王即文王；但文王本爲西伯，武王克商之後，始追謚爲文王，若辭爲文王所作，豈能自稱曰王？又明夷第五爻「箕子之明夷」，謂係指箕子被紂所囚而言，然其事在文王既歿之後。又左傳昭公二年晉韓宣子至魯，見易象云「吾乃知周公之德」，而周公曾被流言之謗，亦如繫辭所謂「作易者其有憂患乎！」因此，故鄭眾、賈逵、馬融、陸績等，皆以爲卦辭文王作，爻辭周公作，孔穎達周易正義依用此說，謂漢志「所以只言三聖，不數周公者，以父統子業故也。易之爻辭，蓋文王本意，周公述而成之。」皮錫瑞以爲孔氏之說牽強無據，蓋不合漢志「三聖」之說也。惠棟周易述則據禹貢「冀州、治梁及岐」，爾雅「梁山，晉望也」，謂岐山亦冀州之望，夏都冀州，「王用亨于岐山」者爲夏王；又謂「箕子」爲「其子」，並非人名；謂爻辭仍爲文王作，則仍合於漢志三聖之說。

繫辭上云「聖人設卦觀象，繫辭焉而明吉凶。」鄭樵六經奧論曰「易大傳言繫辭者五，皆指爻辭曰繫辭。如上繫曰『繫辭焉而明吉凶』、『繫辭焉以斷其吉凶』有二，曰『繫辭焉而命之』；孔子專指爻辭爲繫辭，今之繫辭，乃孔門七十二子傳易於夫子之言，爲大傳之文；則繫辭者，其古傳易之大傳歟？」鄭氏雖謂爻辭即今繫辭中所謂之繫辭，然未言爻辭爲孔子作。皮錫瑞以爲孔子未贊易之前，易只有占法而無文辭，遂述鄭樵之說，謂卦辭、爻辭即是繫辭（謂卦爻之下，繫之以辭也），以明卦爻辭皆孔子所作，今之繫辭上下篇，古以爲繫辭傳，乃孔子門弟子所作。如此而言，則「岐山」、「箕子」之文爲孔子所言，卽不必如惠棟所解亦無妨，仍可符合漢志三聖之說。然而史記孔子世家云「孔子晚而喜易，序彖、繫、象、說卦、文言，讀易韋編三絕」，皮氏之說，旣違漢志又違史記，史遷父子世爲史官，班固父子博於史學，其時距古較近，其言皆有所據，史記漢志不可違也！如謂孔子未贊易之前，易只有占法而無文辭，則孔子所讀者只有六十四卦三百八十四爻之符號乎？如謂卦爻辭皆爲孔子所作，則其讀之何至韋編三絕？此不可信之說也。

綜上諸說要而言之，當以史記漢書爲本，不可違歷史而妄臆度，孔子所學之易，卽文王所演之六十四卦之辭及三百八十四爻之文。卦爲伏羲所作，卦辭爲文王所作，爻辭亦爲文王所作或有周公補述之言，而孔子則作彖、象、文言、繫辭等以總其成。依易之上經下經，分爲上下彖、上下象、上下繫辭、以及文言、說卦、序卦、雜卦共十篇，卽所謂十翼，易緯坤鑿度云：孔子「五十究易，作十翼」，此十翼說之所由出，班固稱爲十篇，未名曰十翼，蓋緯書大都爲西漢哀平年間陰陽家假託孔子所造，漢志不錄緯書，或因東漢之初尚未流行，班氏未之見？或見之而以爲不可取歟？然十翼爲孔子所作，先儒無異說。或以繫辭中屢稱「子曰」，文言中亦有「子曰」二字，非孔子之語氣，故遂謂非孔子所作，歐陽修卽如此云（見廬陵學案，童子問）。夫孔子講學，弟子錄之，加入「子曰」二字，猶之論語，凡孔子所講皆稱「子曰」，雖非孔子之手筆，然爲孔子之言論，謂孔子之作有何不可？是以史記漢志皆逕謂孔子所作也。

近世學風，競尚疑古，不信任歷史，每好於書中尋出一字一句之疑點，藉題發揮，欲推翻史實，以炫其有特殊之見非凡之論，不但謂十翼非孔子之作，甚至謂六經與孔子無關，人之好怪，竟至於此。論語述而篇「子曰加我數年，五十以學易，可以無大過矣。」或據經典釋文以魯論「易」作「以」，謂當讀作「加我數年，五十以學，可以無大過矣」，以此證明孔子與易無關，如此而言，則謂孔子五十始學，尤爲荒誕。秦火而後，典籍錯亂，經漢儒整理校勘，並有師法傳授，始有標準規定而傳至於今。論語漢注（何晏所集）解釋「五十以學易」云「易，窮理盡性以至於命，年五十而知天命，以知命之年，讀至命之書，故可以無大過。」且論語子路篇，孔子講人不可無恒，並引恒卦之爻辭「不恒其德，或承之羞。」禮記緇衣篇末段所言與論語同，最後亦引「易曰：不恒其德，或承之羞」，此皆是證孔子與易之密切關係，故史公謂「孔子晚而喜易，讀易至韋編三絕」、並「序彖、繫、象、說卦、文言」等篇；班固謂：孔子作「彖、象、繫辭、文言、序卦之屬十篇」，其說皆依據古籍及師傳而來；後人欲妄翻歷史之成案，除却立異說以快心而外，於學術無所裨補也。

易之傳授

易學由孔子總其成，周易正義第七論云『孔子既作十翼，易道大明，自商瞿已後，傳授不絕。案漢書儒林傳云：商瞿子木，受易於孔子，以授魯橋庇子庸，子庸授江東馯臂子弓，子弓授燕周醜子家，子家授東武孫虞子乘，子乘授齊田何子莊。及秦燔書，易爲卜筮之書，獨得不禁，故傳授者不絕。漢興，田何授東武王同子中，及洛陽周王孫，梁人丁寬、齊服生、皆著易傳數篇，同授淄川楊何字叔元」、叔元傳京房，京房傳梁丘賀，賀授子臨，臨授御史大夫王駿，其後丁寬又別傳田王孫，孫授施犨，犨授張禹，禹授彭宣，此前漢人大略傳授之人也。其後漢則有馬融、荀爽、鄭玄、劉表、虞翻、陸績等及王輔嗣也』。史記儒林列傳云：「孔子卒商瞿傳易，六世至齊人田何字子莊，而漢興」，田何之再傳弟子爲楊何，故云「言易者，本於楊何之家」，漢書儒林傳則謂「言易者本之田何。」史記仲尼弟子列傳所述商瞿受易八傳至於楊何，其中人名與儒林傳略異。

景帝時，田何之弟子丁寬，授易於施讎、孟喜、梁丘賀，三家之學，風行一時，而以孟氏爲最盛，其學雜入陰陽術數，是爲今文易學。此後有京房、費直、高相三家，其中以費氏爲盛，其學雖長於卦筮，然其說經則不取術數，專以彖、象、繫辭等十篇解經，此爲古文易學，是能遵守孔門之義者也；故吾師熊十力先生云「孔子易學在兩漢，猶存一線者，幸有費氏」（讀經示要卷三）。及漢末王輔嗣出，循費氏之家法，舉象數一掃而空之，以十翼說經，純講義理，反對者譏其融入道家虛無之義，夫「形而上者謂之道」、「一陰一陽之謂道」（繫辭），道本虛無，論陰陽變化虛無之理，乃易之本旨，儒家善講人道，道家善講天道，道並行而不相悖，乃能明天人合一之理，輔嗣之學，蓋深通此旨者也。及至宋朝，伊川、朱子講易，亦不重象數而主義理，乃輔嗣為之先導也。然易之源本出於術數，漢易象數之學，自有其理趣，仍自流傳，唐之李淳風，宋之邵康節，皆精於其術，好之者，歷代不乏其人，其中別有旨趣也。

三 易之學術

秦以周易為卜筮之書，故未焚毀，至漢朝方術之說大盛，據漢志所載：先秦所流傳者有：陰陽十六家，五行三十一家，皆據「易」以立說，蓍龜十五家，神仙十家，以及雜占、形法（相人相畜之術）等等凡百九十家，皆可總稱曰術數，皆與「易」有關，故漢人之治易者，如孟喜之卦氣，京房之納甲、鄭玄之爻辰，荀爽之升降，虞翻之旁通，大都依據術數家之言，而各有推演，以自立其說，總皆為術數之學。

繫辭云「聖人設卦觀象，以明吉凶」，又云「易與天地準，故能彌綸天地之道，是故知幽明之故」，明吉凶、知幽明，乃大智慧，乃大學問；而易道所傳者爲卜筮之術，衍出占候、望氣、星命、相術、以及奇門遁甲，諏吉擇日等等，如後漢書所載種種奇技幻術，亦皆託于易學，果能明吉凶，知幽明之故乎？

論語云「雖小道，必有可觀者焉」（子張篇），就卜筮而言，學者之著作，如焦延壽之易林、郭璞之周易新林，吳遵世之易林雜占，邵雍之梅花易數，各以其術推演吉凶之故，其精心研幾之想，著之於書，信其術者，以爲神機妙算之道在其中焉。相術亦然，自古有其書，漢志載有相人二十四卷，曹植有相論，王充作論衡，旨在破虛妄，然其中有骨相篇謂「富貴之骨不遇貧賤之苦，貧賤之相不遭富貴之樂」。抱朴子行品篇以德性相人，謂觀人之言行風格，而知其智愚善惡；相術家採其說，以充實理論。德性爲形而上者，固然其理論幽渺，不易肯定；即以相貌爲根據，而論神揣骨，其法亦抽象迷離而難精。

術數之學，其法頗多，其理誠如劉劭人物志所云「甚微而玄」，故能之者尠。京房爲漢易大家，精於占術，能言災異，而不能自知因此術而死於非命（漢書儒林傳）；呂公善相人，能相劉邦必爲帝王，而不能相其女呂后致呂氏滅族之禍（史記高帝紀、呂后紀）；淮南子劉安，養方術之士數千人，占彗之出，知天下將有兵事，而不自知身蹈謀反之誅（漢書淮南王傳）；郭璞明陰陽卜筮，能禳災轉福，自知「命盡今日」，當死於「雙柏樹下」，所言皆驗，而亦無可奈何（晉書郭璞傳）。或謂人生之生死禍福，皆有定數，非人力所能如何，例如近世北洋名將吳佩孚及其秘書長張其煌，二人皆通漢易善占驗，二次直奉戰爭，吳爲直軍元帥，自知必敗，果如所占；張其煌後死於亂軍，而亦未能卜知；譚延闓亟稱其煌精於易數「有奇技，不必盡驗，十可六七耳」（見桂林張氏獨志堂遺書）。

一般術士之占，有驗有不驗，驗者少而不驗者多，若一無所驗，則其術便無人相信，歸於斷滅；十之一二有驗，則卽有人相信，故其術依然流傳。蓋其驗不在其術，其術可學而得，得其術未必有驗；普通術士所占或驗或不驗，其驗亦只是偶合而已。三國時安平太守王基通易數，從管輅學推演吉凶之術，得其術，而無驗，曰「始聞君言，如將可得，終以昏亂，此自天授，非人力也」，於是藏周易，不復學卜筮之事。管輅嘗云『夫物不精不爲神，數不妙不爲術，故精者神之所合，妙者智之所遇，合之幾微，可以性通，難以言論。是以魯班不能說其手，離朱不能說其目，非言之難，孔子曰「書不盡言」，言之細也；「言不盡意」，意之微也；斯皆神妙之謂也』（三國志管輅傳）。由此可知精象數之學而有驗者，不在其術，而乃其人有天賦特別之靈感，如離婁之明，師曠之聰，卽佛家所謂天眼通，天耳通也，此種靈慧，猶如張良講太公兵法，他人不能省，沛公一聞便善之而用其策，故良曰「沛公殆天授」也（史記留侯世家）；猶如輪扁斲輪之巧術，自謂「口不能言，有數存焉於其間，臣不能以喻臣之子，臣之子亦不能受之於臣」（莊子天道篇）。如管輅之卜筮，朱建平之相術，李淳風之占候，徐子平之星命，皆以象數推論吉凶，言無不中，其術可傳，其慧不可傳，所謂「神而明之存乎其人」者也（繫辭）。——管、朱、李、徐等人，曠古罕觀，即今尚有其人，亦不必向其問休咎，蓋術數以推測命運爲本題，照此一範疇而言，命運既爲命定之事，非人力所可如何，則知與不知皆無關重要，假如其言而驗，謂汝將有患難，而患難尚未來，汝已陷於憂隱之中，豈非自尋煩惱？假如其所言不驗，謂汝將有福事，而竟杳無踪影，使汝失望，豈非反增苦惱？故彼之所占，驗與不驗；我之休咎，知與不知，皆無必要。諺云「但行好事，莫問前程」，「君子居夷以俟命」而已矣（中庸），故好學力行之士，遵道而行，對於術數之學，視之爲「射覆」之巧，如棋譜之妙，爲有趣之事而已。

易經首教人「終日乾乾」，「自強不息」，全書總以「中正」「貞吉」勗人，此聖人施教之要典，象數之學，既出自易，不離於宗，故術數家之言論，亦爲勸人警世、「神道設教」之意（觀卦），何晏爲尚書，專政驕奢，請管輅爲之卜，輅藉謙卦以勸之，謂其當「上追文王六爻之旨，下思尼父彖象之義」，晏不聽戒，竟敗亡。大將軍王敦謀反，求郭璞爲之筮，欲得璞奉承之言以炫衆，璞不受威脅，舍生取義，直言其必敗，敦果敗死。相術家有「心相」之說，謂人之禍福，係於心之善惡，故陳摶云「有心無相，相隨心生；有相無心，相隨心滅」，（謂有善心，則福相隨善心而生；反之雖有福相，亦被惡心所消滅）。星命家謂：生辰八字注定壽夭，八字雖當夭，若行善則可以增壽；八字雖當壽，若作惡則足以損壽；其言亦有哲理在焉，藉爲人斷吉凶，以勸人爲善。今世之人，雖多不信術士之言，然相信者仍有其人，廣大之人羣，繁雜之心理，有其需要，故術數自有其存在之道也。

繫辭謂：易道「廣矣，大矣！」「開物成務，冒天下之道」，聖人以之「通天下之故」、「定天下之業，斷天下之疑」，乃至日中爲市，書契之造，刳木爲舟，以濟不通；弦木爲弧，以威天下；一切事，皆括於卦象或卦義之中。外取諸物，觀其變化，內裁諸理，推其變通，「極深而研幾」、「故能成天下之務。」是以不但術數之學本乎易，立政、用兵本乎易，日常行事，亦必本乎易；文學與易有關，醫學與易有關，數學亦與易有關（數學教授劉毓章著「因記數的進位法到易經之六十四卦」）。然則「易」誠「能彌綸天地之道」，足以「知周萬物」矣，然而「神而明之存乎其人」、「苟非其人，道不虛行」，故能之者鮮也。（以上所引皆繫辭之語，以下所引未注明出處者，皆爲繫辭之語）。

哲學

伏羲造八卦「以通神明之德，以類萬物之情」，後世名之曰「易」，子曰「夫易何爲者也」？夫易「開物成務」，「以通天下之志，以定天下之業，以斷天下之疑」，八卦之學術流傳年久，只存「斷天下之疑」一術，卽卜筮是也。文王所演周易之卦爻，文辭簡單，亦作卜筮之用。及孔子作十翼，雖依卦象作辭，而乃藉卦象以作譬喻，賦以哲學意義，歸到天人相與「三才之道」，不僅爲卜筮之用，而爲政教文化之哲理矣。

易全部經、傳中每擧聖人、君子大人以示範，聖人指德行智慧至極者而言，有時指帝王而言，蓋以惟聖人宜在王位也。曲禮云「博聞強識而讓，敦善行而不怠，謂之君子」，君子指賢人而言，有時亦指在位者而言（君及公卿大夫），蓋以在位者必須爲君子也。大人與在位之聖人同。

「易之爲書也，廣大悉備，有天道焉，有地道焉，有人道焉」，此名曰「三才之道」，所講「在天成象，在地成形」，陰陽變化之道，然與科學所講之天文地理不同。所謂「易有太極，是生兩儀，兩儀生四象，四象生八卦」，宋理學家開山大師周濂溪，據之而造太極圖說，以明宇宙生成之次序，然仍爲形而上之構想，無法肯定其然否，故朱晦庵、張南軒推崇其說，而陸梭山、象山兄弟則不取其說，朱陸互相辯駁，各執所是，後世有從陸說者，亦有從朱說者，仍不能決，蓋「天道遠，人道邇」（左傳昭公十八年，子產語）。天地之體，至大無外，天地之道，變化莫測；天生萬物，人居其一，生活在天地之間，與天地至爲親切，而對天地之廣大奧秘，幽玄神妙，則不能窺其底蘊。天地賦人以性靈，賦人以良知，使人接受啓示，了解人生之道，不能悖乎天地自然之道；天地自然之道，卽樂記所謂「天理」，天理無聲無色，「易」以乾坤之道以著明之，乾坤所示之象，人所共見，「日往則月來，月往則日來，日月相推而明生焉；寒往則暑來，暑往則寒來，寒暑相推，而歲成焉」；此天地有常道，歲時有定序也。「日中則昃，月盈則食，天地盈虛與時消息」（豐卦），此示物極必反之理也。溽暑之熱氣沉悶，則雷雨驟至而送爽；冬日之閉凍也不固，則春夏之草木不茂（解老），此示相反相成之理也。「有天地然後有萬物，有萬物然後有男女，有男女然後有夫婦，有夫婦然後有父子，有父子然後有君臣，有君臣然後有上下，有上下然後禮義有所錯」（序卦），此人類天性形成之倫理也。「家人、女正位乎內，男正位乎外，男女正，天地之大義也。家人有嚴君焉，父母之謂也，父父、子子、兄兄、弟弟、夫夫、婦婦，而家道正，正家而天下定矣」（家人卦）。人類必須羣體生活，有家庭之組織，家道正則社會安定，此皆人情自然之需求也。——人稟天地之性，受乾坤之啓示，上述之種種事理，顯然可見，卽庸碌之人，亦能感受者也；故曰「夫乾確然示人易矣，夫坤隤然示人簡矣」、「易則易知、簡則易從」、「仁者見之謂之仁，智者見之謂之智，百姓日用而不知。」聖人聰明睿知，「見天下之賾，體乾坤之義，爲天地立心，與天地合德，爲生民立命，「定之以中正仁義」，（說卦云「立天之道曰陰與陽，立地之道曰柔與剛，立人之道曰仁與義」，周濂溪太極圖說云「聖人定之以中正仁義」），於是而人道立，而人文興矣。

天地生養萬物，天地之道即自然之理，故言及天道即包括地道。乾坤指天地之德能而言，爲萬物生命之源，故老子教人法天（第廿五章），孔子曰「天何言哉？四時行焉，百物生焉，天何言哉？」（論語陽貨篇），亦教人效法天道。天道廣大深遠，人類不能洞悉其蘊奧，酷暑、祁寒、苦旱、霪雨、颱風、地震，此陰陽變化自然之勢所促成，不得已而然；人類呼之曰天災，亦無可奈何。然而乾坤顯示於人之道，使人類易於感受者，聖人爲之說明，人人皆能通曉，如「天行健」，故「君子自強不息」（乾卦）；「地勢坤」，故「君子以厚德載物」（坤卦）；「天道虧盈而益謙」（謙卦）；「天地節，而四時成」（節卦）；聖人體乾坤之妙道，而闡明人類之大道，其至言哲理，著而爲「易」，指點人生之正路，使人趨吉避凶，遵道而行，不必求神問卜也。

繫辭云「乾坤其易之蘊耶」，又云「乾坤其易之門耶」；乾坤兩卦，爲易之綱領，由兩卦演出六十二卦，兩卦之經傳，提示人當效法天地之德，惕勵黽勉自強不息，各正性命，進德修業，「善世而不伐」，「敬以直內，義以方外」，知進知退「與時偕行」，既知「亢龍有悔」，不如「括囊無咎」也。乾坤兩卦，總述「人道」之要義，以下六十二卦，各按卦爻之象，釐定人事當遵之理。聖人以濟世爲懷，抱「己立立人」之志，己立爲自治之功，立人爲治人之德，自治爲修身，治人爲政教，簡述如下：

修身

敦品好學爲修身之本。學記云「獨學而無友，則孤陋而寡聞」，必須有良友互相切磋，德業方有進益，故曰「君子以朋友講習」（兌卦）。前賢之嘉言懿行，載在典籍，當多讀書默而誌之以爲師法，故曰「君子以多識前言往行，以畜其德」（大畜）。讀書並非空談道理，當據理實行以培育德性，故曰「君子以果行育德」（蒙卦）。育德須從克己復禮作起，故當「懲忿窒欲」、「見善則遷，有過則改」，「非禮弗履」（損、益、大壯）。世事每難如意，倘「志未得也」、「我心不快」（觀、旅），君子則「反身修德」而已（蹇卦）。

自身修養健全，「剛健篤實，日新其德」（大畜），對人處世，與大衆和諧而無乖異。然而社會輿情繁雜，人之良莠不齊，須擇賢而友；事有是非，須分辨清楚，故曰「君子以類族辨物」（同人）。「人道惡盈而好謙」（謙卦），與人相處，當虛懷若谷，接受忠言，故曰「君子以虛受人」（咸卦）。「比之匪人，不亦傷乎」？（比卦），匪人不可比，小人不可近，然「人而不仁，疾之已甚，亂也」（論語、泰伯篇），故智者親君子，「見賢思齊」（論語、里仁篇）、「遠小人，不惡而嚴」（遯卦），「君子尊賢而容衆」（論語子張篇）。

君子處世遵道而行，決不見異思遷，故不至誤入歧途，堅守常道，故曰「君子立不易方」，「言有物而行有恒」（恒卦、家人）。「善不積，不足以成名；惡不積，不足以滅身」（繫辭），勿以小善爲無益，勿以小惡爲無妨，故君子「順德，積小以高大」（升卦）。君子動則法乾德之誠，靜則效坤德之順，「承天而時行」（坤卦），故可止則止，可行則行，「動靜不失其時，其道光明」（艮卦）。　君子「素其位而行」（中庸），故「思不出其位」（艮卦），不作分外之想，不作儌倖之圖。「不敢暴虎，不敢憑河」，不作無謂之犧牲，「既明且哲，以保其身」（詩、小旻、烝明），故曰「見險而能止，智矣哉！」（蹇卦）。然大義當前，君子決不怕死偷生，「臨大難而不懼者，聖人之勇也」（莊子秋水），故「志士仁人，無求生以害仁，有殺身以成仁」（論語、衞靈公篇）；諫臣龍逄，王子比干，爲抗暴君而死，文信國、史閣部爲保國而死，求仁得仁，死而無悔，故曰「君子以致命遂志」也（困卦）。天地有否泰，人事有窮通，聖人隨時執中，「邦無道，危行言遜」（論語、憲問篇），守道安貧，故君子「愼言語，節飲食」，「以儉德避難，不可榮以祿」（頤卦，否卦）。濁流不能汙，邪世不能亂，故「獨立不懼」，「遯世無悶，不見是而無悶，確乎其不可拔」

也（大過，乾卦）。「立人之道，曰仁與義」，聖人「順性命之理」，「戴仁而行，抱義而處」（儒行），無入而不自得也。

政教

君子修身，「內聖」之功既成，懷成己成物之志，以利天下，倘時機得遂，實行「外王」之道，亦必法天地之德以行事，故「觀乎天文以察時變，觀乎人文以化成天下」（賁卦）。元首保民如保赤子，必須有道，始能負其責，赤子無知，欲免除疾苦而不顧服藥，欲探湯玩火而不顧燒身，聖人愛民，必不肯任其妄爲以致災禍，必有啓迪之方，因時制宜，以納民於軌物，故曰「財成天地之道，輔相天地之宜，以左右民」（泰卦）。聖人「損益盈虛，與時偕行」（損卦），「通天下之志」（同人），明當急之務，庶績咸熙，不失其時，「陽春布德澤」，而「萬物生光輝」矣（古詩），此先王所以能「茂對時育萬物」也（無妄）。德澤溥施，並「作樂崇德」（豫卦），以勵世風，或「以神道設教」以勗人心（觀卦）。凡禮樂政教之實施，皆有合理之制度，使民易於遵循，故曰「節以制度，不傷財，不害民」（節卦）。「天地感而萬物化生，聖人感人心，而天下和平」矣（咸卦）。

社會人情繁雜，良莠不齊，自古有憐貧恤孤者，亦有貪得苟取者；有路不拾遺者，亦有殺人越貨者。貨財爲民生之本，「不患寡，而患不均；不患貧，而患不安」（論語、季氏篇）、「天之道損有餘而補不足」（老子七七章），是以明君爲政，「裒（聚也）多益寡，稱物平施」（謙卦），審量天下之財物，作公平之運用，務使人民生活均衡，不相懸殊，社會方可安定。

然而桀驁之徒，姦細之民，終不能無，民間糾紛亦不能無，君子「遏惡揚善」（大有），重禮樂亦不能廢刑罰，是以「明罰勑法」、「折獄致刑」（噬嗑、豐卦），亦爲政之要事。刑罰乃不得已而始用之，故君子「明愼用刑而不留獄」（旅卦），當罪者罪之，當宥者宥之，判決明爽，不滯留拖延，免使人民累於訟事。舜典云「眚災肆赦」，眚爲過失，過失犯罪，等於意外之災，乃不幸之事，當寬恕之，故解卦云「君子以赦過宥罪」。大禹謨云「罪疑惟輕，與其殺不辜，寧失不經」，諺云「人命關天」，言人之生命至爲重大也，訟獄固不可拖延，然案情之內容複雜，死罪之可疑者，不可輕易處決，必須詳加審察討論，方可決斷，故君子「議獄緩死」（中孚），必須得其實而始裁判，以達無枉無縱之效。執法者公正廉明，則刑罰清，「刑罰清而民服」矣（豫卦）。

天道有變化，世道有盛衰，自古一治一亂，循環相演，「故君子安而不忘危，存而不忘亡，治而不忘亂，是以身安而國家可保也」（繫辭）。聖人在位，致治於未亂，保邦於未危，不惟覃敷文德，更且必修武備，雖鄰國相睦，天下咸寧，而國防必須鞏固，重鎮必建城郭，要塞必設軍守，故「王公設險，以守其國」（坎卦），所以防邊患，固吾圉也。雖內政修明，夜不閉戶，而兵可百年不用，不可一日不備，故君子「除（治也）戎器，戒不虞」（萃卦），「思患而豫防之」（既濟），所以戢亂萌也。練兵教戰，首重紀律，號令嚴明，部伍整肅，作息進退，攻擊殺伐，皆有常規，始能成奏捷之功，不然，則爲烏合之衆，行軍出征，則擊敵不足而擾民有餘，故曰「師出以律」，失律則凶也（師卦）。

聖人通天下之志，爲社會造福，興利除弊，日新其德，凡政令制度，應興應革，因時制宜，以求利民，倘逢亂世，在高位者如桀紂之無道，殘害百姓，聖人則以義興師，伐暴戡亂，救萬民而創造新時代，故「湯武革命」，乃「順乎天而應乎人」之盛舉（革卦），是以一戰而勝，天下大定，於是聖人「首出庶物」（乾卦），復修文教，「振民育德」（蠱卦），而四海清平，「萬國咸寧」矣（乾卦）。

四 結語

以上略舉周易所述自修身以至濟世之道，可見其大端。聖人觀天道之變化，察人事之繁賾，取象以立言，或以隱言喻意。或以「正言斷辭」（繫辭），皆寓不易之理。若夫謙卦云「謙謙君子，卑以自牧」，其實「謙尊而光」，「以貴下賤，大得民也」（屯卦），勤政愛民，不伐其功，故「勞謙君子，萬民服也」（謙卦）。　王者秉公賞罰，罰、非以洩私怨，賞，不以德自居，故曰「施祿及下，居德則忌也」（夬卦），以德自居，私心行賞，必以私心行罰，此君子所大忌也。　履卦云「武人爲于大君」，聖人「乃文乃武」，故「能爲天下君」（大禹謨），「武人爲于大君」，是朱全忠、李自成之流也，其敗亡可知。　蠱卦云「不事王侯，高尚其事」，非不願爲國效勞也，暴君亂世，賢者在野，而並不灰心世事，故伊尹處身田畝之間，而樂堯舜之道（孟子萬章篇），君子待機而動也。　聖人不發無實之言，雖輕鬆之語，亦未可以等閒視之，例如「履霜堅冰至」（坤卦），何人不知？而防微杜漸之理人多忽之。「天地之道，恒久而不已也」（恒卦），何人不覺？而貫徹始終之道人多不能。　復卦云「不遠復，無祇悔，元吉」，有過必改，迷途知返，不至鑄成大錯，尚可補救，故無大悔，仍可化凶爲吉也。　繫辭云「慢藏誨盜，冶容誨淫」，故良賈深藏若虛，君子正其儀容，日常細事皆當審愼也。　作「易」者時當衰世，處境艱險，爲占者斷吉凶，總教人「明於憂患與故」，凡事須「愼之至也」（繫辭），故「乾」以惕而無咎，「震」以恐而致福，「懼以終始，其要無咎，此之謂易之道也」！（繫辭）。豈惟處衰亂之世當危懼警戒，即處太平之世，而慢易怠忽，亦必至於傾覆，此易之道也。

六經爲人生哲學之寶典，人生哲學以道德爲本，先哲首立之德目爲「中」字，論語堯曰篇：堯謂舜曰「允執其中」，尚書大禹謨，舜亦以命禹曰「允執厥中」，中庸云「舜其大智也與！──舜好問而好察邇言，隱惡而揚善，執其兩端，用其中於民」。「中」爲聖賢傳授之心法，孔子由之而闡揚中庸之道。何謂「中」？朱注中庸序云「子程子曰：不偏之謂中，不易之謂庸，中者天下之正道，庸者天下之定理」，不偏則爲正道，正道爲不變之眞理，爲天下之定理，故稱曰「中庸」，眞理經常不變，老子稱之曰「常德」（廿八章）。故中正、中道、中庸、正道、常道、其義一也。然則「中」乃一切德行之圭臬也，孟子謂有「非禮之禮，非義之義」（離婁篇），非禮之禮，非義之義，卽不合于中道者也；中者無過與不及，恰當於理，恰合事宜，通權達變，不落機械。中庸云「君子而時中」，因事制宜，隨時執中，無偏無頗，所謂正大光明也。──易之經文泰、復、益、夬等卦爻，皆講「中行」，卽合乎中道之行爲，亦卽道德行爲，故能行中道者必吉，雖遇凶亦無咎。「中」爲先聖傳授之心法，爲道德之準則，孔子依之作六十四卦之彖象以垂教，例如：

乾、隨、巽等卦，述及「正中」。乾、需、訟、比、履、同人、豫、觀、晋、姤、井、艮、巽、節等卦，述及「中正」。同人、困等卦，述及「中直」，直亦正也。蠱、離、解、夬、旣濟等卦，述及「中道」。師、泰、復、益、夬等卦，述及「中行」。坤、蒙、師、小畜、履、泰、同人、大有、臨、大過、坎、大壯、睽、蹇、損、升、困、井、鼎、震、漸、歸妹、中孚、旣濟、未濟等卦，皆述及「中」。屯、蒙、隨、臨、無妄、遯、晉、家人等卦，皆述及「正」。

總覽全易，無論說到「中」或「正」，或「正中」「中正」、或「中道」、或「中行」，其為「中」則一也。臨卦云「大亨以正，天之道也」，「大君之宜吉，行中之謂也」。訟卦云「元吉、中正也」。需卦云「貞吉、以中正也」。豫卦云「不終日、貞吉，以中正也」。晉卦云「受茲介福，以中正也。」未濟云「貞吉，中以行正也。」離卦云「元吉，得中道也。」解卦云「貞吉，得中道也。」鼎卦云「得中，是以元亨。」小畜云「剛中，而志行，乃亨。」大過云「剛過而中，乃亨。」。損卦云「利貞，中以為志也。」夬卦云「中行，無咎」，「有戎勿恤，得中道也。」大有云「積中、不敗。」震卦云「其事在中，大無喪也。」——綜上諸義，凡事苟能中能正，則吉、則受福，雖恤于小人，亦能無咎，雖遇兵戎戰禍，因素守中道，預有戒備，亦不須憂懼，而能轉危而安。孔子依卦中之象而作傳，各按天道事理而繫之以辭，以釋吉凶之因，以防咎吝之悔，使以易作占卜者，知人生守中道，乃為諏吉避凶之方，如作惡為非而欲詢謀於卜筮，其所得之卦兆，雖為大吉大利，亦必不驗，亦必終凶，理之必然，不待占決而自明，故孔子曰「不占而已矣」（論語子路篇）。諺云「知法犯法」，既知犯法必獲罪，何必占其吉凶哉？

文王在憂患之中演易，是故「其辭危」，乾坤為易之門，總涵六十四卦之旨，「夫乾天下之至健也，德行恒易以知險；夫坤天下之至順也，德行恒簡以知阻。」處身危境，體天地之道，剛柔相濟，隨機應變，健而能順，知險知阻，故朝乾夕惕，思慮深遠，戒愼周備，終得度過險阻，故曰「懼以始終，其要無咎」。豈但無咎而已，度過險阻則爲光明之途，而攸往咸宜矣，此文王歷艱蒙險，法天道，自強不息，將其睿見與經驗著而爲易之經過也。孔子述前聖之旨，發揚易理以垂教，簡而言之，在修身則曰「恐懼修省」（震卦），在行事則曰「終日乾乾」而已。——我對聖人所示之易，淺簡之識如此而已。至若「極深而硏幾」、「探賾索隱，鉤深致遠」、「窮神知化」、「通天下之志，成天下之務」、此乃「神而明之，存乎其人」，非予之愚魯所能及也。（以上所引皆見繫辭）。

四、禮

孔子曰「禮也者、理也」，「禮也者、理之不可易者也」（禮記仲尼燕居、樂記）。「禮」爲合理，凡一切事，皆必求其合理，曲禮云「禮從宜」，宜卽適當，適當卽爲合理，處事須因時制宜，有時須反經從權，加以變通，不落機械，機械固滯便不合理。不可易之理、卽爲定理，定理乃不可改變者也，例如人對人須有禮貌，如揖拜、鞠躬、握手等等；舉行典禮必有儀式，如禮器之陳設、行禮之程序等等；禮貌與儀式，每因時代與地域而不同，當斟酌實情以從其宜，方爲合理，此乃可以變通者也；然無論何等禮貌、何等儀式，其爲敬則一也，敬乃理之不可易者也，故曰「大德不踰閑，小德出入可也」（論語子張篇）。

「不學禮、無以立」，「人有禮則安，無禮則危」（論語季氏篇、禮記曲禮）；「禮者治辨之極也，强國之本也」，「故人無禮則不生，事無禮則不成，國無禮則不寧」（荀子議兵、大略）禮運云「夫禮、先王以承天之道，以治人之情，故失之者死，得之者生」，「是故夫禮必本於天，效於地，列於鬼神，達於喪、祭、射、御、冠、昏、朝、聘，故聖人以禮示之，故天下國家可得而正也」。小而個人之日常行事，大而國家之政令措施，皆必求其合理，故禮之範圍至爲廣大，乃人生必遵之規律也。

中庸云「禮儀三百，威儀三千」，禮器云「經禮三百，曲禮三千」，劉向以三百爲官禮、所謂禮經；三千爲儀禮、所謂曲禮也。經者、常也，指禮之制度而言，三百指冠婚喪祭朝聘諸禮中之條款而言。中庸云「其次致曲」，曲者、細事也，曲禮指禮中之應對進退一切之詳細節目而言，三千指動容周旋各項儀度而言。鄭康成以周官三百六十當經禮之數，其實三百三千，言其條目之多，非言固定之數也。

漢書藝文志載：禮古經五十六篇。經七十篇（劉敞云當作十七），卽今之儀禮。記百三十一篇，卽今之禮記。周官經六篇，卽今之周禮。漢初、禮學共有十三家。及至東漢鄭康成作周官注、儀禮注、禮記注，於是始有三禮之稱，述之於下：

㈠儀禮

儀者、禮之法度也。尙書舜典已有「修五禮」之記載。吉、凶、軍、賓、嘉、爲五禮。吉爲一切祭禮；凶爲喪葬、弔災等禮；軍爲軍隊演習及行役、正封疆諸禮；賓爲朝覲會同諸禮；嘉爲冠昏慶賀等禮。儀禮十七篇，皆屬五禮中之項目，鄭康成將每篇之目錄作詳明之解釋，見儀禮注疏。十七篇目如下：

一、士冠禮。　二、士昏禮。此屬於嘉禮。　三、士相見禮，（士以職位相見，作聯歡之禮）。此屬於賓禮。　四、鄉飲酒禮，（鄉大夫舉行大比，薦賢於其君，以宴饗之）。　五、鄉射禮，（州長春秋會民習射於州序之禮）。此二者皆屬於嘉禮。　六、燕禮，（諸侯慰勞功臣，招羣臣燕飲以樂之）。　七、大射禮，（諸侯將有祭祀之事，舉行羣臣射禮，數中者得與於祭，不數中者不得與祭）。此二者皆屬嘉禮。　八、聘禮，（大問曰聘，此諸侯使卿相問之禮），此屬賓禮。　九、公食大夫禮，（主國君以禮食小聘大夫之禮），此屬嘉禮。　十、覲禮，（覲、見也，諸侯見天子之禮。春見曰朝，夏曰宗，秋曰覲，冬曰遇）。此屬賓禮。　十一、喪服，（天子以下、死而相喪，衣服年月、親疏隆殺之禮）。　十二、士喪禮。　十三、既夕禮，（葬前二日、夕哭之禮，此爲士喪禮之下篇）。　十四、士虞禮，（虞、安也，士既葬父母，迎精而反，日中而祭之於殯宮以安之）。以上四篇，皆屬凶禮。　十五、特牲饋食禮，（諸侯之士祭祖禰也）。　十六、少牢饋食禮，（諸侯之卿大夫祭祖禰於廟之禮）。　十七、有司徹，（此少牢之下篇也）。大夫既祭，儐尸於堂之禮也）。以上三篇，皆屬吉禮。

古之典籍，遭秦劫而後，儀禮只存以上十七篇。「公食大夫」及「既夕禮」，皆爲禮中之輕微者，猶記述詳明，而其他大禮、如郊社之禮，禘嘗之祭，以及軍禮、竟皆闕如，可知儀禮之亡失多矣。

禮記明堂位云「成王幼弱，周公踐天子之位以治天下，六年、朝諸侯於明堂，制禮作樂」。尚書大傳云「周公居攝六年，制禮作樂」。故唐賈公彥謂儀禮爲周公所作。雖可謂周公之作，然非周公所創造，儀禮十七篇所述者，可以冠、婚、喪、祭、射、饗、朝、聘、八目括之；禮運云「夫禮之初，始諸飲食，其燔黍捭豚，汙尊而抔飲，蕢桴而土鼓，猶若可以致其敬於鬼神」。自皇古之世，人類即敬天地鬼神，即有祭禮。「歲十二月，合聚萬物而索饗之」，名曰蜡祭，伊耆氏（神農）時已有此禮（見郊特牲）。「伏羲制嫁娶，以儷皮爲禮，作琴瑟以爲樂」（譙周古史考），以此而推之，則五禮隨人文之開化而興起，非自有史書記載肇始。歷代之禮有沿襲，有變革，故「五帝殊時，不相沿樂；三王異世，不相襲禮」（樂記）。孔子曰「殷因於夏禮，所損益可知也；周因於殷禮，所損益可知也」（論語爲政篇）。代代相承，對傳統之禮、或加以增減，或加以改革，總不能與歷史脫節，不能相差懸殊，周朝之禮，乃因襲商朝之禮而來者，周公制禮，亦依據原有之禮而修改釐定，著之於書，故謂儀禮爲周公所作也。幽厲而後，「禮樂廢，詩書缺」（史記、孔子世家），孔子整理舊典，修訂六經，六經皆經孔子之筆，儀禮首篇、士冠禮末段有「孔子曰」之語，是又門弟子所補述者也，故皮錫瑞謂儀禮爲孔子所作。章太炎孔子禮制駁議云：漢志所載「禮古經五十六篇，皆周公舊制」，非孔子所作也。

秦火而後，漢初搜求遺書，漢志云「魯高堂生傳士禮十七篇」，即今之儀禮，然十七篇中有聘禮、覲禮等，不盡爲士禮，蓋因開端三篇，便爲士禮，及十二、十三、十四三篇，亦皆爲士禮，十七篇中、士禮之篇目較多，故以之爲名耳。武帝時河間獻王得古禮五十六篇，繼之孔壁中亦出現古文禮五十六篇，其中十七篇與高唐生所傳相同（孔穎達禮記正義序）。禮記奔喪篇正義曰：鄭康成云「逸禮者，漢志云：漢興，始於魯淹中得古禮五十七篇，其十七篇與今儀禮正同，其餘四十篇，藏在秘府，謂之逸禮」。淹中爲地名，屬於魯國，豈即河間獻王得書之處歟？獻王所得及孔壁所出之古禮，皆爲五十六篇，故柳詒徵中國文化史第十九章謂「禮記正義奔喪篇所引鄭云：古禮五十七篇，七字係六字之訛」。按論衡正說篇云：宣帝時「河內女子發老屋，得逸易、禮、尚書各一篇奏之，宣帝下示博士，然後易、禮、尚書各益一篇」。然則鄭公所云五十七篇，乃加宣帝時所益之一篇而言也。但後世仍從古禮五十六篇之說。儀禮十七篇，餘三十九篇爲逸禮，藏在秘府，鄭公未注，遂無傳焉。

皮錫瑞三禮通論云「漢所謂禮，即儀禮；而漢不名儀禮。專主經言、則曰禮經，合記而言、則曰禮記。許愼、盧植所稱禮記，皆卽儀禮與篇中之記，非今四十九篇之禮記也。後禮記之名爲四十九篇之記所奪，乃別稱十七篇之禮經曰儀禮」。儀禮篇中之記，例如士冠禮篇自「記冠義」以下爲冠禮之記。士昏禮篇自「記士昏禮」以下，卽昏禮之記。喪服篇子夏旣爲之傳，而自「記公子爲其母」以下又別爲喪服之記，其記亦有傳，可知此記子夏以前已有之。惟士相見、大射、少牢饋食、有司徹四篇、不言記，其餘十三篇皆有記。

自朱子編儀禮經傳通解、定儀禮爲經、禮記爲傳，後儒皆從之。

(二)周禮

周禮、漢志稱周官經，簡稱周官，劉歆始改稱周禮（見荀悅漢紀）。隋書經籍志云「漢時有李氏得周官，周官蓋周公所制官政之法。上於河間獻王，獨闕冬官一篇，獻王購以千金不得，遂取考工記以補其缺，合成六篇奏之」。此書在六經中較爲晚出，晚出之書多由山巖屋壁出現，爲古時之原本，稱爲古文；秦朝遺老所傳之經，皆用當代文字謄寫，稱爲今文。武帝立五經博士，其書皆爲今文，周官爲古文，故藏之於秘府而未行於世。成帝時、劉歆與父向奉命考理秘書，歆特好古文，哀帝時，歆集羣書，著七略，始將周禮列於六藝之中，及王莽時，歆爲國師，始將周禮列於學官，置博士以傳授於世。

劉歆爲首倡古文之經學大師，周官左傳皆爲古文，在哀帝時歆建議列于學官，爲今文派所反對，因而引起今古文之爭，自此經學分爲兩派，周官自此爲一般學者所重，馬融作周官傳以授鄭玄，今文家何休雖仍持非議、謂周官「爲六國陰謀之書」（賈公彥序周禮興廢），而鄭玄博通今古文，能貫通其說，以闡明羣經之正義；時有今文知名之士臨碩（字孝存、臨或作林）、作周禮難、謂「武帝知周官末世瀆亂不驗之書」，乃作十論七難、以排棄周禮；鄭公深知周禮乃周公致太平之道，故答辯臨碩之問難，使之無從反駁，並作周官注以釋周禮之義，於是周禮在羣經中地位穩固，傳至後世。

劉歆當日上書於哀帝，請列古文經典於學官，諸博士反對，歆責諸博士「抱殘守缺」、「黨同妬道」，大司空師丹則謂歆「改亂舊章」，因此，有人謂周禮爲歆所僞造。按漢志樂部云「魏文侯最爲好古，孝文時得其樂人竇公獻其書，乃周官大宗伯之大司樂章也」，此六國時所遺周官之史實。武帝時周官已存於秘府，何得謂劉歆僞造？如僞造、何不合造六官而必缺其一？又、因考工記稱「鄭之刀」，又稱「秦無廬」，鄭於宣王時立國，秦於孝王時立國，皆在周公之後，故何休謂周官出於六國時人。然考工記乃河間獻王所補入，本非周禮冬官之文，此不足徵周禮非出自周公也。皮錫瑞三禮通論曰「周官與周時制度多不符，其非周公之書可知。孔子所謂「吾學周禮」，亦非周官之書。北宮錡問周室之班爵祿，周官言班爵祿極詳，孟子乃云其詳不可得而聞，而所謂嘗聞其略者、又不同周官而同王制，若周官爲周公手定，必無孔孟皆不見之理，其書蓋出孔孟後也」。論之曰：自周公制禮，至周末八百載，其制度前後必有沿革，當然東周而後之制度與周禮不能盡合。孔子曰「吾學周禮，今用之，吾從周」（中庸）。所謂周禮，包括周公所制一切之禮而言，當然周官亦在內；孔子雖從周禮，然孔子時、周公所制之禮已有改變，例如孔子曰「麻冕禮也，今也純儉，吾從衆；拜下、禮也，今拜乎上、泰也，雖違衆，吾從下」（論語子罕篇）；可知春秋時之禮制、已不符合周初之禮；孟子答北宮錡之問、謂：諸侯不守周初之制，惡其害己，而皆毁其典籍，以免受限制。故孟子未曾見到周禮班爵祿之典章，不知其詳，而只聞其略。每一朝代之制度，並非一成不變，前後皆有出入，孟子所聞之略，與周官不同，並不足徵當時無周官之書，諸侯毁其籍，並非若秦皇焚書之嚴重，故其書有人保藏，因而得以流傳。四庫提要云：

「夫周禮作於周初，而周事之可考者不過春秋以後，其東遷以前三百餘年，官制之沿革，政典之損益，除舊布新不知凡幾；其初去成康未遠，不過因其舊章稍爲改易，而改易之人不皆周公也，於是以後世之法竄入之，其書遂雜，其後去之愈遠，時移勢變，不可行者漸多，其書遂廢；此亦如後世律令條格，率數十年而一修，修則必有所附益，特近世者可考，年遠者無徵，其增刪之迹遂靡所稽，統以爲周公之舊耳。迨乎法制既更，簡編猶存，好古者留爲文獻，故其書閱久而仍存，此又如開元六典、政和五禮，在當代已不行用，而今日尚有傳本，不足異也」！

張橫渠語錄云「周禮是的當之書，然其間必有末世增入者」。古書有末世增入者，亦有因古簡殘毀，後人補綴之文，皆不宜貶抑之加以僞書之名。周禮爲周公所作，不應因其中有增刪之迹，遂謂非周公之作；漢時補入之考工記，不知爲何人之作，然論及周禮之作者，仍當屬於周公，此乃名正言順之事也。

周禮爲周公所制官職政典之書，而官政制度非周公憑空所創造；周官之政教法制、亦如儀禮之冠昏喪祭等禮，由歷代之沿革變更而來。周公以「多材多藝」自許（尚書金縢），其攝政而總理天下事，設官分職，必有詳明之計畫，故據先王之法，因當時之宜，而著周禮以爲致治之方略。春秋之時，周道已衰，孔子學周禮，夢想周公，深悉周公思想之周密，見解之睿明，故稱頌「周公之才之美」（論語泰伯篇）。今試觀周禮政教制度之美善，設官分職之完備，即後世歷代政令多變，亦不能越其原則。

武王統一天下，周室爲諸侯之領導者，須建立王國，示範於列邦，王國政府爲天下之中樞，其組織必須健全，方可使諸侯率服、化行天下。故周禮首言「惟王建國，辨方正位，體國經野，設官分職，以爲民極」。「辨方正位」、謂審察地理，詳悉山川形勢，建國設都，須擇適當之方位，不可恃山谿之險守偏安之局。體、分也，都邑及諸侯封地皆曰國，體國、指劃分治區、建立城市而言；經、治也，經野、指劃分經界，制定里數，開通溝洫道路等事而言。極者、如北極、中正也、準則也，官吏以身作則，爲人民之表率，故曰「以爲民極」。全部周禮、以職官爲經，以國事爲緯，立六官以爲大綱，統轄其所屬，分任衆職，書序稱六官曰六典，太宰（冢宰）總理六典：天官掌治典（治理百官、紀綱萬民），地官掌教典，春官掌禮典，夏官掌政典，秋官掌刑典，多官掌事典（富邦國、養萬民）。周官之重要節目柳詒徵中國文化史分析如下：

一、國土之區劃。　二、官吏之職掌。　三、鄉遂之自治。　四、授田之制及兵制。　五、市肆門關之政。　六、地方及王朝之教育。　七、城郭道路宮室之制。　八、衣服飲食醫藥之制。　九、禮俗。　十、樂與舞。　十一、王朝與諸侯之關係。

以上所舉之十一項，皆有詳細之內容。德人夏德所著支那古代史、謂「周禮爲周代文化生活最重要之典據，亦爲後代之嚮導。對于爲政家之模範，永受世人之尊重，殆無可疑」。朱子語類卷八十六謂「周禮畢竟出於一家，謂是周公親筆做成、固不可；然大綱卻是周公意思。某所疑者、但恐周公立下此法，却不曾行得盡」。若眞如朱子所云周公立意，命人措辭，猶之帝王之詔書，雖爲詞臣之手筆，而仍爲帝王所言，故周禮仍爲周公所著；而況周公「多材多藝」，對此建國之重大典章，親筆擬稿，亦爲自然之事也。創制法規及行政預定之計劃，須按實際情形而進行，一時固未能行得盡，其尚未能實施者、只得留待後人參酌辦理，此仍爲重要之文獻。

周禮重要之法制，多已實行，故有西周之盛治。重要法制大體不能與歷史之統緒脫節；故周禮六官：天官之冢宰，地官之司徒，春官之宗伯，夏官之司馬，秋官之司寇，冬官之司空，乃襲自唐虞以下六卿之制而定者也。自周而後，六官之名稱雖有變易，而實際之職務則大同而小異，演至清朝，冢宰卽大學士，司徒卽戶部尚書，宗伯卽禮部尚書，司馬卽兵部尚書，司寇卽刑部尚書，司空卽工部尚書。周禮六官及部屬之職務，俱有詳細之規定，事無鉅細，皆有專任。太宰以八法治官府，以八則治都鄙；司徒以鄉三物教萬民，以鄉八刑糾萬民，等等要政，當時固已實行，其官守法意，降至春秋戰國，猶多遺緒可尋。若夫輕微之事，如「鼈人掌以時簎魚鼈」之職（屬天官），「翨氏掌攻猛鳥之職（屬秋官）。種種微技末藝，皆有條文規定，固未必皆已實行。然而「司烜氏」（屬秋官）、「中春以木鐸修火禁於國中」，其政效遺風，猶傳至今。——按農曆清明節前二日爲寒食節，亦稱禁烟節，華北至今尚奉行之，例如齊魯一帶，民間每當此節，禁烟三日或兩日，在此節日家家不可擧烟火，故又稱斷火日，斷火則必須冷食，故名寒食節。其實並未冷食，家家皆於黎明之前與日暮之後炊爨，燃柞木炭火於爐中，覆以燼灰，終日不滅，仍可煑飯，只是白晝不見炊烟而已，白晝動烟火爲世俗之大忌。蓋因中春陽氣始盛，易生火災，故周朝設司烜氏之官，烜者、光明也，又、曝而乾之也，又、毀也，故以爲火之別稱，每當中春，司烜氏鳴木鐸，警告衆人謹火，規定禁烟斷火之節，使民衆有深刻之印象，作深切之戒愼，直傳至今。但年代久遠，世人多不明其原義，故有人以介之推焚死於綿山，晉文公哀之，令民間絕火三日、爲寒食節之起因者、誤也！

總之、周禮爲周公所制官職政務之書，無論當日其實行之程度如何，而總之曾致天下太平，建周朝盛治之世，爲數千年來政教之要典，不可徒以官書條文視之，須知非有周公之才學思想，不能爲此書也。

後世以王莽、王荆公皆仿周官而變法失敗，故馬端臨謂周官之法，不可行於後世。此不然也！夫以王莽之詐僞陰險，製造變亂，衆叛親離，盜周官之名，空喊善法之口號，能不敗乎？王荆公本周禮以變法，以朝臣朋黨鬬爭，意氣用事，譏誹破壞，以致新法生弊而被黜，豈周官之過哉？「徒法不能以自行」，雖有良法，而人事不協，亦必歸失敗，故中庸云「爲政在人」。引周官以爲法，師其意而不泥其制，則周官固萬世之寶典也。

㈢禮記

禮記、漢志云「禮古經五十六篇，記百三十一篇」，注「七十子後學者所記也」。後魏張揖上廣雅表云「魯人叔孫通撰置禮記，文不違古」。然則百三十一篇之記，係漢初高帝時之博士叔孫通所編纂乎？揖言必有所據也。但通而後仍有增益，如大戴記公符篇有「孝昭冠辭」，可知爲昭帝以後所增入者。隋志云「河間獻王得仲尼弟子及後學者所記一百三十一篇獻之，至劉向校經，檢得一百三十篇，因第而敘之，又得明堂陰陽記三十三篇，孔子三朝記七篇、王氏史氏記二十一篇、樂記二十三篇，合爲二百十四篇，戴德刪其煩重，合而記之爲八十五篇。戴聖又刪大戴之書爲四十六篇，謂之小戴記。漢馬融傳小戴之學、融又益月令一篇、明堂位一篇、樂記一篇，合四十九篇」，此卽今之禮記，亦稱爲小戴記。

小戴當時授梁人橋仁，按後漢書橋玄傳云「七世祖仁、著禮記章句四十九篇，號曰橋君學」。橋仁號季卿，成帝時爲大鴻臚，與劉向同時，著禮記章句四十九篇。又、劉向別錄亦云「禮記四十九篇」，可知劉向所校定者正爲四十九篇，則馬融增益之說，自屬傳說之誤。四十六篇之說亦有疑問，或者因曲禮、檀弓、雜記各有上下篇，當時上下篇合一，故名爲四十六篇乎？大戴刪書之說亦有問題，二戴皆爲武帝時人，劉向校書在成帝時，爾時與二戴同受業於后蒼者：如翼奉、匡衡等、至元成間皆已老死，而大戴尙能刪劉向之書，雖非絕不可能，但不無疑問。小戴刪大戴之說亦可疑，今大戴記八十一篇，其中哀公問於孔子及投壺二篇，與小戴之哀公問及投壺相同；禮察篇與小戴之經解中段相似；曾子大孝篇全文見小戴之祭義；諸侯釁廟篇全文見小戴雜記下；朝事篇一部分（自「聘禮」至「諸侯務焉」）、見小戴聘義；本命篇一部分（自「有恩有義」、至「聖人因殺以制節」），見小戴喪服四制；若謂小戴删大戴，則删去之篇與所取之篇，不應有雷同者，此何故哉？竊以爲大小戴之記所取之資料、於百三十篇而外，尚有如漢志所列明堂陰陽三十三篇、樂記二十三篇、王史氏二十一篇、中庸說二篇等等，二戴綜合當時所有之禮書，各以己意爲取舍，故採錄者各有不同耳。

大戴記禮察篇、述及秦皇速亡事，保傅篇述及趙高胡亥事，公符篇述及漢昭帝之冠辭；鄭注禮記月令篇云「此是呂氏春秋十二紀之首，後人删合爲此記」；王制篇注：盧植云「漢文帝令博士諸生作此篇」，是二戴書中皆有秦漢之作品。蓋孔門所傳之學，當時未必皆著於竹帛，例如公羊傳在漢景帝時始由公羊壽等筆之於書。漢志所列禮書「記百三十一篇」，爲七十子後學者所記，王史氏二十一篇，亦爲七十子後學者之書。凡傳孔子之道者如孟子荀子皆爲七十子以後之學者，後學代代相傳，延及秦漢傳經者大抵皆爲孔門之流裔，故兩戴之記、其作品大體在戰國至漢初百餘年間，其中之禮法制度，四庫提要云「皆禮古經遺文」。大戴勸學篇、採自荀子勸學篇，大戴之禮三本、取自荀子之禮論。禮記鄉飲酒篇、孔子觀禮之論、與荀子樂論後段相同。禮記樂記與荀子樂論文多相同，樂論謂「禮者、理之不可易者也」，樂記亦如是云。二戴記對于「禮」尊重之嚴格，其思想屬於荀子學派。

大戴記在漢時無人注解，誦習者少，故文句傳寫多錯誤，禮記則自西漢即有專家傳授，自鄭康成注釋之後，歷代學者繼續發揮其義，唐朝稱之曰「大經」（唐選舉志）。至宋孝宗時，朱子始將大學中庸兩篇提出與論語孟子合稱四書，爲初學必讀之課本。玆簡述禮記之內容如下：

一、政令制度之記載：如月令、王制、明堂位等篇。

二、解說各項典禮之意義：如冠義、昏義、鄉飲酒義、射義、燕義、聘義、喪服四制等篇是也。亦可謂與儀禮篇目相同者之傳注。

三、各項典禮、制度之禮節條文及解說：如三年問、解釋三年喪制之理由。服問、記喪服親疏輕重之制。喪服小記、述喪服之瑣細意義，等於儀禮喪服傳之補述。問喪、述說喪禮哭泣之節。喪大記、記人君以下死、斂、殯之大事。奔喪、記居他國者聞喪奔歸之禮。間傳、述喪禮哀戚之情貌及起居儀容、衣服精麤以明親疏之別。深衣、爲大夫士朝、祭、禮畢後，所衣之服，次於禮服，而爲庶人之正式禮服。篇內並記深衣長短顏色之度。

四、記日常生活之規則及五禮中動容應對各項禮節儀文：如曲禮、少儀、雜記等篇。

五、制度禮節文獻之傳述：如文王世子、禮器、郊特牲、祭法、大傳、奔喪、問喪、間傳等篇，及雜記中之一部分。

六、孔門及時人對禮法之嘉言懿行：如檀弓篇。

七、孔子言論之專記：如哀公問、仲尼燕居、仲尼閒居、坊記、表記、緇衣等篇。

八、學術之討論：禮運、講「禮」爲政教及人生一切之準則。文王世子、內則、學記等篇、講教育之本義，及學校教育、家庭教育種種法則。樂記、講樂之本義、及禮與樂之關係與功用。祭義、講祭禮及禮樂孝悌之要義。經解、講六經之教各有專義，而禮爲政治教化之本。中庸講人生之正道、天下之定理。大學講修身、齊家、治國、平天下之要義。坊記、表記、所述修身制行之道，可與論語合讀。儒行、爲孔子論儒者之人格。然如「不程勇」、「不程力」，「其過失可微辨，而不可面數也」諸語，似爲戰國時諸子對抗自豪之辭，竄入本篇之中。

孔門之學、由七十子之後學一脈相傳，至戰國之末，學術資料豐富，經過秦劫，毀滅殆盡，漢初整理典籍，學者搜集五經而外之殘簡零篇、以及耆年宿儒口傳之說，會輯成編，大小戴記、卽如此而成。七十子所記孔子之言爲論語，及戰國儒分爲八，其所述孔子之言，漸有出入，加以陰陽家之說大興，參入政治教化之中，潮流所致，學者不願違離時風故月令、禮運等篇，皆有陰陽家之言，儒者將陰陽之學、只視之為一種心理藝術，於政教無妨也。全部禮記總之以禮為本，發揮政教理想及人生處世之道，各篇中之至理精義，價值永存，為人文進化至善之圭臬。

五、春秋

「春秋」為古史書之通名：管子山權數篇曰「春秋者、所以紀成敗也」。法法篇曰「故春秋之記，臣有弒其君、子有弒其父者矣」。國語晉語、司馬侯對晉悼公云「羊舌肸習於春秋」。楚語、申叔時論傅太子之法云「教之春秋」。左傳昭公二年韓宣子聘魯、觀魯春秋。禮記坊記云「魯春秋記晉喪曰：殺其君之子奚齊」。墨子明鬼篇引「周之春秋、燕之春秋、宋之春秋、齊之春秋」，墨子自云曾「見百國春秋」；此皆孔子以前之春秋。五經中之春秋、則為孔子所作之春秋。

史書何以名曰春秋？杜預春秋序云「春秋者、魯史記之名也；記事者以事繫日，以日繫月，以月繫時，以時繫年。史之所記、必表年以首事，年有四時，故錯舉以為所記之名也」。史官按四時以記事，四時春夏秋冬，故簡舉春秋二字以為史書之名。

㈠孔子所作之春秋

周禮春官、太史下有小史「掌邦國之志」，天子之邦、諸侯之國、皆有史書。周公制禮、所定史官記事，必有法規條例，而成爲一種專門之學；左傳襄公二十五年、齊大夫崔杼弑其君，太史如法書之，崔子殺之，其弟嗣書而死者二人，其弟又書，崔子不敢殺，南史氏聞崔子殺太史，執簡以往，表示執行史官之法、不畏强權、勢在必書，聞旣書矣，乃還。宣公三年、晉太史書「趙盾弑其君」，盾曰不然！太史爲之說明，盾不能辯，孔子曰「董狐古之良史也，書法不隱」。韓非子內儲說上『魯哀公問於仲尼曰：春秋之記曰「冬十二月隕霜、不殺菽，何爲記此」？仲尼對曰「此言可以殺而不殺也。天宜殺而不殺，桃李多實，天失道，草木猶犯干之，而況於人君乎」？』——由上述可知孔子未作春秋以前，史官早有書法條例，韓宣子所見之魯春秋，乃周之舊典，故曰「周禮盡在魯矣」！魯哀公問孔子、亦爲書法中之問題，杜預春秋序謂「仲尼因魯史策書成文，考其眞僞，而志其典禮，上以遵周公之遺制，下以明將來之法」。皮錫瑞經學通論謂「兩漢諸儒，皆云孔子作春秋、無攙入周公者」，以爲如杜氏所言周公之功大，孔子之功小，是「奪孔子制作之功歸之周公也」。夫孔子所作之春秋、固未必如杜氏所言「蓋周公之志、孔子從而明之，其發凡以言例，皆經國之常制，周公之垂法，史書之舊章」；孔子答魯哀公之問，或許爲孔子所發之新義，然哀公所問之言，則爲史書之舊文，且孔子以前，史官早有書法，孔子不能無所採取。史記孔子世家亦云

「乃因史記作春秋……筆則筆，削則削，子夏之徒不能贊一辭」。孔子所因之史記，以魯史爲中心，兼述其他諸國之事，當然亦參用其他國家之史書，然而孔子創立新義，並非抄錄舊史，乃獨抒己見，自立義法而筆之於書，故曰筆則筆；舊史仍爲舊史，孔子著春秋，對于浮辭瑣語、無關於新義者，則刪而舍之，故曰削則削；杜預云「史書之舊章，仲尼從而修之」，從而修之、雖爲作春秋之事實，杜氏之言，並不足「奪孔子制作之功」。孟子云「晉之乘、楚之檮杌，魯之春秋、一也。其事則齊桓晉文，其文則史。孔子曰：其義則丘竊取之矣」（離婁下）。言春秋所述齊桓晉文列國之事，其文則爲史書之體例；孔子自言：春秋中之大義乃其個人之裁斷，僭帝王之尊，執行褒善貶惡之法，寓微言深意於文中，故曰「其詞則丘有罪焉爾」（公羊傳昭公十二年）。孔子作春秋藉史事以褒貶是非，以顯揚正義，爲萬世之常法，故學者尊之爲經。

春秋因何而作

孟子云「世衰道微，邪說暴行有作，臣弒其君者有之，子弒其父者、有之；孔子懼，作春秋，春秋天子之事也，是故孔子曰：知我者、其惟春秋乎！罪我者、其惟春秋乎」！（滕文公篇下）。朱注云『胡氏曰：「仲尼作春秋以寓王法，惇典庸禮，命德討罪，其大要皆天子之事也；知孔子者謂此書之作，遏人欲於橫流，存天理於既滅，爲後世慮至深遠也。罪孔子者乃謂無其位，而託二百四十二年南面之權，使亂臣賊子禁其欲而不得肆，則戚矣」。愚謂：孔子作春秋以討亂賊，則致治之法垂於萬世，是亦一治也』。范寧穀梁傳序云『昔周道衰陵，乾綱絕紐，禮壞樂崩，彝倫攸斁，弒逆篡盜者國有，淫縱破義者比肩。……孔子觀滄海之橫流，乃喟然而嘆曰：「文王既沒，文不在茲乎」？言文王之道喪，興之在己。於是就太師而正雅頌，因魯史而修春秋』。起自隱公元年，下歷桓、莊、閔、僖、文、宣、成、襄、昭、定、哀、共十二公，哀公十四年、春秋罷筆，共二百四十二年。孔子謂「天下有道，禮樂征伐，自天子出」（論語季氏篇），春秋時，天下無道，諸侯互相侵伐，周室衰微，不能執行伐罪戡亂之責，孔子懼禍亂日甚，乃作春秋，據禮法、以褒貶代賞罰，對當世之亂事，口誅筆伐，繩之以正義，撥亂反正以肅紀綱，儼然如天子之行征誅。又以作史乃史官之責，孔子以當時之史官，已無敢操董狐之筆而直書無隱者，於是乃以私人資格，秉大義以作春秋，其用心良苦，知之者、同情其悲天憫人之懷；不明其旨者、謂其僭天子之分而多事，故孔子曰「知我者其惟春秋乎！罪我者其惟春秋乎」！——史記太史公自序云「昔孔子何爲而作春秋哉？太史公曰：余聞董生曰：周道衰廢，孔子爲司寇，諸侯害之，大夫壅之，孔子知言之不用、道之不行也，是非二百四十二年之中，以爲天下儀表，貶天子、退諸侯、討大夫，以達王事而已矣」。

春秋何以自隱公開始？孔子以魯史爲資料而作春秋，何以必自魯隱公開始？杜預春秋序云「周平王東周之始王也，隱公讓國之賢君也，考乎其時則相接，言乎其位則列國，本乎其始則周公之祚胤也；若平王能祈天永命，紹開中興；隱公能弘宣祖業，光啓王室，則西周之美可尋，文武之迹不墜」。無論此說是否眞爲孔子之本意，然而頗爲近理。

微言大義

孔子作春秋，雖仍依古史編年記事之體制，然其用意在乎藉以寄微言大義，微言在爲後王立法，大義在誅亂臣賊子，文約而法明，本是正誼明道，肅飭萬世紀綱之書，故朱晦庵謂「春秋爲經而非史」；梁任公亦云「只能作經讀，不能作史讀」。太史公自序云「春秋文成數萬（按今本春秋爲一萬六千五百七十二字），其指數千，萬物之聚散，皆在春秋」。董仲舒爲西漢春秋大師，著春秋繁露，闡發春秋之義，春秋屬辭簡奧，大義可曉、而微言難明，故傳說不一，繁露謂「春秋之書事，時詭其實，以有避也；其書人，時易其名，以有諱也」。「然則說春秋者，入則詭辭，隨其委曲而後得之」（玉英篇）。詭辭者、有所隱避，不直說其實也。由此言之、春秋文既簡奧，而又有詭辭，故「

微言」難明，是以講春秋者、多憑揣斷，諸說紛紜，即據三傳以解經，亦異義孔多，舉例如下：

魯隱公「元年、春王正月」。公羊傳云「元年者何？君之始年也，春者何？歲之始也。王者孰謂？謂文王也（因文王爲周始受命之王）。曷爲先言王而後言正月？王正月也。何言乎王正月？大一統也」。疏云「唯天子乃得稱元年，諸侯不得稱元年」，隱公諸侯也，何以稱元年？因此、下文所謂「王正月」，亦有問題；然則如何解說？宣公十六年，「成周宣榭火」，公羊傳曰「外災不書，此何以書？新周也」，何休注云「孔子以春秋當新王，上黜杞、下新周而故宋」。所謂黜杞者、以周定天下封夏後於杞（今河南杞縣），本爲侯爵，其地與淮夷徐夷偪近，至春秋時，杞衰弱不能自振，故春秋降之爲伯爵，莊公二十七年、書云「杞伯來朝」，僖公三十三年、書云「杞子卒」，因其暱近徐淮之夷而習用其禮，故又降而爲子爵，此即所謂「黜杞」也。其所謂「新周故宋」者，以宋爲殷之後，意謂周爲王者之後，比宋爲新也。（按新周當作「親周」、孔子世家亦謂「親周故殷」）。然則「王正月」之王、公羊謂爲文王，杜預謂爲平王，總之爲周王，皆可也。「君之始年」、何休注「唯王者然後改元立號，春秋託新王受命於魯，故因以錄即位，明王者當繼天奉元，養成萬物」。因此又有黜周王魯之說；然而天子稱王，諸侯稱公，春秋對魯君皆稱公，而稱周天子曰「天王」，並未黜周王魯也。

素王之說

「春王正月」、王字之義、公羊謂奉文王之統，而何休又有黜周王魯之說，後說否定前說，而後說亦不能成立，因此又有「素王」之說。董仲舒對策云「孔子作春秋，先正王而繫以萬事，見素王之文焉」。賈逵春秋序云「孔子覽史記，就是非之說，立素王之法」。趙岐孟子注「孔子修魯春秋，因魯史設素王之法，謂天子之事也」。鄭玄六藝論云「孔子既西狩獲麟，自號素王，爲後世受命之君制明王之法」。繼之後學以公羊傳哀公十四年，西狩獲麟、謂「麟者仁獸也，有王者則至」，故孔子自號素王，又以孔子曰「文王既沒，文不在茲乎」？孔子承繼文王之道，故自稱素王。以孔子爲素王，因而有以左丘明爲素臣之說，杜預春秋序、力批此說之誤。

孔子家語記述齊太史子餘以泰山之高、淵海之大、贊美孔子，歎孔子「生不逢明王，而祖述堯舜、憲章文武、垂訓後嗣以爲法式，或者天將素王之乎」？（本姓解篇）。所謂「天將素王之」，以及董仲舒所謂「見素王之文」，賈逵趙岐所謂「立素王之法」，杜預春秋序謂孔子「修春秋、立素王」，皆非謂孔子自號爲素王。孔子謂「春秋天子之事也」，誅亂臣賊子，必須有天子之權，故設素王之法而著春秋，乃自謙曰「其義則丘竊取之矣」！「其詞則丘與有罪焉」！可見孔子決不肯自號爲素王；故孔穎達釋「天將素王之」云「素、空也，言無位而空王之也」（春秋序疏）。皮錫瑞經學通論謂『素、空也，謂空設一王之法也；即孟子云「有王者起，必來取法」之意（滕文公篇），本非孔子自王，亦非稱魯爲王』，而是設素王之法，以春秋大義爲王也。

存三統

存三統、見春秋繁露三代改制篇、謂「春秋作新王之事絀夏、新（親）周、故宋」。太史公自序云「春秋上明三王之道」，發揚三王之道，故存三代之統緒。文物制度、當代與前代關係密切，其因革興廢、當因事制宜，前代之優點，當代仍宜存留，不能一概視爲陳舊而黜之，故孔子曰「行夏之時，乘殷之輅，服周之冕」（論語衞靈公篇）。然三代之制度，不能全擧而兼行，杞行夏禮，宋行殷禮，後嗣行其先人之禮，固其自然，然亦不能無所改革，時代變易，一切行事皆有因革，年代愈遠，變革愈多，當代與前代不能脫節；然所承襲者、因時代之遠近，乃有親疏多寡之不同。夏、殷、周、當春秋時而言，夏爲遠、故曰絀夏；殷次之、故曰故殷；周雖衰微，然春秋時乃屬周朝，故曰親周；此指禮樂制度而言。當代與前二代史實密切，新陳代謝，不相疾視，故存二王之後，封之以國，使之服其服，行其禮樂，稱客而朝，與當代之王、並列而爲三；此當政者前後相續，忠厚之表現。漢成帝紀、綏和元年『詔曰「蓋聞王者必存二王之後，所以通三統也。昔成湯受命，列爲三代，而祭祀廢絕，考求其後，莫正孔吉；其封吉爲殷紹嘉侯」。三月進爵爲公，及周承休侯、皆爲公，地各百里』。漢自爲一代，上封殷周，不及夏后，即用此「絀夏，故宋、親周」之說。

統三正

古之王者、革前代、御天下，必改正朔、易服色、以示此爲新朝代之現象。如夏正建寅，商正建丑，周正建子，謂之三正，亦曰三統。春秋首言「春王正月」，三傳及三傳之注、皆言：此正月爲周正建子之月，公羊謂「王、文王也」；左傳隱公「元年、春王周正月」，皆顯然有明文確定。公羊傳隱公三年、春王二月，何休注「二月三月、皆有王者。二月殷之正月也，三月夏之正月也。王者存二王之後，使統其正朔，服其服色，行其禮樂，所以尊先聖、通三統，師法之義，恭讓之禮，於是可得而觀之」。左傳隱公元年，正義曰：服虔亦云「孔子作春秋，於春每月書王，以統三王之正」。周正之春、包括子丑寅三個月，春王正月、爲周之正月，二月爲殷正，三月爲夏正，（隱公三年書「春王二月」，七年書「春王三月」，故何休謂二月三月皆有王者）。此「統三正」之說與「存三統」之用意相同，同為表示承前代之緒，不忘先朝。漢章帝元和二年，詔曰「春秋於春每月書王者，重三正，愼三微也」。（微指陽氣始生而言，一陽初生為周正、二陽生為商正，三陽生為夏正）；春為一年之始，此言重三正、又言愼三微，為詔示春為歲首，當「愼終于始」之義也。

統三正之說，亦由「春王正月」之文而演出。宋胡安國春秋傳謂「春王正月、係以夏時冠周月，垂法後世；以周正記事，示無其位，不敢自專（謂孔子無位、不敢自專）」。此說意在維持孔子「行夏之時」之主張，謂春為夏正之春，而月乃周正之月，此說已為朱子所批駁。蓋孔子作春秋、述時事用周正、乃自然之事，必不肯張冠李戴、用周月而冠以夏時，以致時與月不相符也。魯史當奉周朔，故「春王正月」、春之始為周正之「子」月，子月在夏時為冬十一月，寅月方為夏時春之首月，此無可疑者也。

如何休服虔之說，則「春王正月」之王指周王而言，「春王二月」之王乃指商王而言，為紀念商之正月；「春王三月」之王乃指夏王而言，為紀念夏之正月，此即何休所謂「二月三月皆有王者」，亦即服虔所謂「於春每月書王、以統三王之正」。此說之誤，左傳正義辯之甚詳，謂「為周室之臣民，尊夏殷之舊王，每月書王，敬奉前代，揆之人情，未見其可。杞宋二王之後，各行己祖正朔，宋不行夏，杞不行殷，而使天下諸侯徧視二代，考諸典籍，未之或聞。杞宋不奉周正，周人悉尊夏殷，則是重過去而忽當今，尊亡國而慢時主，其爲顚倒、不亦甚乎」！（見隱公元年疏）。

尚書舜典有「正月」之名，甘誓有「三正」之名，謂有扈氏「怠棄三正」，蔡注云「三正迭建，其來久矣」，三正之名，不始於三代。黃帝造甲子，以十二支配十二月，依一年之節氣爲準，一陽初生爲春之始，依十二支之次序、爲建「子」之月，於「易」象爲「復卦」；子月之前月爲亥月，卦象爲坤，坤爲陰盛陽盡之象，盛極必衰，歲月循環，周而復始。子月爲十二支之始，爲全年十二月之首，爲一年之正式開始。古時依北斗節時，稱斗柄所指之辰曰「斗建」，漢書律曆志「斗建下爲十二辰」；斗柄指「子」、即爲建子之月，指「丑」即爲建丑之月，以此類推。王者易姓，改正朔，如以子月爲其建國開運之正月，則將來之新朝、便以丑月或寅月爲正月。春秋繁露云「正者、正也，統致其氣，萬物皆應而正，統正其餘皆正，凡歲之要，在正月也」（三代改制篇）。言新政開始，整頓國是，當有統一之景象，使萬事萬物皆入正軌。正月之正字、含有重要之意義也。——孔子以春秋當新王，遵周禮、不能違周統，然而用前二王之正於魯史中，豈不亂周正乎？故何休服虔之說誤也。——然則統三正之語、作何解釋？蓋杞用夏正，宋用殷正，周王不加干涉，若天下大事、「朝覲會同，則用周之正朔」（日知錄卷一、三正條）；曾爲姬姓之國，與周同宗，而亦用夏正，例如春秋僖公五年，晉侯殺其世子申生，經文書春，而左傳錄晉史、則在上年之十二月；十年、晉里克弑其君卓，經書正月、而傳在上年之十一月；此例甚多，經文用周正，而傳文或用夏正。周時雖三正並行，而春秋則用周正統一之，此所以有統三正之說；猶如今日陰陽曆並行，而通常則以陽曆爲準也。

張三世

「張三世」之義、見於公羊傳隱公元年，「公子益師卒，何以不日（不書日）？遠也，（孔子所不見），所見異辭，所聞異辭，所傳聞異辭」。何休注「所見者、謂昭、定、哀、己與父時事也；所聞者、謂文、宣、成、襄、王父時事也；所傳聞者、謂隱、桓、莊、閔、僖、高祖曾祖時事也」。又曰「於所傳聞之世，見治起於衰亂之中，用心尚麤粗，故內其國而外諸夏，先詳內而後治外。於所聞之世，見治升平，內諸夏而外夷狄，（繁露王道篇、亦如此云）。至所見之世，著治太平，夷狄進至於爵，天下遠近小大若一」。（繁露楚莊王篇、亦講春秋三世之義）。

由上所述，可知春秋乃藉十二公之史，分爲三世，傳聞世、爲據亂世以起治；所聞世、爲漸見升平；所見世、爲進於太平。然而實際春秋初年，隱桓之時，王迹猶存，及中葉已不逮春秋之初，及哀公之世、春秋之末，天下愈亂，已將降爲戰國，何以能稱爲太平？——蓋春秋借事以明義，「春秋者、禮義之大宗也」，「垂空文以斷義理」（太史公自序），公羊家云「世愈亂、而春秋之文愈治」，卽謂世道愈壞，而春秋所主之大義愈嚴明。春秋託新王以立法，據亂世以致治，內政修明，達於升平，而後外輔衆邦，故「內諸夏而外夷狄」；諸夏安定，然後進而兼善天下，撫夷綏戎，協和萬邦，化天下爲一家。此卽由內而外，由近及遠，以進於大同，此卽由治國而平天下之義也；此春秋假設三世之理想也。——清末康有爲作大同書謂：禮運所講之「幽國」（當政者昏闇）、「亂國」（政治敗亂）、「疵國」（君亂於上、臣叛於下，不可支持，如人之有病），卽春秋據亂世，當剷平之亂端，升平世卽「小康」，太平世卽「大同」；三世愈改而愈進也。

公羊傳隱公第一、疏中述何休文謚例謂：春秋有五始、三科九旨、七等、六輔、二類等義。三科九旨最爲精闢，「三科九旨者、新周故宋、以春秋當新王，此一科三旨也。所見異辭，所聞異辭，所傳聞異辭，二科六旨也。內其國而外諸夏，內諸夏而外夷狄，是三科九旨也。公羊傳何休序謂：春秋「本據亂而作，其中多非常異義可怪之論」。疏云：「由亂世之史，故有非常異義可怪之事也」。按常義、諸侯不得擅滅人之國；莊公四年，因齊襄公爲復九世之讐而滅紀，春秋爲之隱諱不書滅、而書曰「紀侯大去其國」，此所謂異義之類也。「

其可怪之論者、即昭公三十一年，邾婁叔術妻其嫂，而春秋善之是也」。（其實春秋稱叔術賢，非爲妻其嫂，爲其能讓國、又因其爲賢大夫也）。

蓋孔子作春秋以彰大義，謂「我欲載之空言，不如見之於行事之深切著明也」（太史公自序），故借二百四十二年之史，褒善貶惡，以立天下之禮法，借事以明義，猶如取譬以說理，所取之譬、略有相似之義即可，未必全符於理；春秋之褒貶亦然，所託之義、未必與所述之事盡合，只是借題發抒而已；例如隱公元年，「鄭伯克段于鄢」，其實段之惡大，鄭伯之過小，而春秋譏鄭伯不能善教其弟，以致釀禍。僖公二十二年，宋與楚戰，宋襄公臨大敵而講仁義，是以敗績，後世傳爲笑談；而春秋則傷列國缺禮義，褒宋襄公有禮讓（史記宋世家），謂「文王之戰，亦不過此也」（公羊傳）；諸如此類，借事實爲喻，以作褒貶，類乎行文之斷章取義，故難免有疑問。且春秋抨擊時事，爲後世作殷鑑，其高深之理想，爲在位者所駭嫉而不易喻者，即後人所謂「微言」及異義可怪之論。公羊高受春秋於子夏，以口語授義，傳至其四代孫壽、始著之於書，鑒於嬴秦坑儒之禍，對於微言之眞意、必多隱諱變易，不敢顯然著之於書，或流而爲經外緯書之資，眞言失傳，演而爲異義可怪，故何休謂：傳春秋者非一，異義可怪之論，「說者疑惑，至有背經任意，反傳違戾者」（春秋公羊傳序），何氏之世，公羊家口傳之微言及異義，當有存者，然其作解詁、未詳述也。

春王正月

何休由繁露通三統之說、又牽引春王正月、二月、三月、爲統三正之說，前已說明其爲曲說。困學記聞卷六云「春秋正月書王者九十二，二月書王者、二十有三，三月書王者一十九」。凡十二公、元年皆書「春王正月」。惟定公元年，只書春王而無正月。隱公六年秋七月，公羊傳述春秋書法云：二月無事，則書春王二月，三月無事，則書春王三月，若有事，如桓公元年「三月、公會鄭伯于垂」，十七年、「二月丙午、公及邾婁儀父盟于趡」，皆未書「春王」。此不盡然，經文無此定例。如以無事則書「春王二月」爲例，則定公於元年六月卽位，正月無事，何以不書「春王正月」？且隱公、莊公、僖公、皆於元年正月卽位，雖因他故未書卽位，而亦書「春王正月」，爲何獨定公元年不書「春王正月」？且「春王」二字、不成語句，似乎脫落「正月」二字，公羊傳解釋云「正月者、正卽位也，定無正月者，卽位後也」。何休注云「正月者、正諸侯之卽位也，定公卽位在正月後，故不書正月」。旣有春、則卽有正月，定公六月卽位，時間在正月之後，亦在春之後，然則何以書春而不書正月？且謂：正月之「正」爲正諸侯卽位之義，非一年開始、歲之首月之稱，然而在十二公之年代中、「春王正月」、不限用於諸侯卽位之元年，例如定公二至十、凡九年，皆書「春王正月」，此等疑問，非曲解不能成一說。

「春王正月」一語，引出種種問題，亦可稱爲「微言」矣，隱奧之「微言」，大義失傳，後學研討，各有所見，諸說紛紜，難有確定之義。如此則不必作曲折之尋思，對春王正月、春王二月等、只視之爲書法之例可矣。按古書記事、罕有時月並書者：如尚書伊訓「惟元祀、十有二月乙丑」。太甲中「惟三祀、十有二月朔」。以及武成、召誥、多士、多方、顧命、畢命等篇、皆書月而不書時，泰誓「惟十有三年春」，書時而不書月，胤征「乃季秋月朔」、時月兼稱者爲僅見。鍾鼎文時月並舉者、亦尠見。春秋爲編年史，故時月並舉，古史原以春秋爲名；孔子之春秋蓋循舊例以爲名，未必別有用意也。

宋董逌廣川書跋載：晉姜鼎銘曰「惟王十月乙亥」，歐陽修集古錄亦載此鼎文。董逌論之曰「聖人作春秋、於歲首則書王，說者謂謹始以正端；今晉人作鼎而曰王十月，是當時諸侯皆以尊王爲法，不獨魯也」。李夢陽言「今人往往有得秦權者，亦有「王正月」字，以是觀之，春秋「王正月」必魯史本文也，言王者、所以別於夏殷，並無他意」（日知錄卷四王正月條）。吾故曰「春王正月」、只視之爲書法之例可矣。

春秋大一統

魯爲周諸侯之國，當然尊周統、奉周朔，故「春王正月」之春、爲周曆之春，王爲周王，正爲周正，孔子雖主張「行夏之時」，然不能擅改正朔，按春秋大義、欲息紛爭，平天下，必須尊正統爲諸侯之盟主。如言春秋特書「春王正月」、大有深意在，則卽公羊傳所謂「大一統也」；何謂大一統？大者、尊也，禮記坊記、子云「天無二日，土無二王，家無二主一。」陳立公羊義疏引漢書王陽語謂「春秋所以大一統者，六合同風，九州共貫也」。九州治道一貫，六合風敎相同，所謂「今天下、車同軌、書同文、行同倫」（中庸），如此則人情易於溝通，事故易於調協，此之謂道同風一，天下一統。就一國而言：若「一國三公」（左傳僖公五年），使人民無所適從，則政權分裂，必至於亂。就天下而言：若列國權利相爭，互不相能，必至釀出戰禍。故一國須有健全之政府，統一國是，保邦安民。天下須有公正威武之盟主，方能抑强扶弱，排難解紛，協和萬邦。今天下、强凌弱，衆暴寡，戰亂迄無寧日，倘列强中眞有主持正義者，起而聯合衆國，扶植弱小，制止侵略，則可執世界之牛耳，爲世界之盟主，保世界之和平，如此則世界統一，此全世界人類共同之幸福也！此春秋所以大一統也，此千古不易之至理也。

尊周攘夷

春秋借時事以明義，設素王以立法，以懲亂臣賊子，以制諸侯之跋扈。時周王雖庸弱，然爲天下之共主，其不克執行討罪平亂之權，固難辭其失職之咎；然諸侯尾大不掉，蔑視王法，擅行征伐，互相侵凌，此爲致亂之主因。倘諸侯識大體，顧大局，各自保邦安民，不肯興兵逞强，若有糾紛，則效法周初虞芮之質成（大雅緜篇），仍擁護周室公斷是非之法統，化干戈爲玉帛，必可維持天下之安靖。非遇幽厲之君，決不可輕言革命，蓋君權帝位、乃多數人所歆羨者也，如野心家輕易取而代之，落爲篡竊，可能引起螳螂捕蟬、黃雀在後、以暴易暴之紛亂。是以孔子贊齊桓公霸諸侯、一匡天下之功；贊晉文公「既知一時之權，又知萬世之利」（韓非子難一篇）；著其事於春秋，美其能尊周勤王，有綏靖大局之勳也。

春秋內諸夏而外夷狄（見前張三世節內）。諸夏亦稱華夏。諸夏與夷狄對稱（見論語八佾篇）。猶之華夏與蠻貊對稱（見尚書、武成）。夏者、大也，因中原之地，土廣民盛，故曰大；諸侯分封，列國非一，故曰諸夏。左傳定公十年「夷不亂華」，疏云「中國有禮義之大，故稱夏；有服章之美，故謂之華」。白虎通王者不臣篇「夷狄者、與中國絕域異俗，非禮義所能化，故不臣也」。總之以四方邊陲未開化之民曰夷狄。易否卦云「內君子而外小人」，內、親近也，以中原諸國，同在周室統屬之下，當和睦相處，不可見外，然爲何外夷狄？公羊傳僖公四年云「夷狄也，而亟病中國（屢侵害中國），南夷與北狄交（交相爲亂），中國不絕若綫，桓公救中國而攘夷狄，卒怗荆，以此爲王者之事也」。夷狄不率王化，擾亂中原春秋特書之。閔公元年、狄人伐邢；二年、狄入衞；僖公十年，狄滅溫；二十四年、狄伐鄭；其滋亂之事，史不絕書，故管仲曰「戎狄豺狼，不可厭也；諸夏親暱，不可棄也」（左傳閔公元年），戎狄之貪心，永不知足，諸夏當團結一體，共同攘夷除患，此攘夷之旨也；故莊公二十六年，公親自伐戎；二十八年，荆伐鄭，公與齊、宋、邾救鄭；閔公元年，狄伐邢，齊人救邢；僖公十年，齊侯伐北狄；諸如此類，春秋皆大書以美之。

春秋華夷之分，不以種族爲別，而以文野爲別。不惟東夷、西狄、南蠻、北貊爲化外之民；左傳成公四年，魯欲求和于楚，季文子曰「不可！非我族類，其心必異，楚雖大，非吾族也」！其實楚乃文王之師鬻熊之後，越乃大禹之裔少康之後，吳乃武王之伯祖仲雍之後，姜戎乃堯時四岳姜姓之胄，白狄鮮虞與姬姓同族；凡此皆非與諸夏異種異族者也，而春秋初皆視之爲夷狄之列，以其與諸夏對敵，不參與會盟也。（按楚武王嘗自稱爲蠻夷，見史記楚世家）。其後皆與諸夏會同，國事交涉，是非曲直，春秋皆以之與諸夏同等而書之。宣公十一年，楚莊王討陳夏徵舒弒君之罪，春秋書而美之。僖公二十八年，楚伐宋，晉救宋，戰於城濮、楚敗，春秋褒晉而貶楚；宣公十二年，晉師向楚師挑戰，戰於邲、晉敗，春秋褒楚而貶晉。楚平王無道，定公四年，吳伐楚、春秋褒之；吳軍入楚都「君居其君之寢，而妻其君之妻，大夫居其大夫之寢，而妻其大夫之妻，蓋有欲妻楚王之母者」（穀梁傳），此乃野蠻行爲，故春秋復貶之；春秋立義之嚴如此。「春秋之所惡者、不任德而任力」（繁露竹林篇），諸夏夷狄之別，卽文明與野蠻之別，而非種族之別，韓愈原道云「諸侯用夷禮、則夷之；進於中國，則中國之」，是知夷夏之稱、未嘗定也。論語八佾篇云「夷狄之有君，不如諸夏之亡也」，謂夷狄尚有君臣之倫常，而諸夏反而有弒父弒君之罪徒，反而不如夷狄之有禮矣；故所謂攘夷者、乃攘除野蠻無禮者而已。——據亂世以圖治，尊王道、立正統、安內攘外、達於升平之世；使野蠻化歸禮義，使夷狄進爲諸夏，融天下爲一家，此卽進於大同之太平盛世矣。

正名分

莊子天下篇云「春秋以道名分」。名分者、謂其人居何等名義，便當盡何等本分。又、辨物之理、以正其名，顧其名、便可思其義、亦曰名分；繁露深察名號篇言之綦詳，謂「是非之正，取之逆順，逆順之正，取之名號」；名號乃「聖人所發天意，不可不深觀也。受命之君，天意之所予也，故號爲天子者，宜視天如父，事天以孝道也。號爲諸侯者，宜謹視所候奉之天子者。號爲大夫者，宜厚其忠信、敦其禮義」，以化導人羣。

又曰「事合於名，名順於天」（天者自然也，名者因事物之實而命之，皎然不紊也）。

「天人之際，合而爲一」（名發於人、而應於天理，故天人合一）。「周而通理，動而相益，順而相受，謂之德道」。（依萬事萬物之各異，而求其統類，觀其會同，從中尋其相通之理；依其理而動之於用，其功效可以互相資益，互相順成而不違反；如此既明事理，遵道而行，攸往咸宜，是謂德（得）道）。

又曰「名生於眞，非其眞弗以爲名，名者聖人之所以眞物也。名之爲言眞也，故凡百譏有黮黮者（黮、黑也，喻不明也），各反其眞，則黮黮者還昭昭耳，（凡有不明之理，而受譏責者，誠能反而求其眞，則不明者、必轉而爲明）。欲審曲直，莫如引繩；欲審是非，莫如引名；名之審於是非也，猶繩之審於曲直也。詰其名實，觀其離合，則是非之情不可相讕已」。「春秋辨物之理以正其名，名物如其眞，不失秋毫之末，故名隕石、則後其五；言退鷁、則先其六；（公羊傳僖公十六年，霣石聞其磌然，視之則石，察之則五。又、六鷁退飛，視之則六，察之則鷁，徐而察之則退飛）。聖人之謹於正名如此，君子於其言，無所苟而已矣」。——顧炎武日知錄云『隕石於宋五，六鷁退飛過宋都。此臨文之不得不然』；謂不必曲解其有何奧義也；然亦可爲春秋措辭無所苟之證。

以上繁露所述、可見春秋名理之要義。對于事物，據實以定名，循名以責實，名不定，則分必亂；例如父子名義、君臣名義、有其名義，則各有應守之本分，分內之事，必須實行，如不實行，便爲不守分，便爲有名無實；故名實相符，判斷事理乃有依據。論語子路篇云「名不正，則言不順；言不順，則事不成；事不成，則禮樂不興；禮樂不興，則刑罰不中；刑罰不中，則民無所措手足」。尹文子大道篇上、引孔子正名之說、而申其義云「名以檢形，形以定名，名以定事，事以檢名；察其所以然，則形名之與事物，無所隱其理矣」。荀子作正名篇謂「名定而實辨」，可以「正道而辨姦」，皆紹述春秋之旨者也。

寓褒貶

太史公自序云「春秋者、禮義之大宗也」。孟子滕文公篇云「孔子成春秋，而亂臣賊子懼」。蓋以春秋依據禮法，褒善貶惡，申張大義、以明亂臣賊子、人人得而誅之，使之有所畏忌，雖亂臣賊子不絕於世，然而正邪榮辱之義洽於人心；彰善癉惡之律習爲當然；春秋大義在無形之中，暗示是非之奬懲，發揮教化之功用，勿謂教化於元惡大憝失效，而遂蔑視之也；元惡大憝、對國法公理猶且不懼，豈肯服從大義，然其自絕於世，猶如寇盜之冒險打劫，勇於自食惡果，所謂「自作孽、不可逭」也。諺云「春秋責備賢者」，賢者不能無過，賢者有過，亦當爲之進忠告而加糾正。若夫指責寇盜之罪惡，豈非等於責斥「跖犬吠堯」乎？春秋大義嚴明，「指行事以正褒貶」（杜預春秋序）。當時諸侯互相侵害，天下紛亂，楚、吳、徐、越之君，皆僭稱王，春秋特稱周天子曰天王，以明欲平天下，必須大一統，天王方爲天下一統之尊。故『吳楚之君自稱王，而春秋貶之曰子。踐土之會，實召周天子，而春秋諱之曰「天王狩於河陽」（僖公二十八年）』（史記孔子世家）。

禍國釀亂者爲全民之罪人，莊公九年、書曰「齊人殺無知」，穀梁傳曰「稱人以殺大夫，殺有罪也」。文公九年、書曰「晉人殺其大夫士穀及箕正父」，穀梁傳曰「稱人以殺，誅有罪也」。蓋以大夫竊權禍國，人民當共起而殺之，所謂「國人殺之也」（孟子梁惠王下）。

大國若逞强侵略，製造戰禍，亦所以自危，近世之兩次世界大戰，可以爲鑑。弱國如不能發奮圖强，而上下自私、腐敗，自致淪亡，春秋亦不寬宥，如僖公十九年書曰「梁亡」，公羊傳曰「梁亡，此未有伐者，其書梁亡何？自亡也；其自亡奈何？魚爛而自亡也」。穀梁傳曰「梁亡、自亡也；湎於酒、淫於色、心昏耳目塞，上無正長之治，大臣背叛，民爲寇盜，梁亡、自亡也」。虞虢相鄰，脣齒相關，晉欲滅此二國，首先伐虢，假道於虞，虞公貪晉之寶賂，借道與晉，晉滅虢之後，遂滅虞，僖公五年書曰「晉人執虞公」，何以不書滅，而書執？賤之也；明其罪當絕也。左傳云「書曰晉人執虞公、罪虞，且言易也」。凡助强國侵略、而不救鄰邦者，必自食惡果，其罪皆與虞同也。春秋所書弒君三十六，亡國五十二，諸侯奔走不得保其社稷者、不可勝數，察其所以，皆失其本已」（太史公自序）；所謂失其本，卽失仁義之道也。

繁露仁義法云「春秋之所治、人與我也。所以治人與我者，仁與義也，以仁安人，以義正我」。「是故人莫欲亂，而大抵常亂，凡以闇於人我之分，而不省仁義之所在也。是故春秋爲仁義法，仁之法在愛人、不在愛我；義之法在正我，不在正人。我不自正，雖能正人，弗予爲義；人不被其愛，雖厚自愛，不予爲仁」。無道之君、如晉靈公，厚歛民財，奢侈享樂，是厚以自愛而不愛人者也，故曰「仁者愛人，不在愛我」。「昔楚靈王、討陳蔡之賊；齊桓公執袁濤塗之罪（僖公四年），非不能正人也，然而春秋弗予，不得爲義者，我不正也。闔廬能正陳蔡之難矣，而春秋奪之義辭，以其身不正也。潞子之於諸侯，無所能正，春秋予之有義，其身正也。故曰義在正我，不在正人」。——董子深於春秋，總覽繁露所述，可可知春秋褒貶之法矣。

穀梁傳序云：春秋「一字之褒，寵踰華袞之贈；片言之貶，辱過市朝之撻。德之所助，雖賤必申；義之所抑，雖貴必屈。故附勢匿非者，無所逃其罪；潛德獨運者，無所隱其名；信不易之宏軌，百王之通典也」。公羊、穀梁、釋春秋經文、皆有一字褒貶之解說；又以孔子世家云：孔子修春秋，「子夏之徒不能贊一辭」；又以太史公自序云「春秋文成數萬，其指數千」；其實全部春秋、只一萬六千五百七十二字；字數如此、安得有數千之旨？然而後世學者、每據以上之說、而泥於一字之推敲。

春秋大義、討亂賊、褒忠義，乃其主要之宗旨，桓公二年書曰「宋督弒其君與夷，及其大夫孔父」。莊公十二年書曰「宋萬弒其君接、及其大夫仇牧」。僖公十年書曰「晉里克弒其君卓子、及其大夫荀息」。宋督爲太宰，宋萬、里克皆爲大夫，以弒君者爲國賊，故褫其職而不書；與君同難者、乃爲國而死，故三大夫皆書職、並書「及」、褒之也；公羊傳云「及者何？累也」，事相因而致損曰累，謂三大夫因忠君而死，稱其賢也，「何賢乎孔父？孔父可謂義形於色矣」，（因其素日義形於色，故先被難）。「何賢乎仇牧？仇牧可謂不畏强禦矣」，（仇牧聞南宮萬弒君，拔劍問罪、被害）。「何賢乎荀息？荀息可謂不食其言矣」，（荀息因實踐輔幼主之諾言而被殺）。——公羊穀梁解經義如此縝密，其條例皆有師承。文心雕龍宗經篇云「春秋辨理，一字見義」。學者因經文簡奧，每以爲字字皆有關於微言，遂揣測穿鑿，而欲生出新義；如此構想，故春秋開端之語便有異義，「元年春王正月」，公羊傳已有明釋、謂「元年者何？君之始年也」；蓋元者、始也，此處並無他義，尚書伊訓「惟元祀」、元祀在商朝卽元年，舜典「正月元日」，元日卽一年開始之日；人君卽位、稱元年，此自古爲然，非自孔子作春秋始，而解春秋者謂：書元年，爲春秋大法，故胡安國春秋傳云「所謂元者、仁也，仁人心也，春秋深明其用，當自貴者始，故治國先正其心」，因此、故國君卽位，書曰元年。「春王正月」、公羊亦有明釋，而後人又生出存三正種種異義。對經文開端記述年月日之辭，便作如此複雜之曲解；學者各抒己見，互相辯難，全部春秋，孳生之說甚繁，則問題愈多，而大義愈晦矣。

春秋經文簡奧，借事以明義，取魯史之資料，加以筆削，非魯史之全錄也，故所學之事與所託之義、未必與其人其事盡相符合。且一年之中、所書只寥寥數事，不可作史書看；而每舉一事，只書標題，無具體之詳述，故有人目春秋爲「斷爛朝報」，固爲謬誤，（宋史王安石傳「戲目春秋爲斷爛朝報」。經義考一百八十一、林希逸謂：尹焞云此非安石之語，乃後來無忌憚者，託介甫之言也」。）然如胡安國之矯枉過正，舉經文之斷闕不全者，皆以爲精義所存，故朱子非之。——秦火而後，經書多已殘缺，傳授經義者亦不一致，故春秋三傳之經文不盡同，而義理亦有矛盾；穀梁傳序謂：三傳有「傷敎害義，不可通者也。凡傳以通經爲主，經以必當爲理」。經文既難解，三傳之異同，亦無所考正，故朱子於春秋之義，只信其分明可據者，嘗云「春秋義例，時亦窺其一二大者，而終不能有以自信於心，以故未嘗敢措一辭於其間，而獨於其君臣父子大倫大法之際，爲有感也」（書臨漳所刊四經後）。故吾人亦只據理以通經可矣，識其大義可矣，不必求苛碎之說也。

經傳雖皆有難解之處，然夫子作春秋、旨在立法垂敎，則不容有異說，其大義顯然可覩如經學通論所云「聖人之作春秋、其善善也長，其惡惡也短。有一字之褒貶，三大夫之書及，所謂一字之褒；弒君之臣，一概書弒，所謂一字之貶。聖人以爲其人甘於殉君，即是大忠，雖有小過，可不必究（如左傳所書孔父、荀息之事）；其人忍於弒君，即是大惡，雖有小功，亦不足道（如左傳所書趙盾之事）。蓋宅心甚恕，而立法甚嚴也。春秋之法、弒君者於經不復見，以爲其人本應伏誅，雖未伏誅，而削其名，不再見經，即與已伏誅等，（趙盾例外，因其罪在不討賊，與親自弒君者不同）。」——總覽春秋大義，可以太史公之言括之「夫春秋上明三王之道，下辨人事之紀，別嫌疑，明是非，定猶豫；善善、惡惡、賢賢、賤不肖、存亡國、繼絕世、補敝、起廢，王道之大者也」（自序），史公之言聞自董仲舒，董子自幼治春秋，景帝時爲博士，其時尚有前代宿儒傳授經義，其說爲可據也。

(二)三傳

孔子作春秋，意在撥亂世而反之正，乃借魯史而論述其事，善善、惡惡、貶天子，退諸侯，討大夫，以彰王道。發抒己意，以申大義，以爲天下之儀表；其說既不便於當時之天子、諸侯、大夫，例如隱公三年書曰「尹氏卒」，公羊傳云「譏世卿，世卿非禮也」；謂公卿大夫當選賢而用，父死子繼乃爲非禮。又如隱公五年書曰「初獻六羽」，公羊傳謂：譏魯侯僭三公之分也。此皆足招在位者之嫉忌，故曰「罪我者其惟春秋乎」！故奧旨不著於竹帛，凡所評判之事，只列舉標題以爲綱領，而將微言大義口授於弟子，以相傳述，其後由口傳而著之於書，其流傳於世者有三家，卽今所謂公羊、穀梁、左氏三傳是也，略述如下：

公羊傳（四萬四千七十五字）

漢書藝文志：公羊傳十一卷，注「公羊子、齊人、名高」。唐徐彥公羊傳疏引戴宏序云「子夏傳與公羊高、高傳與其子平、平傳與其子地、地傳與其子敢、敢傳與其子壽，至漢景帝時，壽乃與齊人胡母子都著於竹帛」。傳中引子沈子、子司馬子、子女子、子北宮子及高子、魯子等人之說，可見傳此書者不止公羊壽一人；壽引他人之說著之於書，亦無足異。隱公二年，「紀子伯莒子盟于密」，何休注云「春秋有改周受命之制，孔子畏時遠害，又知秦將燔詩書，其說口授相傳，至漢、公羊氏及弟子胡母生等，乃始記於竹帛」。可知與壽著書之弟子不止胡母子都一人，公羊口授，弟子筆錄，故桓公五年、宣公六年文內皆有「子公羊子」之稱呼，顯然爲弟子所述，傳文非盡出於公羊之手，亦無足異。而宋羅璧識遺、則因之對公羊傳之作者徹底懷疑，乃曲造異說，甚至謂公羊壽並無其人，此與晚近疑古派之好作怪說，其謬固不待言。

戴宏爲東漢大儒，知名東夏（與馬融同時、見後漢書吳祐傳），其公羊傳序所述公羊氏五世傳至胡母子都，明確無疑。何休在東漢爲公羊專家，其作公羊解詁，自序云「往者略依胡母子都條例，多得其正」。漢書儒林傳云「胡母生字子都，齊人也，治公羊春秋，爲景帝博士，與董仲舒同業，仲舒著書稱其德，年老歸教於齊，齊之言春秋者宗事之，公孫宏亦頗受焉」。太史公云「言春秋、於齊魯自胡母生，於趙自董仲舒」，又云「漢興至于五世之間，惟董仲舒名爲明於春秋，其傳、公羊氏也」（史記儒林傳）。

胡母生助公羊壽撰公羊傳，董仲舒作春秋繁露，仲舒與胡母生同業，二人皆爲景帝博士，同傳公羊之學。太史公對董子明春秋特別推崇，漢初春秋之學、公羊獨盛，而董子爲最著。董子著書、稱胡母生之德，東漢何休公羊之學，名著當時，傳之後世，其義理條例以胡母生爲本，自謂得其正傳，可見胡氏之學，復見重於東漢。公羊傳授之來歷，史書所記已甚顯明；然孔子口授之義，傳至漢代，以至筆之於書，必有演變，不能盡符原意；而口傳之微言，或因有所避忌，或因內容過於曲折，難於盡形於筆墨，何休公羊傳序謂「傳春秋者非一，其中多非常異義可怪之論，說者疑惑」。公羊與穀梁皆爲解釋經義者，因「微言」多失傳，故亦不能使學者對經傳徹底通解。公羊傳對「微言」闡明較多，能顯揚孔子著春秋之大義，是其所長也。

穀梁傳

漢志：穀梁傳十一卷，注「穀梁子、魯人，名喜」。桓譚新論云「左氏傳世後百餘年，魯人穀梁赤爲春秋，殘略、多所遺失」。應劭風俗通云「穀梁子名赤、子夏弟子」。麋信則以爲秦孝公時人，因傳內隱公五年，引尸子語，尸佼爲商鞅之師，故以穀梁商鞅同爲秦孝公時人。阮孝緒則以爲名俶、字元始。蔡邕正交論及論衡案書篇皆作穀梁寘，豈一人而有四名乎？蓋亦如公羊之祖孫數代相傳，而此則失其先後之次序耳。若謂穀梁爲秦孝公時人，孝公上距獲麟約一百二十年，與桓譚所云左氏傳世後百餘年，穀梁赤爲春秋之說相合，如此則穀梁不能親受經於子夏，蓋受自子夏之後學也。總之穀梁之學亦出於子夏。學者多從桓譚之說，謂穀梁名赤、魯人。

穀梁傳之作者有如公羊傳相同之問題，定公元年、兩傳皆引沈子之說，隱公五年、穀梁引尸子之語，疑者以爲公穀既同師子夏，不能及見尸子，何以能引其說？果如穀梁傳序疏所云「受經于子夏，爲經作傳」，則隱公元年文內，何以自稱「穀梁子曰」、自引己說？凡此種種疑問、皆與公羊相同。穀梁受經於子夏，皆以口語相傳，及其著之於書，不盡出於其本人之手，桓譚云：穀梁春秋，「多所遺失」，則其中有後學增入之文，自所必然，此不獨穀梁爲然，卽公羊左氏亦然，甚至一切古書、皆難免有後世竄入之文。

學者對公穀二傳著作之先後，亦有疑問，莊公二年，「公子慶父帥師伐餘丘」，餘丘爲邾之屬邑，慶父爲莊公之弟，經文意在譏莊公縱其弟年幼弄兵施行侵略，公穀二傳皆釋此義。因國事而向他邦用兵、以其國君爲對象、名曰伐。此不言伐邾，而曰伐餘丘，顯示爲侵餘丘，公羊又特別解說「伐」字，謂因邾君在餘丘，是卽等於以邾君爲對象、故曰伐。舉兵殺伐爲國家大事，今公子擅權，帥師殺伐，置君兄於不顧、莊公之恥也；如國君不能控制公子，亦莊公之恥也；穀梁傳解說此義，而最後又附引一句曰「其一曰君在而重之也」。謂此外另有一說：因邾君在餘丘，故書曰伐，以明其嚴重性。文公十二年「子叔姬卒」，穀梁又引「其一傳曰」之語；有人以爲其所謂另一說，分明爲公羊所謂「君存焉爾」之說，故劉敞春秋權衡謂穀梁似曾「見公羊之說而附益之」，謂穀梁所引「其一傳曰」，卽公羊傳也。陳澧東塾讀書記亦循此說而提出公穀文中兩相似之點，例如定公卽位、兩傳皆引沈子之語，遂謂穀梁襲公羊之說，以爲穀梁在公羊之後。

夫公穀同爲子夏之學，兩家數世相傳，雖不能無變易，然不能相差甚遠，有相同之處，自所必然。如上述穀梁所引之另一說及「其一傳」，亦係前人所傳之說；以及沈子之語，公羊採取，穀梁亦採用，不必穀梁見到公羊之書，始知其說；且據桓譚所云：穀梁著書在左氏傳世後百餘年，分明爲戰國時代，而公羊則漢景帝時、始著于竹帛，豈景帝以後、始有穀梁之書乎？漢人無此說也。漢書儒林傳、明言瑕丘江公受穀梁春秋於魯申公，申公受學於浮丘伯，伯爲荀卿之門人，則穀梁之書在公羊之前，已無疑問。故章太炎春秋左傳讀敍錄後序謂：公羊與穀梁相似之語及相同之文，皆爲「公羊聞穀梁之說」，或「公羊錄穀梁之文」，以明公羊後於穀梁。

總之公穀二傳、非全出於其本人之手，乃傳其學者所完成者也。穀梁不載微言，而存大義，對于當時之行事，一裁之以禮義，因事垂法，頗得其要；故晁說之云：其精深遠大之處，「眞得子夏之傳」者也。

左氏傳

漢志：左氏傳三十卷，注「左丘明魯太史」著。史記十二諸侯年表序云「孔子明王道，干七十餘君，莫能用；故西觀周室、論史記舊聞，興於魯、而次春秋，上記隱、下至哀之獲麟，約其辭文，去其煩重，以制義法，王道備，人心浹，七十子之徒，口受其傳指，爲有所刺譏褒諱挹損之文辭，不可以書見也。魯君子左丘明、懼弟子人人異端，各安其意、失其眞；故因孔子史記、具論其語，成左氏春秋」。漢志春秋書目後云「仲尼思存前聖之業，以魯周公之國，禮文備物，史官有法，故與左丘明觀其史記，據行事、仍人道，因興以立功，就敗以成罰，假日月以定曆數，藉朝聘以正禮樂，有所褒諱貶損，不可書見，口授弟子，弟子退而異言，丘明恐弟子各安其意、以失其眞，故論本事而作傳，明夫子不以空言說經也。春秋所貶損大人，當世君臣有威權勢力，其事皆形於傳，是以隱其書而不宣，所以免時難也。及末世、口說流行，故有公羊、穀梁、鄒、夾之傳」。漢世去古未遠，以上漢時兩大史學家所述孔子著春秋，左丘明作傳之史實，自古已爲定案。

論語公冶篇：子曰「巧言令色、足恭，左丘明恥之、丘亦恥之。匿怨而友其人，左丘明恥之，丘亦恥之」。觀孔子此言對左氏之推崇，實屬友好之列，史記稱左傳之作者爲魯君子左丘明，當與論語所稱之左丘明爲一人。左氏爲史學家，與孔子同觀史記、論史事，孔子修春秋、發杼己意、爲後世立法，其說不便當時之在位者，故口授弟子。左氏恐弟子各安其意、失其眞，故就孔子所因之史記原本，考訂其事，著之於書，以存舊史之眞；其書稱左氏春秋，殆與孔子之春秋並行。故漢志載春秋古經十二篇，錢大昕云：卽「左氏經也」。漢儒傳春秋者、以左氏爲古文，公穀爲今文，凡稱古經、則知其爲左氏。唐徐彥公羊傳疏曰「左氏先著竹帛，故漢儒謂之古學，則所謂古經十二篇、卽左傳之經，故謂之古。今以左傳經文與二傳校勘，皆左氏義長」。清侯康春秋古經說、對於左氏經長於二傳之經、有詳細之說明。

左氏經傳本各單行，自杜預始合而爲一。

左氏因魯之舊史而作傳，非比附孔子之春秋而作傳，故經與傳不盡合，經文有者而傳或無解，經文無者而或自爲傳；例如莊公二十六年，經傳各自言事，互不相關。桓公九年、巴子之事，及十年、虞叔之事，經中無之；諸如此類，傳與經不合之處甚多，故漢博士謂左氏不傳春秋，晉王接謂「左氏自是一家書，不主爲經發」；故葉夢得曰「左氏傳事不傳義」，朱子曰「左氏是史學」。

博士董仲舒與丞相公孫宏、皆治公羊春秋，爲武帝所重，帝詔太子受公羊春秋，由是公羊大興。太子復聞穀梁而善之，及宣帝時，穀梁與公羊並盛。公穀皆爲今文，皆列于學官。宣帝時、劉歆校秘書，見古文春秋左氏傳，大好之；「初、左氏傳多古字古言，學者傳訓故而已，及歆治左氏引傳文以解經，轉相發明，由是章句義理備焉」。歆謂「左丘明親見孔子，而公穀在七十子後，傳聞之與親見之，其詳略不同」（漢書劉歆傳）。哀帝時、歆建議立左氏春秋於學官，今文派反對，於是有今古文之爭。歆仍繼續力爭，終於平帝時歆所建議：左氏春秋、毛詩、逸禮、古文尚書、皆得列于學官、置博士。自此左氏之學漸興，至東漢大盛。

漢志所載之古書、失傳而湮沒者甚多。劉歆顯揚古文，左氏之學傳至於今，爲功甚鉅。

然以左氏重史事，不主於經，故不得立于學官，歆爲推重左氏，乃引傳以解經，今文派反對之，大司空師丹謂「歆改亂舊章」；自此今古文分庭抗禮，爭論不決。東漢古文家賈逵作左氏長義四十一條，鄭衆亦作長義十九條，皆專論公羊之短、左氏之長。今文家何休謂賈逵欲奪公羊而興左氏，謂「治古學、貴文章者、謂之俗儒」（公羊傳序），乃作公羊墨守、左氏膏肓、穀梁廢疾、（墨守者、謂公羊之義理，如墨子之守城，堅不可破也）。鄭康成則作發墨守、鍼膏肓、起廢疾，以破何休之說。隗禧謂：左氏爲「相斫書」（兵戰之書）不足學。鍾繇謂：左氏爲大官厨，公羊爲賣餅家。杜預博學多通，作左氏經傳集解、分經附傳，謂「左丘明受經於仲尼」，故「專修丘明之傳以釋經」，不取公穀二傳。

公羊家亦竭力尋隙以攻擊對方，杜預謂丘明受經於孔子，然史記仲尼弟子列傳並無丘明，故唐趙匡謂：左氏與公穀、皆爲孔門之後，論語之左丘明與作傳之左丘明非一人。又謂「左氏解經淺於公穀，誣謬實繁」。鄭樵六經奧論、則斷定左氏非丘明、謂「左氏終紀韓、魏、智伯之事，又舉趙襄子之謚，若以爲丘明、自獲麟至襄子已八十年矣，使丘明與孔子同時，不應孔子既沒，七十有八年之後，丘明猶能著書」。並歷舉八驗，斷定左氏爲六國時人。王安石左氏解亦舉十一事疑左氏爲六國時人（其書不傳）。朱子亦謂：左傳有縱橫之意。祖公羊絀左氏之說，愈演愈烈，劉敞春秋權衡謂：左氏是非謬於聖人，故前漢諸儒不治左氏。

劉逢祿左氏春秋考證謂：劉歆强以左傳比附經文，更加點竄，左氏凡例、書法，皆出自劉歆。清代今文復興，邵懿辰、魏源等皆謂古文經傳、其中有劉歆所竄僞。及至清末，疑古之風大盛，康有爲撰新學僞經考、對古文作總攻擊，謂：西漢經學、無所謂古文，一切古文皆爲劉歆所僞造。左傳爲古文，往代雖有多人指摘疑問，而至此竟謂全係劉歆所僞造，豈不駭人聽聞？

論經籍亦當依據歷史，太史公家學淵源，博識舊聞，且生當漢初，去古未遠，其所記述，當爲信史，所述孔子著春秋，制義法，口授於弟子；魯君子左丘明，因孔子史記，具論其語，作左氏春秋。此說明左氏之書乃因孔子之春秋而作。孔子修經，左氏述史，不必合爲一事。左氏爲史官，爲魯君子，據論語所稱，孔子自言與之情志相同，二人爲友可知。劉歆謂：左丘明好惡與聖人同，親見孔子，公穀在七十子後，乃傳聞之學。亦卽言：左氏著書在孔子時，公穀二傳在孔子之後，事實如此。漢博士今古文之爭，只爭辯左傳非解春秋，不謂左傳非丘明所作，可見漢博士之論與史記所載之事實盡同。後之公羊家、妄興疑難，苛摘字句，曲造臆說，以攻左氏，殊爲多事，如鄭樵所擧之八點、證明左氏爲六國時楚人，其中之謬誤，張守節史記正義已言之，後人亦多駁正之；故趙匡鄭樵等之說不能成立。

春秋經止於哀公十四年、西狩獲麟，孔子絕筆，公穀二傳亦於此年爲止，春秋時代亦於此年爲止。左傳之文則延至哀公二十七年，述及趙襄子與韓魏滅智伯之事，襄子名毋卹、卒於威烈王元年，「襄子」爲諡號，自古死後始有諡，襄子之事，顯然爲六國時人增入之文。大抵古籍多有後世補綴附益之文，不獨左傳爲然也。

因今文家反對劉歆引左傳以解經，遂謂歆竄改左傳，因此便有人妄興疑難，摘出字句、以明爲竄入之文；例如：晉士會因事奔秦，秦晉相敵，秦用士會，晉患之，左傳文公十三年、趙盾誘士會歸晉，「秦人歸其帑，其處者爲劉氏」，士會歸晉，非秦所願，而秦人諒之，不拘留其妻子，其子有自願留居于秦者，任其自然。秦之劉姓、即士會之後，士會爲帝堯之裔劉累之後，士會之後居秦者以劉爲姓，故曰「其處者爲劉氏」，此乃自然而然之記述，襄公二十四年，昭公二十九年，皆記帝堯之裔劉累之後、爲晉之世家望族；此處則記述帝堯之裔士會之後在秦者爲劉姓。後來漢高帝之先世，卽秦之劉姓，後數遷，至於沛。漢明帝時賈逵上疏云：「劉氏爲堯後，五經皆無證，左傳獨有明文」，卽指「其處者爲劉氏」之句而言。公羊家則謂此乃崇左氏者竄入之句，以求漢帝之重視。孔穎達之注疏對此句亦懷疑，乃謂「漢初左氏不顯于世，學者揷入此句，以明漢帝係帝堯之後，以期左傳見重於朝廷」。此亦由謂劉歆竄左傳、而作如此設想也。

劉歆「引傳文以解經，轉相發明，由是章句義理備焉」。歆治左傳之功不可泯，謂其中有歆所竄入之文，當有可能，然獲麟而後之文，及趙襄子之事，乃戰國時人所爲也。昔之今文家謂六經爲孔子所造，晚近今文家謂古文經傳乃劉歆所造，此於事實爲不可能，類乎戲論耳。

總之、左氏自成一家之言，不拘於經義，並非其短；公羊家攻擊其經傳不相符，固爲非是。劉歆賈逵爲反對公羊家之說，而强引傳文比附經文，亦爲不可。宋劉安世曰「公穀皆解正春秋，春秋所無者，公穀未嘗言之。若左傳則春秋所有者或不解，春秋所無者或自爲傳。故先儒以謂左氏或先經以起事，或後經以終義，或依經以辨理，或錯經以合異；然其說亦有時牽合，要之讀左氏者、當經自爲經，傳自爲傳，不可合而爲一也，然後通矣」，此言是也。──竊以爲左氏博聞多識，以禮論事，雖不拘經文，而深契春秋之旨，試看其稱道春秋云「春秋之稱，微而顯，志而晦，婉而成章，盡而不汙，懲惡而勸善，非聖人誰能修之」？（成公十四年）。又曰「春秋之稱，微而顯，婉而辨，上之人能使昭明，善人勸焉，淫人懼焉，是以君子貴之」（昭公三十一年）。此二條、可謂春秋義法之總則，其稱道春秋，其言論有本，故契合春秋之旨；其敍事之工，文采之富，卽以史學而論，亦在史遷班固之上，不必依附經文、亦足獨傳千古也。

三　三傳總評

三傳皆爲專門之學，各有其美，故論春秋、三傳可以並行，可以互相裨益，不必拘守一家互相非難。鄭康成博通今古文，三傳並採，貫徹其義理，嘗云「左氏善於禮，公羊善於讖，穀梁善於經」，三家各有勝處，何可偏執所見？晉荀崧三傳並重，時太學置春秋左傳博士，公穀不置博士，崧上疏於元帝、請三傳皆置博士、謂「左氏其書善禮，多膏腴美辭，張本繼末，以發明經義，信多奇偉。公羊辭義清俊，斷決明審。穀梁文淸義約，諸所發明、或左氏公羊所不載，亦足有所訂正，是以三傳並行」（晉書荀崧傳），疏奏、議者多贊同。嗣後范寧以穀梁傳未有善釋，因作集解，並評三傳云「左氏艷而富，其失也巫；穀梁淸而婉，其失也短；公羊辯而裁，其失也俗」（穀梁傳集解序）。宋胡安國云「事莫備於左氏，例莫明於公羊，義莫精於穀梁」。朱晦庵云「左氏是史學，公穀是經學」。呂大圭曰「左氏熟於事，公穀深於理，蓋左氏曾見國史，而公穀乃經生也」。吳澄曰「載事則左氏詳於公穀，釋經則公穀精於左氏」。此皆同啖助「公穀守經，左氏通史」之說也。

以上略舉前人對三傳之評語，最後舉皮錫瑞之語以作結論「春秋有大義，有微言，大義在誅亂臣賊子，微言在爲後王立法。惟公羊兼傳大義微言；穀梁不傳微言，但傳大義；左氏並不傳義，特以記事詳贍，有可以證春秋之義者；故三傳並行不廢」也（經學通論）。謂「三傳並行不廢」，此言是也，謂「左氏並不傳義」，未爲當也；左傳固非如公穀之謹依經文，逐條釋義；然其以禮論事，懲惡勸善，寓大義於述事之中，「其文緩，其旨遠，將令學者原始要終，尋其枝葉，究其所窮」，對于事之因果，義之所在，渙然氷釋，（杜預春秋序），與公穀訓詁之傳，本非同體，故有人謂三傳以左氏爲最勝。

五經總説

周朝以前之典籍，如白虎通五經篇所記「帝魁已來，禮樂之書，三千二百四十篇」，公羊傳隱公元年前疏所述「子夏等求周史記，得百二十國寶書」，此兩條所言者，僅屬經史部分，他書無論，可知古籍之繁。孔子當亂世，懼斯文之喪，乃博稽羣書，輯錄政教禮文之要，編爲六經，以爲人生大道承先啓後之據，此即中國文化之根本，數千年來，源遠流長，文教禮俗、淑世風而化人心，形成倫理社會，夙稱禮義之邦，是我先民實踐六經之道，所顯之輝光也。茲述六經之簡義如下：

禮記經解「溫柔敦厚、詩敎也；疏通知遠、書敎也；廣博易良、樂敎也（易、平也，良、樂易也）；絜靜精微、易敎也；恭儉莊敬、禮敎也；屬辭比事、春秋敎也」。——詩以美化情感，故使人溫柔而敦厚。書載往代之事，明古今之變，故能通達知遠。樂以怡悅心志，故使人胸境寬敞而和平。易以明變化，使人破除成見，清靜其心，精察幾微。禮以規言行，使人恭身自約而不放縱，端莊自重而不輕浮。春秋正名分以判是非，使屬辭合於事，論事合於理。——六經教化、其功用如此。

白虎通五經篇曰「經所以有五何？經、常也；有五常之道，故曰五經。樂仁、書義、禮禮、易智、詩信也。人情有五，性懷五常，不能自成，是以聖人象天五常之道而明之，以教人成其德也」。——五情爲喜、怒、哀、樂、怨，五常爲仁、義、禮、智、信。情爲情欲，性爲理性，情欲發動，當由理性約束之，始不至泛濫爲害；理性之功能爲五常，爲人生天賦所具有者，聖人法五常之道，發揚光大之，著之於經，以教人完成人生之德。至於將五常分配於五經，乃綜其大意而言，非固定性質，如曰「樂仁」、「詩信」、意謂：樂以太和之聲，肅雝之音，使羣心和樂，滋相愛之情、故曰「仁」；詩之妙辭韻語，出自眞誠，故國風雅頌之歌，寓止僻防邪之訓、故曰「信」；實則其他各經亦具「仁」「信」之教。蓋五常之德互相關連，非各自獨立者也。

莊子天下篇云「詩以道志，書以道事，禮以道行，樂以道和，易以道陰陽，春秋以道名分」。——道、導也。詩所道者爲發抒情志，美化世風。書所道者爲往代史事，遺訓後世。禮所道者爲政教制度，言行法則。樂所道者爲和樂人羣，溝通情感。易所道者爲陰陽變化，天人相與。春秋所道者爲正定名分，彰善癉惡。

太史公自序云「易著天地、陰陽、四時、五行、故長於變。禮經紀人倫，故長於行。書記先王之事，故長於政。詩記山川、谿谷、禽獸、草木、牝牡、雌雄，故長於風。樂樂所以立，故長於和。春秋辯是非，故長於治人。是故禮以節人，樂以發和，書以道事，詩以達意，易以道化，春秋以道義」。

綜上所述六經之內容及其功用；此古昔聖哲所傳中國文化之叢書，歷代學者修身明道，奉爲圭臬，一貫相承，雖有今古文之說，雖有漢儒宋儒之別，枝節所爭，無關閎旨，而總之倫理思想，人生大道則一；聖人經世之彝訓，修齊治平之要義，皆在其中。宋趙普謂半部論語可以治天下，果能體聖人之道，則「改過遷善」、一語可以立身；「爲政以德」、一語可以興邦；趙氏之言非虛語也。而況六經包羅廣大，數千年來、國家盛治之運，社會康寧之福，皆本乎經義而實現；而今經典依然存在，然邦家危亂，民生困苦如此，蓋「人能弘道，非道弘人」（論語衛靈公篇），「苟非其人，道不虛行」也，（易、繫辭）。

僅就學術之一端而言，文史通義易教篇謂「六經皆史」。夫歷史者、吾人之龜鑑也，三代以前、天下治亂之因，朝廷隆替之故，政教實施之術，官司所守之則，以及田里之制度，鄉遂之自治，與夫社會生活禮俗之實況，皆可於六經中得之。近世一般迷心外化者，妄自菲薄，罵祖宗之歷史爲封建、爲專制，假借革命之口號，破壞歷史文化，崇信邪說，顚倒是非，不顧切身之事實，謬倡全盤西化，因而一切與歷史脫節，失却主宰，失却自立之信心，癲狂悖亂，以致同室操戈，自相戕賊，人命草芥，大禍瀰漫，此空前陸沉之劫，非由洪水爲患，乃人自造之孽也。

顏氏家訓文章篇云「文章原出五經」。蓋自羲黃造字以來，文字義理、有一貫之規律，唐虞時代、立言記事，已具文章法則，尙書典謨可以爲證，文學已有美善之基礎。周朝文風大盛，著作家日衆，孔子集正統之文獻，編纂六經，總括文化思想，修辭立誠，煥乎文章，學者誦習，奉爲圭臬，歷代繼續演進，文人才士，各展其能，而有各種文體之創制，有無數妙品之著述，花爛映發，雅趣洋溢，試看中國文學領域之廣大，內容之豐盛，眞人文之奇觀也。

文學述人生之道，溝通人生之情感，爲文化靈魂之所託，負承先啓後之責，中國領土如此之廣，人口如此之盛，歷史如此之悠久，昔日完成思想文化統一之功者，文學之力爲最大。我國開化最早，文學發達亦最早，我先民大仁大智之德，修身濟世之學，數千年來賡續發揚，皆以六經爲本，以文學作引導，歷代雖偶有變亂，然而雨過天晴，道德思想，倫理社會，終歸一致，從未分歧。晚近不能繼先人之志，不能奮發自立，徒慕列强之勢力，乃自墮自卑，以爲中國之所有、無一是處，乃竭力破壞祖宗之遺產，視六經爲廢物，故數千年之文學亦被革命。

中國文學、字有定形、有定義，語有定法、有妙辭，數千年一貫相承，今古相通，無有隔閡，西哲羅素贊美中國文字爲東方文化三大特色之一。自古語言與文學，各有其功用，不能合一，故孔子設敎，有言語、文學兩科，孔子云「言之無文，行而不遠」（左傳襄公二十五年），方言俗語，易地易時，則不可懂，故曰「行而不遠」，如學者將方言俗語之意用文言寫出，則可以各地通行、流傳後世、然用文辭寫語言，須有讀書習作工夫；因此、文學革命家乃利用青年好逸惡勞、避難就易之心理，謂：讀經書爲「費不必要之腦筋」，爲省事方便起見，須打倒文言，實行白話，「不避俗字俗語，話怎麼說、就怎麼寫」，造出種種怪論，蠱惑青年，故其革命主張得以實現，致使一般人以爲經書無可讀之價值，方言俗語便爲文章，美其名曰新文藝；五經諸子、歷代名文，皆不必讀，且亦不能讀，中國文學史自此截然斬爲兩段，文學之根本漸歸消滅，數千年來中國文學之命運亦將自此而長終矣！

孟子要義序

中國文化，以儒家之道爲根源，儒家之道由何而來？文化由民族之特性而發，此非少數强有力者獨出心裁，所能强迫群衆服從者也；强迫之事，只能控制一部分人屈服於一時，不能形成悠久燦爛之文化。中華民族開化最早，古聖先賢依民族之生活方式，與人心共同之要求，而建立倫理道德，創造文物制度，使人生有所依據，同享共存共榮之福，此即儒家所謂先王之道，亦曰王道。王道不離乎人情，以理性爲主宰，此放之四海而皆準，行之萬世而不移者也。唐虞之世，王道蕩蕩，中國文化，已具宏規，道同風一，歷代相因，綱常禮法，習爲當然，雖時代變遷，道有盛衰，一治一亂，循環相演，而撥亂反治，則仍復正軌，惟三代以前，史書殘缺，王道而外，雖有其他學說，然未能普及人之信仰，故無記載；雖有弘揚王道，與異說相抗如孔孟者，亦不可考。及春秋之世，王道又衰，孔子出而著書立說，代表正統思想，述先王之道，施諸當時，傳之後世，於是始有儒家之稱，及至戰國，天下又大亂，異端並作，群說雜興，各執一偏，簧鼓人心，遂至王公納其謀以紛亂於上，學者循其踵以蔽惑於下，大道隱淪，下民昏墊，孟子挺名世之才，秉先覺之志，繼孔子之學，出而弘道，闢王化之源以救時弊，宣聖人之道以斷群疑，雖時君莫能用，而其高行宏論，固已代表儒家，震耀當世，勝服群說矣；雖未得志以行其道，而垂憲言以貽後世，其功偉矣！迄今讀其書，既可明王道之眞義，又可想見其爲人，韓昌黎謂孟子得孔門之眞傳；孫宗古孟子正義序云「總群聖之道者，莫大於六經，紹六經之教者莫尙乎孟子」，可知孟子在經典中之重要性，至其文辭之精美，氣魄之雄偉，尤爲文學所宗。茲就管見所及，敍其要義，書爲一册，文中每引論語及他書之言相印證，以孟子繼孔子之道，先聖後聖其言論相表裏，不嫌混合也。至其深義奧旨，豈余之謭陋所能道其萬一哉？

周紹賢　自序

孟子傳

孟子姓孟名軻，史記孟荀列傳，未言其字，東漢趙岐孟子題辭，亦言未聞其字；唐張守節史記正義則云「軻字子輿」；漢書藝文志載孟子十一篇，唐顏師古注謂「聖證論云『軻字子車』未詳其所得」。故後世遂稱孟子字子輿。先世爲魯公族孟孫氏，公族衰微，乃適居於鄒（今山東鄒縣）。

孟子幼年喪父，母仉氏，三遷教子，斷機儆學，賢母之名古今稱頌。孟子年長，受業於子思之門，治孔子之道，精通五經，尤長詩書。時當戰國之世，諸侯爭霸，各欲稱雄，法家則獻其變法圖强之策，曰：我能爲君闢土地，充府庫；軍事家則獻其善戰之謀，曰：我能爲君治軍旅，戰必克；縱橫家則獻其權術之計，曰：我能爲君約與國，攻强敵；致使列國互相侵伐，天下棼亂，人民塗炭，憤世之士，雖不乏有思想之人物，出而發表言論，欲以刺俗感衆，如楊朱、墨翟、許行、宋牼之流，而又皆各執一偏，違乎正道。孟子憫先王之道隳廢，周孔之業陵遲，乃毅然出而以仁義游說諸侯，思濟斯民。

周顯王三十三年，孟子聞梁惠王卑禮厚幣以招賢者，乃至梁。史記云「游事齊宣王，宣王不能用，適梁」。按史記魏世家（魏卽梁，原都山西安邑，後遷都大梁，故又名梁，大梁今河南開封），惠王三十五年，孟子至梁。齊宣王伐燕之時，孟子在齊，此時梁惠王已卒，則是孟子先至梁而後至齊也。故孟子書中，首述至梁，次述入齊，並非如孫奭孟子注疏所云「堯舜之道以仁義爲首，故以梁惠王問利國，對以仁義爲七篇之首也」。故通鑑編年史亦定爲孟子先至梁後至齊。孟子至梁，正當梁惠王逞兵慘敗之秋，初，梁屢攻趙，惠王十八年，拔邯鄲，楚宣王命景舍率兵救趙，取梁睢水濊水間之地，此即惠王所云「南辱於楚」。惠王三十年，伐韓，齊救韓，戰於馬陵，梁軍大敗，大將龐涓被殺，太子申被虜，此即惠王所云「東敗於齊，長子死焉」。此時秦用商鞅爲相，屢侵梁，梁不得已，獻河西之地，遂遷都大梁，此即惠王所云「西喪地於秦七百里」。列國之君皆以强兵侵伐爲能事，梁惠王由於伐趙攻韓而招慘敗；如不然，韓趙梁本爲一家，如能團結一致，則齊楚無由尋釁，秦亦不敢來侵也。惠王當此喪師辱國之時，仍欲得商鞅吳起之流，興兵動武以圖報復，故問孟子「亦將有以利吾國乎」？孟子敎以善政愛民，「仁者無敵」之道，惠王以爲迂遠而闊於事情，不能採納，故孟子遂去。

齊宣王承其父威王之餘烈，力圖霸業，救韓破魏，威服三晉，尤好文學游說之士，淳于髡、鄒衍等數百人皆至，稷下（地名，在齊西門外）講學之風，盛極一時。孟子亦於此時至齊，宣王初見孟子，首問齊桓晉文霸諸侯之事，孟子則陳述發政施仁，保民教民，與民同樂，及外交鄰國之道，總之爲王道政策。宣王聞之亦非無興趣，故尊孟子爲客卿，孟子遂留於齊，受仕名而不受實祿，蓋以若道不行，則即去耳，故不受其祿也。在齊數年，備受宣王之禮待，孟子亦隨時進獻忠言，欲啓發宣王之心，使之成爲堯舜之君，宣王雖從無反對之色，但總以德化之成功，不若武力之速效，於是乘燕國內亂之隙，舉兵伐燕，齊之大臣沈同問孟子對於伐燕之意見，孟子反對，謂此乃「以燕伐燕」，以暴伐暴也。宣王伐燕既勝，欲吞併之，問孟子「取之何如」？孟子曰「取之而燕民悅，則取之；取之而燕民不悅，則勿取」，但宣王意在必取，不意既取之後，燕人起而叛之，諸侯又多謀伐齊救燕，宣王復問計於孟子，孟子教以速下命令，還其俘虜，歸其重器，謀於燕衆，置君安民，收兵回國，以示並非侵略，齊始免於難。宣王對此事，雖曰「吾甚慚於孟子」，悔當初不聽孟子之言，但其近臣陳賈等阿諛逢迎，爲宣王飾非，以「長君之惡」，孟子知在齊已無行道之希望，於是乃致爲臣而歸。

齊梁爲當時之大國，其君迷於稱兵爭强之風，不能用孟子，其他小國受大國之影響，更無論已。故孟子除游說齊梁而外，亦曾至宋至薛，其君亦只效齊梁之君尊禮孟子，餽金餽贐而已，不能納孟子之政見也。惟滕文公對孟子頗有信仰，爲世子時，曾兩度問道於孟子，及其父定公薨，又遣其傅然友之鄒兩度問喪禮於孟子，及孟子至滕，則又問治國之道，井田之法，孟子一一詳述（見滕文公篇）；又問滕國介於齊楚兩大強國之間，雖竭力以事之，仍不免被侵擾，如之何則可？孟子教以效太王居邠，勤政愛民，及效死守國之道（見梁惠王篇）。滕文公雖能信納，然畢竟滕國壤地褊小，獨立之條件不足，外患之繁雜難防，雖有賢者亦無可如何也。魯在此時，已淪爲弱小之邦，鄒本爲魯之附庸，春秋時始進爲子爵之國，小國不敢向大國挑戰，而「鄒與魯鬨」，乃自相操戈，以應合時代之亂風。孟子鄒人也，可怪者鄒穆公，國有大賢而不能用也；可笑者魯平公，將見孟子，聽嬖人臧倉之詔言，遂罷好賢之心也。亂世之中，賢人不能遂濟世之志，又不戀富貴利祿，此所以不得不隱退也。

孟子既不得行道，未獲展王佐之才，成治平之功，乃飄然而歸，與弟子公孫丑萬章等，繼孔子之旨，述堯舜之道，著書立說，垂教後世。當時處士橫議，異端並起，孟子以承續道統以自任，闢邪說，距詖行，侃侃然以王道仁義代聖人立言，而正人心，當時政客詭辯之徒，能勝人之口而不能服人之心，而孟子則理正辭嚴，其宏論雄辯，雖蘇張之縱橫亦莫能當也。至今讀其書，猶生氣凜凜，想見其爲人。韓昌黎謂孟子得孔門之眞傳，孫宗古孟子正義序云「摠羣聖之道者，莫大於六經；紹六經之教者，莫尙於孟子。」誠可謂「爲天地立心，爲生命立命，爲往聖繼絕學，爲萬世開太平」，其功偉矣！噫！今又當天下大亂「邪說暴行有作」之時，安得孟子復生出而呵服之也哉！

一　性善說

梁任公謂「孟子全書精神，可以兩語貫之，曰：「孟子道性善，言必稱堯舜」。可知性善爲孟子學說之重心。談及孟子性善之說，則必涉及荀子性惡之說，二者各有所據，互不相勝，至今仍不能執一以作定論，此不自荀孟開端，遠稽古籍，對人性問題，雖無人作專門討論，然古語流露，已有善惡二說，尙書召誥云「節性惟日其邁」，節、限制也，性而須加限制，則性爲惡矣。大雅烝民云「民之秉彝，好是懿德」，懿者、美也，人之秉性愛好美德，則性爲善矣。欲知二說所據，當先明性之本體，何謂性？孟子對性字未下簡單定義，荀子正名篇云「生之所以然者，謂之性」。告子云「生之謂性」。生卽生活，性卽人之生命，生活之一切動作，皆爲性之表現，以此作性之定義，大體無差，故後儒雖尊孟抑荀，告子更無足道，而董仲舒亦云「性者生也」，（白虎通），程明道亦言「生之謂性」，（二程全書卷二），生活之一切需要，卽性之所需要，荀子云「今人之性，生而有好利焉，順是故爭奪生，而辭讓亡焉。……生而有耳目之欲，有好聲色焉，順是故淫亂生，而禮義文理亡焉」。（性惡篇），因此，故云人之性惡。告子則又徑直云「食色性也」，夫食色固爲性中之事，然食色並不能概括人性之全體，告子以食色爲性，而又以「義」非性之所出，則告子雖未言性惡而此性亦可能爲惡，是則告子荀子所言之性，皆指物欲之性而言，物欲之性爲一般動物所同有，非人類所獨有，不足代表人性，故談人性問題，則當重視人之所以異於禽獸者之性，孟子言口之於味有同嗜，目之於色有同美，並非不承認食色爲性中之事，然告子僅以食色言性，而忽略人之特性，則其所謂生之謂性，乃一般動物之通性，不能貫徹人性之眞義，故孟子駁之云「生之謂性也，猶白之謂白與？曰「然」！白羽之白也，猶白雪之白；白雪之白，猶白玉之白與？曰「然」！然則犬之性，猶牛之性，牛之性，猶人之性與？」告子無以答。人之整箇生活，除物質生活而外，尙有精神生活，二者合而言之，可稱之曰人生之道，如將生之謂性之「生」字，解作人生之道，包括人之整箇生活，則孟子必不致反駁矣，故以生之謂性作人性之簡單定義，仍不爲誤。

樂記云「民有血氣心知之性」，此人性之實體，亦即人性之具體，性字從生從心，「生」指血氣之性而言，「心」指心知之性而言，血氣之性，指肉體生活之嗜好而言，即所謂食色之性，此性可能使人爲惡，然不一定爲惡，故告子云「性無善無不善也」。心知之性，即所謂四端（仁義禮智）之性，此性爲人生美德之根源，故孟子道性善。人性本屬形而上者，然血氣心知之性則顯然有徵，故古今來言性學者，雖議論不同，或互相辯難，而總必以此二項爲據。大禹謨有人心道心之分，「人心」指發於形氣者而言，「道心」指發於義理者而言，宋儒研討性學最為詳密，當時理學大師二程張朱亦皆將人性分為義理之性與氣質之性，二程皆以人生稟氣有善有惡，張朱皆以性之本身分為天地之性與氣質之性，二者一善一惡，宋儒多自命為孟子之徒，然而一面擁護孟子之說，一面又主張告子荀子之說，此並非叛孟子之道也；實際人性昭然有善惡之表現，此前聖後哲皆不能否認者，孔子言人有上智下愚之分，又將人分上中下三等，（論語雍也，陽貨）荀悅韓愈據之作性有三品之說；周人世碩及孔子弟子宓子賤漆雕開等論性，皆言性有善惡，王充據之以作本性篇；董仲舒言人性「有貪有仁」，（春秋繁露深察名號篇），以及揚雄法言修身篇之善惡混亂，無論謂「性無善、無不善」，或「性可以為善，可以為不善」，或「有性善，有性不善」，（告子篇），而總之人性不可謂純善，亦不可謂純惡，然則孟子只言性善，荀子只言性惡者，何哉？

茲先言善惡之標準，孟子云「可欲之為善」，（盡心篇），言人之態度合理，使人人感覺其可愛而不可惡，便為善，反之便為惡。荀子云「凡古今天下之所謂善者，正理平治也；所謂惡者，偏險悖亂也」，（性惡篇）。性在人身，如植物之種子潛伏土中，有某物之種子始能生出某物，無某物之種子，則不能生出某物；人有善性，始有善之行為，有惡性，始有惡之行為，荀子言性惡，又言人受師法之化，可以進身於仁義；如人性絕無仁義之種子，又安能有仁義之行？故虎狼絕不可化歸禮義。孟子言性善，又痛斥暴君汙吏之可惡，如人性絕無暴惡之種子，又安能有暴惡之行？故聖賢不能無過。有人謂：「孟子見仁而不見貪，謂之善；荀子見貪而不見仁謂之惡；」言二人各見一偏也，其實不然，荀子言塗之人可以爲禹，又言人有性質之美，（性惡篇），則荀子亦承認人有善性。聲色物慾亦由天性而發，若縱耳目之欲，甘受外物之引誘，則必流於貪妄惡行，故孟子云「耳目之官不思而蔽於物，物交物則引之而已矣」。（告子篇）。又言動心忍性足以增益人之德能，是則孟子亦承認人有惡性。然則荀孟各執一端者何哉？蓋荀子注視人之惡性，故力言性惡，使人知所懲戒而修身向善。孟子重視人之善性，故强調性善，使人有所奮勉而崇德除惡。二人皆力倡道德教育，使人注重後天之修養，其立言大旨可謂殊途同歸。惟荀子之言頗有紕漏，如性惡篇開口便斷言「人之性惡，其善者僞也」。夫父慈子孝，兄弟之愛，朋友之誼，能曰皆非出於天然之眞誠，而皆爲禮法所迫不得已而僞爲之乎？又云「凡人之欲爲善者，爲性惡也。夫薄願厚，惡願美狹願廣，貧願富，賤願貴，苟無之中者必求之於外。今人之性固無禮義，故强學而求有之也」。誠如此言，苟所無者則欲之，如己已美矣，而欲醜乎？己已富矣，而欲貧乎？若人之性惡，則其所謂師法之化，禮義之道，又如何產生乎？故荀子性惡之說，雖有所據，而其理論則不圓滿，孟子性善之說則議論閎偉，無懈可擊，茲略述之：

生之謂性，性即人之生命，生活之所需，即性之所需，飲食爲生活所需，然飲食不得當亦足傷生，故飲食所以養生，而節慾所以衞生。貨利爲生活所需，然取之不以道亦足危身，故損人未必利己，而助人亦所以自助，此皆由善性爲之判斷處理也。物慾之性，必須受義理之性之監督支配，始能不流爲惡，不陷於戹，而咸得其宜。義理之性，簡稱理性，亦卽善性，人生所必需者，物質生活而外，又有精神生活，如人情之感，天爵之榮，濟世之樂等等，則又全爲理性之事，故人之整箇生命，皆善性爲之主宰，善性卽人之特性，卽人之所以異於禽獸之性，亦卽所謂人性，孝經云「天地之性人爲貴」，貴其異於萬物也；互愛互助，推動社會進化，保障人生幸福，他物所不能者而人獨能之，以人有善性也，善性足以代表人類之價值，孟子欲啓發人之善性，使之發揚光大，是以道性善。

前已言及，孟子並非不承認人有惡性，其所謂性善，蓋謂人性中皆有善根，並未言人性純善而無惡，其答公都子之言已簡明道出；公都子曰「告子曰性無善無不善也。或曰性可以爲善，可以爲不善，是故文武興則民好善，幽厲興則民好暴，或曰有性善、有性不善，是故以堯爲君而有象，以瞽瞍爲父而有舜，以紂爲兄之子且以爲君，而有微子啓王子比干，今曰性善，然則彼皆非與」？孟子曰「乃若其情，則可以爲善矣，乃所謂善也，若夫爲不善，非才之罪也。」——公都子問以上三種說法，皆言人性有善亦有惡，而今只講性善，然則以上三說皆非與？孟子未言以上三說皆非，而言性之動作（情），皆有爲善之可能，此乃我所說之善，有善性則有善才，若夫爲不善者，則非天才本質有差，而乃是不爲也，非不能也。孟子繼之又申明人皆有善性乃顯而易睹之事，「惻隱之心人皆有之，羞惡之心人皆有之，恭敬之心人皆有之，是非之心人皆有之。惻隱之心仁也，羞惡之心義也，恭敬之心禮也，是非之心智也。仁義禮智非由外鑠我也，我固有之也，弗思耳矣，故曰求則得之，舍則失之，或相倍蓰而無算者，不能盡其才者也。」（告子）。人類天然皆有上述四種善心，此四種善心皆由本性而發，擴而充之，卽仁義禮智種種美德，此種種美德乃我本性所固有者，所謂「仁義禮智根於心也」。（盡心篇）。若性中無善根，安能產生善苗也哉？孟子發現人類有共同之性，口之於味有同嗜，耳之於聲有同好，目之於色有同美，而心之所同然者則爲理義，「故理義之悅我心，猶芻豢之悅我口」。（告子）。此種善心發出之行爲，皆出乎自然，無須學而後能，故又稱之曰「良知」、「良能」，孟子曰「人之所不學而能者，其良能也；所不慮而知者，其良知也；孩提之童無不知愛其親也，及其長也，無不知敬其兄也，親親仁也，敬長義也，無他達之天下也」。（盡心），孝弟爲通行天下之公理，孝弟卽仁義之端，由孝弟之心卽可發揚而爲一切仁義之行，此天下人共有之善性也。

孟子又舉出淺顯之事實以證人性之善，曰「今人乍見孺子將於入井，皆有怵惕惻隱之心非所內交於孺子之父母也，非所以要譽於鄉黨朋友也。非惡其聲而然也」。（公孫丑）。

見嬰兒將墜井，人人皆必發生不忍之心，自動前往拯救，天良使然，並非有何企圖。又如觀電影或看戲劇對悲哀之事，則人人爲之隕涕；對不平之事，則人人爲之憤怒；對善人之遇險，則人人擔心着急；對惡人之失敗，則人人拍掌稱快；觀衆雖良莠不齊，而此時胸境坦白，客觀無私，其好善惡惡之心，皆不約而同，此可見孟子所謂「人無有不善」，確乎其然。

性既爲善，然則人之惡性由何而來？前已言及，物慾之性易流爲惡，若不以理性節制之而縱慾無度，則沉於慾海之中而不能自拔，遂昧其善性，孟子所謂「放其良心」，純任惡性以用事，則「少成若天性，習慣成自然」，（賈誼陳政事疏引孔子語）。於是遂爲惡人矣。孔子謂「性相近也，習相遠也」，（論語陽貨篇），人性中既具善惡二端，先天之性皆相近，及後天受境遇之薰染，習於善則善，習於惡則惡，遂大相懸殊矣。故雖有惡人，然不可謂其本無善性，孟子所謂「非天之降才爾殊也，其所以陷溺其心者然也」。又謂「今夫麰麥播種而耰之，其地同，樹之時又同，浡然而生，至於日至之時皆熟矣；雖有不同，則地有肥磽雨露之養人事之不齊也」。又謂：齊之牛山，昔日樹木蒼茂，其後被人旦旦而伐之，牛羊又從而牧之，「是以若彼濯濯也；人見其濯濯也。以爲未嘗有材焉，是豈山之性也哉」？（告子）舉例如上，則人之爲惡亦猶是也，受環境之影響，本性之善爲物慾所蔽，遂一任惡性發展，豈人本無善性哉？

天賦人性，本具善端，不分聖凡，莫不皆然。小人作惡爲非，豈不自知荒謬？豈不自感愧心？故見君子而後揜焉，揜其不善而著其善，可知人人皆有惡惡向善之性，孟子謂人皆有仁義禮智四端之性，此四端之性如人之四體同樣重要，如能擴而充之，發揚而爲偉大博愛之德，則足以保四海；苟不充之，則惡性發作，「不足以事父母」，（公孫丑）。豈但不足以事父母，自身且不能保也。渴思飲，飢思食，物慾之性亦人所固有，此性藉肉體—耳目之官以發其作用，耳目之官不能思考，不能辨別是非，故常被外物所攝引而不能自主，所謂「物交物則引之」，遂有悖亂之行。良心（善性）則能思考，能辨是非，能使人之一切行爲歸乎禮義，莊子稱之曰「眞君」，荀子稱之曰「天君」，人之所以爲萬物之靈者在此，人之所以可貴者亦在此，故孟子曰「人之所以異於禽獸者幾希，庶民去之，君子存之」。（離婁）除却良心則與禽獸無異，所謂「哀莫大於心死」，（莊子田子方篇引孔子語），孟子稱此種人曰「飲食之人」，又稱之曰「小人」。人之價值全在良心，故孟子稱良心曰「大體」，亦卽大我；稱耳目之官曰「小體」，亦卽小我；故曰「從其大體爲大人，從其小體爲小人。有良心以作主，則可以修己，可以安人，可以無入而不自得，決不受外物之侵擾，決不爲環境所陷溺，故孟子曰：「先立乎其大者，則其小者不能奪也。」（告子），立乎其大者，則可成爲富貴不淫，貧賤不移，威武不屈之大丈夫，此人生之最高境界也。

人性問題本屬微妙，孟子性善之說，有獨到之睿見，有實在之徵驗，善性由天所賦，惡乃由習而成，此所以教化有神聖之功，而修養爲人生之要道也。且曰「聖人與我同類」，天性本來平等，苟能「存其心，養其性」，則人人皆可爲堯舜，其啓發人心自覺，促導人生向上，意義深遠，厥功偉矣。

附有及者，孟子學說，其淵源蓋出於子思，據孔叢子居衞篇所載：子思直接受教於孔子孟子直接受教於子思，孔叢子雖係僞書，其此項記載雖無確證，然足以代表古人對孟子學說淵源之意見也。史記荀孟列傳謂孟子「受業於子思之門人」。韓退之送王秀才序謂「孟子師子思，子思之學蓋出於曾子」。孟子全書中稱道曾子子思凡十餘次，可見其崇敬之意。無論孟子直接或間接受業於子思，而其學說淵源於子思則無疑，荀子非十二子亦將孟子與子思並列，中庸爲子思所作，中庸言「天命之謂性，率性之謂道」。朱子謂「率，循也」；言人當循乎天性之自然也，此卽性善之說也；不然，性若爲惡，豈可循之哉？荀子言性惡，是以其性惡篇首段便駁斥率性，謂人性好利，「順是故爭奪生」。二說之異同茲不復贅，昌黎謂：孟子得孔門之眞傳，「故求觀聖人之道者，必自孟子始」。（送王秀才序）。

二 道德論

樂記云「德者，性之端也」。道德由人之善性而產生，孟子以人類天賦皆有仁義禮智四端之性，此四端之性如人之四體同樣重要，人當善養此性，發揮道德，完成人格，進而至於行道濟世，兼善天下，道德爲立己安人之不二法門，爲人類之共同保障，故曰「仁人之安宅也，義人之正路也，曠安宅而弗居，舍正路而弗由，哀哉」（離婁）。何以言違棄道德爲人生可哀之事乎？「天子不仁，不保四海：諸侯不仁，不保社稷，卿大夫不仁，不保宗廟；士庶人不仁，不保四體」。「苟不志於仁，終身憂辱，以陷於死亡」（離婁）。違反道德所致之惡果，是可想而知者，不保四體，陷於死亡，非人生大可哀之事乎？此孟子所以苦口婆心以仁義化世也。

道者理也，卽人生之道也，孟子云「夫道若大路焉」（告子）。言道乃人所共行，爲人類日常必行之理也，故中庸云「道也者，不可須臾離也」。「德也者，得於身也」（禮記鄉飲酒），朱子解釋德字，亦云「行道而有得於心也」（論語爲政篇注）。宋儒以善念存於心中，使身心互得其益，此內得於己之說也；以善德施之他人，使衆人各得其益，此外得於人之說也，總之，德爲人之一切善行，爲人己交利之稱，道爲體而德爲用，道之於人，天然俱足，在乎人是否實行耳，如不實行，則道等於無；行道便爲德，故道德亦簡稱曰德。古書所載之德目頗多，如皋陶謨有九德「寬而栗，柔而立，原而恭，亂而敬，擾而毅，直而溫，簡而廉，剛而塞，彊而義」。周禮大同徒敎萬民以六德，「知、仁、聖、義、忠、和」。禮運謂「父慈、子孝、兄良、弟悌、夫義、婦聽、長惠、幼順、君仁、臣忠，十者謂之十義」。論語所載之德目，則有仁、義、禮、智、孝、弟、忠、恕、溫、良、恭、儉、讓、信、剛、勇、謹、和、淸、直、等等。古代仁字僅爲慈愛之意，自孔子始以仁爲諸德之總稱，故曰「仁者人也」（中庸）。言仁字包括一切作人之道也。然樊遲問仁，孔子答以「愛人」，則孔子有時對仁亦僅作愛字解也。老子所述之德目大致與論語相同，惟孟子好以仁義禮智四德並擧，尤好以仁義合爲一詞，易經說卦云「立人之道曰仁與義」，則仁義卽可總括作人之道矣，孟子之道德總目卽可以仁義二字概之，玆擧其所講仁義之涵義如下：

一 仁乃人之所以爲人之道：孟子云「仁者人也，合而言之道也」（盡心）。言仁乃人之所以爲人之理，合仁與人言之，人能行仁，卽謂之道，仁本天賦，無須外求，惻隱之心，人皆有之，惻隱之心仁之端也；故曰「仁人心也」（告子）。能行仁道，卽中庸所謂達天德者，此人格之至崇高者也。立身於仁之境界，則心安理得，不憂不懼，遠離陷溺之危，故曰「夫仁天之尊爵也，人之安宅也」（公孫丑），能享天賦之尊榮，能居天賜之安宅，人類之可貴者在此，人生之意義亦在此，故曰「君子亦仁而已」（告子）。

二、仁乃人與人之關係所當盡之道：據說文云：仁字「從人從二」，蓋合兩人以上之關係，必須以愛相對，於是仁道乃生。孟子云。「親親仁也」，「仁之實，事親是也」（離婁）。仁主於愛，而莫切於事親，親親爲人當然之理，愛人爲人應盡之道，不愛其親，而能愛人者未之有也，能愛其親，始能推己以及人，老吾老，以及人之老，由親及疏，擴而至於廣大人群之愛，故曰「親親而仁民，仁民而愛物」，「仁者以其所愛，及其所不愛」，「仁者無不愛也」（盡心）。無不愛，卽所謂博愛，昌黎云「博愛之謂仁」，博愛由親親開始，此人類必遵之道也。

三、仁在狹義消極方面，爲不侵害他人：孟子曰「强恕而行，求仁莫近焉」，仁爲至高之德，但仁不遠人，近取諸身卽可矣，己所不欲，勿施於人爲恕，我不欲受人侵害，故我亦不侵害人，此非難能者也；能不背此心，則仁卽在心中，無待外求。人皆有不忍之心，此心卽仁心，但有人不忍於此，而忍於彼，不忍自己之家人受貧，而忍剝削他人使他人受苦，此得謂仁乎？由不忍人之心，發出同情心，絕不侵害他人，此乃仁之基本條件，故曰「人皆有所不忍，達之於其所忍仁也；人能充無欲害人之心，而仁不可勝用也」（盡心）。

四、仁在廣義積極方面，爲愛護他人：孟子云「仁者愛人」，愛人則不僅不侵害人而已也，尤須能爲人解難，爲人造福，始能達乎仁心之要求，「禹思天下有溺者，由己溺之也；稷思天下有飢者，由己飢之也」（離婁），一夫不得其所，「若己推而納之溝中」（萬章）。有此仁心，而必須有大智居高位，始能展其抱負，故廣大之仁德非凡人所能承擔；積極之仁心其責任永無了時；畢生悲天憫人，孳孳爲善，而又憂及未來，欲繼其後者皆能福惠人群，故堯傳舜，舜傳禹，後世咸蒙其澤，是以孟子曰「爲天下得人者，謂之仁」（滕文公）。仁道廣大無涯，誠所謂「及其至也，雖聖人亦有所不能焉」（中庸）。

仁爲諸德之總源，故義與仁有相似之處，然仁義既分而言之，則卽各有其涵義，簡述如下：

一、義爲人生一切當盡之理：如禮運所載之十義，及國語周語所載之五義「父義、母慈、兄友、弟恭、子孝」，凡人生當盡之道，皆可稱之曰義，故禮記昏義有所謂父之義，母之義，夫婦之義；左傳有所謂子之義，大夫之義；孟子謂「君臣有義」，「敬長義也」，「義之實從兄是也」，皆謂人所當盡之埋也；後世所謂義務，卽由此而來者也，義不容辭之事，亦卽責任所在，則當不惜一切以爲之，故孟子謂「義我所欲也，舍生而取義者也」（告子），凡事各盡其義，則卽恰得其當，故中庸云「義者宜也」。

二、義爲制裁自己之行爲：仁爲對人，義爲對己，春秋繁露云「以義正我」，義卽論語「正身」之義也。孟子曰「人皆有所不爲，達之於其所爲，義也；人能充無穿窬之心，而義不可勝用也」（盡心）。蓋是非之心，人皆有之，人皆知不當作惡，皆知盜竊爲可恨可恥之事，人苟能推此心以制裁自己之行爲，則義沛然充乎其心矣。自正其身，始能不流於邪，不入歧途，故孟子云「義人之正路也」（離婁），走正路始不妨害他人，不危及自身。

三、義爲重視人己之分界：易坤卦云「義以方外」，禮記表記云「義者天下之制也」。義爲人人對外所依據之法度，爲天下共同制裁事物之標準；對人處事之法度標準皆必基於公正，易言之，卽所謂「正義」。各守正義，則人我之分己明，絕不容互相侵越，故孟子云「非其有而取之，非義也」（盡心）。仁爲慈惠之德，然行慈惠而不得其當，則仁義兩失，故孟子曰「可以與，可以無與，與傷惠」（離婁），因此，凡事必須以義爲斷，故曰「非其義也；非其道也，一介不以與人，一介不以取諸人」（萬章），乃至父慈子孝兄愛弟敬種種當然之道，皆須以義節之，始不至有過與不及之失。義即人心處事之權衡，所謂「權然後知輕重，度然後知長短」（梁惠王）。義之所指，公正嚴明，非强力所能左右，故當爲之事，寧「舍生而取義」，絕不容有絲毫之苟且。一切斷之以義，不必顧及其他末節，故曰「言不必信，行不必果，惟義所在」（離婁）。「以義制事」，則能持人己之平，而事皆得其當矣。

四、義爲尊重自己之人格：說文義字下云「己之威儀也」。義字從善從我，言我當遵善路，恪保自己之威儀也。孟子云「人必自侮，然後人侮之」（離婁），義也者，勿爲所不當爲也，勿爲所不當爲，誰敢侮之哉？羞惡之心，人皆有之，人皆好榮而惡辱，既好榮，則當孜孜爲善，始能獲得人之尊崇；既惡辱，則決不爲非作歹以惹人輕賤；故曰「羞惡之心，義之端也」。律己以嚴，言行有度，自重者人亦重之，故曰「人能充無受爾汝之實，無所往而不爲義也」（盡心）。

孟子所講仁義之涵義，歸納如上。孔子教人首重孝道，由孝道即可攝而爲一切美德，中庸云「舜其大孝也與，德爲聖人，尊爲天子」。蓋所謂孝，不僅養親而已也，愈能發揮自己之德能，愈能有貢獻於社會，愈得人群之愛敬，亦即其所盡之孝道愈大，故孝經以「立身行道，揚名於後世」爲孝之結果。論語云「孝弟也者，其爲仁之本與」；孟子亦以孝弟爲諸德之起源，故曰「親親仁也，敬長義也」；「仁之實事親是也，義之實從兄是也」；道德爲人我互利之名稱，孝弟仁義爲天然固有之善性，對己而言，此善性與身體同等重要，當修此善性，使之發揚滋長，始能成爲完人。對人而言，孝弟出自良心，由孝弟推而至於廣大仁義之德，孟子稱之曰「推恩」，能推恩，則「老吾老以及人之老，幼吾幼以及人之幼」（梁惠王），由父母之愛，推而至於人群之愛；由家庭之愛，推而至於社會之愛；「愛人者人恒愛之，敬人者人恒敬之」（離婁），互愛互敬，此人類之共同幸福也，故曰「人人親其親長其長，而天下平」。反之若斲喪天性，違反道德，則「自作孽，不可活」，「殺人之父，人亦殺其父；殺人之兄，人亦殺其兄；然則非自殺之也，一間耳」（盡心），自陷於死，自殺其父兄，「如此，則與禽獸奚擇哉」？人必不甘淪爲禽獸，是以孟子所講由良心而發揚道德之說，千古不易也。

道德主持公理，並非教人盲行仁義也，並非教人苛待自己也，過於自卑，則禮逾節矣；矯枉過正，則失眞義矣；孟子曰「非禮之禮，非義之義，大人弗爲」。「今有同室之人鬪者，雖披髮纓冠而往救之可也；鄉鄰有鬪者，披髮纓冠而往救之，則惑也，雖閉戶可也」。如墨子之不惜摩頂放踵以利他人，莊子天下篇評之云「以此教人，恐不愛人：以此自行，固不愛己」。蓋如此自薄，失却公道，卽失道德之本意矣。爲公益而致力，爲正義而犧牲，此共當實踐之德，然有時亦當權其輕重以從事，事有我當爲者，倘我之忠心已盡，而事已無濟，則亦不必苦苦以死繼之也，如子路之故意犯難而死，亦太過矣，故孟子曰「可以死，可以無死，死傷勇」（離婁）。德行皆爲可貴，然必合乎中庸之道，乃爲至善，孟子贊美伯夷爲聖之淸者，贊美柳下惠爲聖之和者，然伯夷非其君不事，非其友不友，故武王代紂，而反責之以違悖臣道；柳下惠不羞汙君，不卑小官，爲士師三次被黜而猶不去；如此之淸，如此之和，有違中庸之道，未爲盡善也，故孟子又評之云「伯夷隘，柳下惠不恭，隘與不恭，君子不由也」（公孫丑）。孔子曰「中庸之爲德，其至矣乎」！孟子之道德論，以性善爲發端，以中庸爲依歸也。

三　修養

孟子以人之性善，以人人皆有仁義禮智四端之心，皆有良知良能，故人皆可以爲堯舜。若夫世間不德不義無學無行之徒，乃以物慾之故陷溺其心，而自甘暴棄使然，聖人與我同類，非天之降才爾殊也。故爲聖爲狂，爲大人爲小人，皆在人之自爲之耳。因此，故成德達材全賴修養工夫。孟子所講修養之道，可舉其「存心養性」與「善養吾浩然之氣」，及自我反省等項而言之，分述於下：

古人對於心性多混而言之，孟子亦將心性幷爲一談，宋儒好將心性分別解釋，如邵康節云「性者道之形體也，心者性之郛郭也」。張橫渠云「心統性情者也」。朱子云「靈明處只是心，不是性，性只是理」。「性便是心所有之理，心便是性所會之地」。胡仁仲云「性者天地之所以立也，心性二字爲道義淵源，未發只可言性，已發乃可言心」。雖作如此分析，然有時亦仍混而言之，朱子云「性卽理」，象山云「心卽理」，伊川云「在天爲命，在義爲理，在人爲性，主於身爲心，其實一也」。是則心性爲同物而異名矣，蓋心性相輔，無先後，無輕重，故可說性卽理，亦可說心卽理，性爲生命本體，心爲覺解靈明，無生命則無覺解，無覺解亦不成爲生命。性爲領受此理者，未發只可言性，理寓性中，心附於性，則性爲主矣；已發乃可言心，推動此理者惟憑心之靈明，則心爲主矣；心性相互爲用，一而二，二而一也，不易強爲之分介也。故孟子所言之善性良心，實爲一體，而養性養心，又爲同義也。

人性既善，由善性發而爲良心，能堅持良心，守而勿失，謂之存心；能培養此善性，使之發揚光大，謂之養性；孟子以人類天然有善性，猶之牛山天然有生草木之性，牛山之木本甚盛美，惟因酷遭砍伐，其山遂濯濯然而無樹木，然初非山之本性不生樹木也，故曰「雖存乎人者豈無仁義之心哉？其所以放其良心者，亦猶斧斤之於木也，旦旦而伐之，可以爲美乎？其日夜之所息，平旦之氣，其好惡與人相近也者幾希，則其旦晝之所爲，有梏亡之矣，梏之反覆，則其夜氣不足以存，夜氣不足以存，則其違禽獸不遠矣」。人本有良心，然而自甘下流，故意爲惡，猶之砍伐樹木一般，旦旦而伐之，其樹木焉能不根絕？日日反道敗德，泯滅良心，其良心焉能復存在？雖當夜深人靜，神氣清明之際，捫心自問，日間所爲，自知其非，良心一時復現，此時其心中之好惡是非，亦與正常人相差無幾，然而及至白晝，爲私慾所亂，故態復萌，依然昧心妄爲，如此反覆摧殘其善性，平旦之氣不能保存，良心之生機漸歸窒息，孔子云「哀莫大於心死」，良心已死，善性已滅，如此喪人格而近禽獸，寧不可哀？

就道德方面而言：「性相近也，習相遠也」，太甲云「習與性成」，人能爲善，亦能爲惡，若專心爲善，則久而成習，善習慣與善性相融和，於是善性乃成。反之若恣意爲惡，久而成習，則惡習慣與惡性相固結，於是惡性乃成，諺云「習慣成自然」，洵不誣也。善性良心，必須有修持工夫，始不至汩沒散亡，故孟子曰「苟得其養，無物不長；苟失其養，無物不消；孔子曰操則存，舍則亡，出入無時，莫知其鄉。惟心之謂與」。雖知當修養，然昨日發一善念，今日又現一惡行，於是昨是今非，善惡相抵，其善性良心，如曇花之一現，即歸消滅，則其人仍必墜於惡流，故曰「雖有天下易生之物也，一日暴之，十日寒之，未有能生者也」。（告子）。善根雖在吾心，然時而養之，時而斲喪之，豈能不消亡？

義禮之性與物慾之性皆禀自天，何以重理性而輕慾性？何以主張養理性，而不主張養慾性？蓋理性爲純善之性，慾性則可能爲惡，善性愈擴大，則人生之路愈幸福；慾性愈放恣，則人生之路愈凶險；縱慾易，爲善難，難能者乃可貴，善性如琪花，必須加以培養，始能大放異彩；慾性如野草，若不加以控制，則必荒穢心田；善性可貴，善性爲人生之價值所在，故當善加保養，故孟子曰「今有場師舍其梧檟（美材），養其樲棘（惡木），則爲賤場師焉」。（告子）。

人之本性迥異其他動物之性，如以其他動物之生活爲人之生活，則卽不能生活，甚至寧死亦不願與其他動物過同樣之生活，其他動物只要養其肉體卽可不死，而人則不然，「所欲有甚於生，所惡有甚於死」。「生死事小，廉恥事大」，（宋葉夢鼎語），故「一簞食，一豆羹，得之則生，弗得則死，嘑爾而與之，行道之人弗受；蹴爾而與之，乞人不屑也」。寧爲榮譽而死，不肯受辱而生，此人之本性也。心爲人之主宰，聚萬理而應衆事，心足以使人造福，足以使人自殺，足以乂配人之一切，故孟子以心之官爲「大體」，以耳目之官爲「小體」，如蔑棄禮義，縱欲貪惏，靦顏無恥，此之謂失其本心，孟子喻之爲「養其一指而失其肩背」，（告子），則爲狂悖反常之人矣。

就知能方面而言，低級動物皆能謀食養生，人爲萬物之靈，當更以謀食養生爲平易之事，人類之奇蹟，乃在乎開闢人生大道，闡發宇宙文明，故孔子曰「君子謀道不謀食」。孟子稱專作口腹之養者爲「飲食之人」，飲食之人，爲人所賤，爲其「養小失大」，不能明道也。明道立德，全憑此心，諺語謂「雙手萬能」，其實不然；人類之雙手，擧相似也，而巧拙不同，巧拙之分，全在乎心，故實乃人心萬能也；知能之發揮，全在人心之修養，此種修養工夫，即中庸所謂博學、審問、愼思、明辨、篤行是也。人之天才智愚不同，有幾分修養，便有幾分成就，不肯自修，雖有聰穎之資，亦與下愚無異；苟能自修，則「雖愚必明，雖柔必強」矣。孟子謂「養心莫善於寡欲」，（盡心），蓋能寡欲，而不受外物之牽制與蒙蔽，始能心存於仁，行協於義，始能發揮靈覺，燭照萬理。苟知「心」之重要，不肯逐物移意，則不至失其本心，能操持此心，則精力集中，可以格物致知；若心不在焉，則神馳魄散，必至一事無成，孟子擧例言之云「今夫奕之爲數，小數也，不專心致志，則不得也。奕秋通國之善奕者也，使奕秋誨二人弈，其一人專心致志，惟弈秋之爲聽，一人雖聽之，一心以爲有鴻鵠將至，思援弓繳而射之，雖與之俱學，弗若之矣，爲是其智弗若與？曰非然也」。心爲人之靈明，進德修業全憑此心，若飽食終日，無所用心，則其心必墮落而失却靈明，故曰「學問之道無他，求其放心而已矣」（告子）。老子云「常德不離，復歸於嬰兒」，孟子云「大人者，不失其赤子之心」（離婁）。皆言人性本善，嬰兒赤子純一無僞，人當永保此天眞無邪之性，走向人生之正路。惟道家之復性復初，以歸眞返樸，自然適性爲目的；而儒家之存心養性，則以成己成物顯揚德性爲目的也。

茲再談養氣之道：氣爲何物？道德智慧由人之心性而發，此可稱之曰精神作用；精神支配人之肉體，然肉體亦可影響人之精神，由孟子盡心篇「居移氣，養移體」之意而言，其所謂氣，卽人之氣度，亦可謂器宇；體卽人之體態，意謂地位環境足以變易人之氣度，飲食奉養足以變移人之體態也。孟子養氣章，由不動心而談到勇氣，由勇氣而談到養氣，本身既有勇氣，則對外界之一切恐怖威脅，皆不畏懼，不屈服；勇氣卽由不動心而來者，不動心卽自心有眞理主宰，有剛正之氣，不受外物之搖動，此種品格由養氣工夫而成，然則氣卽心對外物之判斷處理而發之動力也。又本章云「今夫蹶者趨者，是氣也，而反動其心」。蹶者趨者是肉體之作用，然蹶倒在地，或趨行過急，便足以引起人心之煩惱或緊張，則氣亦包括身體受外界之刺激而發生之一切作用，例如遇有可悅之事而生喜氣，遇有可恨之事而生怨氣，對於辭讓之事而生和氣，欲打不平之事而生勇氣，乃至於所謂生氣勃勃，意氣揚揚，豪氣雄邁，大氣旁礴等等，皆屬於此類之氣，然則氣即促使身體動作之一切活力，亦即所謂氣魄也。

列子湯問篇云「汝志强而氣弱」，孟子云「夫志氣之帥也，氣體之充也」，心志以理智指示人之動向，然缺乏充體之氣，以致身體對於其所指示之動向不能發生活力，於是心志亦必因之而銷沉；志與氣合作，始能實現於行為，故志氣二字往往連為一稱。高尚其志，謂之養志，志須養，氣亦須養也，常人一受外界之刺激，心輒不能自主而發生衝動，此即所謂「動心」，俗語謂「沉不住氣」，臨危難則戰慄失措，遇幸運，則得意忘形，屈瑕驕兵伐羅，鬬伯比曰「莫敖（屈瑕之官名）必敗，舉趾高，心不固矣」，趾高氣揚，心不為主，果爾兵敗殺身，（左傳桓公十三年），范增以項羽不從其計，憤而辭去，怒氣攻心，遂致疽發背死。不能養氣，不但足以招尤敗事，淮南子精神訓云「人大怒破陰，大喜破陽，大憂內崩，大怖生狂」。凡喜怒哀樂一切過分失當之衝動，皆足以傷生。養氣並非忍氣之謂也；養氣乃以理馭氣，不使之隨便衝動；忍氣乃氣已衝動，而强為容忍。蓋氣受外物之刺激而發，如不節制，任其衝動，則足以擾亂心志，孟子所謂「氣壹則動志也」。心志被氣所擾，或任氣恣肆，或意氣用事，於是理智失效，而行僞無度矣。志雖爲氣之帥，然有時氣燄過盛，則暴橫而發，不受志之統轄矣，孟子云「持其志，勿暴其氣」，一面須堅持志之正鵠，一面須導氣循乎正軌，養氣卽使氣統於志，志氣合一，而養成公明正大之莊嚴氣魄也。志氣合一，則志既堅定，而氣亦沉靜，外物不能搖；志之所向，而氣卽隨之，外物不能屈；是故行止進退，從容中道，寵辱不驚，喜怒不形，臨大難而不懼，臨大節而不可奪，此卽孟子所謂至大至剛浩然之氣也。

浩然之氣如何養成哉？孟子云「以直養而無害，則塞於天地之間，其爲氣也。配義與道，無是餒也，是集義所生者，非義襲而取之也，行有不慊於心，則餒矣」。孟子以人性本善，是非之心人皆有之，「萬物皆備於我矣」，萬理俱在心中，世事之反覆無常，不必受其炫惑，一切付之於良心判斷，無愧怍，卽無咎厲，順乎善性之自然以立身，依據人心之當然以處事，理直氣壯，無所顧慮，此之謂以直養。若不循直道，枉道而行，悖禮害義，則良心自責，氣卽餒矣。浩然之氣，乃由良心與行爲對正義致力而養成者，並非由外界之所迫，行一善事，倡一義擧，卽可偶然取得者也；蓋浩然之氣發自內心，所謂「由仁義行，非行仁義也」（離婁）。「仁義禮智，非由外鑠我也」（告子），浩然之氣並非自外襲入者也；若被身外之禮法所拘，或爲利害所迫，不得己而行仁義，豈能養成浩然之氣？孟子指出養氣有三種要項：

一、必有事焉：無論致知或養氣，必須確定目標，使心有著落，專誠壹志，求其必達，倘精神散漫，率易爲之，若無其事一般，則敷衍而已，豈能成功？

二、勿忘：當念茲在茲，持之以恒，堅定信心，志氣合一，時時警惕，不稍懈弛；事事愼思，必協於義；孔子云「用志不分，乃凝於神」（莊子達生），久之而習爲自然，於是浩然之氣乃沛然充乎此身。

三、勿助長：養氣當順乎直道，恬靜自然，安而行之，如同練習拳技一般，日日依法術而爲之，久之則體力可硬可軟，可以揮拳如鎚，擊碎磚石，若急欲速成，欲以短期工夫，硬擊苦撞，則技藝未成，反足傷身，養氣亦然，當意志靜定，心情篤實，使神氣不蕩於外，任彼世故紛紜，我則以義爲主，不怠不慌，從容中道，如此始克成功。倘不重實踐工夫，無而爲有，虛而爲盈，心中空虛，僞作剛强，矯揉造作，徒飾外表，「色厲而內荏」，如此則離却正路，浩然之氣卽消散矣，此孟子所謂揠苗助長，非徒無益而又害之也。

浩然之氣養成，則氣宇恢閎，巍巍然「大我」之氣魄，「揮斥八極，神氣不變」，卽孟子所謂至大至剛，充塞乎天地之間；此之謂大人。

再談反省工夫：曾子一日三省，孟子受曾子之學，故亦深重反省之道。世人相處，每寬以恕己，而苛以責人，彼此有所不協，輒懷怨對方，而予以刺激以洩忿，因而引起反應，愈趨決裂，但仍不自悟，反而更加向外用力，欲以屈服對方，報復對方；愈向外用力，對方之反應愈惡烈，於是仇恨鬥爭由此而起。孟子提出反省之道，使人向內用力，曰「愛人不親，反其仁；治人不治，反其治；禮人不答，反其敬」（離婁）。我愛人而人不親我，若懷恨之或絕棄之，皆無所益，亦無法用强力使之親我，只有反求諸己，盡我之仁道以感化之。爲政治民而民不服從，若施行壓力，强迫就範，則衆怒在心，時有暴發之虞，必須反求諸己，改善政策，始能使人群悅服。我對人以禮，而人不禮我，若「攘臂而扔之」（强引人答我以禮，見老子），使人不得已而應酬於我，則亦無謂之至矣，故仍當反求諸己，尋其原因，以我之至誠，引發彼之同情。「夫愛人者，人恒愛之；敬人者，人恒敬之」；原爲人之常情，若我愛敬彼，而彼不愛敬我，此乃反常之事，君子嚴於責己而厚於恕人，故先反躬自省，檢討自己，以求事之完善，以求無愧於人，試看孟子之反省工夫何等深刻，曰「有人於此，其待我以橫逆，則君子必自反也，我必不仁也，必無禮也，此物奚宜至哉？其自反而仁矣，自反而有禮矣，其橫逆由是也，君子必自反也我必不忠。自反而忠矣，其橫逆由是也，君子曰此亦妄人也已矣，如此則與禽獸奚擇哉？於禽獸又何難焉」（離婁）。責己恕人之誠達到如此程度，當能感召對方，「至誠而不動者未之有也」，然而對方仍無動於衷者，只可以妄人禽獸視之，一笑置之而已；我既內省不疚，彼乃痲木不仁又何必責之哉？

不但對人應重反省之道，卽爲學治事亦然，學之不通，事之不達，當盡我之心，努我之力，以求成功，若憒於困難，半途而廢，或厭於煩勞，急求速決，是皆失敗之源也，孟子云「射者正己而後發，發而不中，不怨勝己者，反求諸己而已矣」（公孫丑）。又云「行有不得者，皆反求諸己」（離婁）。誠然，無論何事，當求諸自身之智能以解決之，依靠他力，或企圖僥倖，皆不足恃也，孟子云「萬物皆備於我矣，反身而誠，樂莫大焉」（盡心），宇宙萬事之理，皆賴吾之心靈而發明之，故宋儒云「心卽是理」，「理在心中」，苟能善用吾心，以誠求之，則此心此理貫通融會，美在其中，「可以通神明之德」（繫辭），可以達萬物之情，淸明在躬，至誠如神，與事理無隔閡，與天地爲一體，豈非無上之至樂乎？

修養之道，略如上述，循其道而爲之，企及聖人固非易事，然人性既善，人皆有良知，苟能堅持善性以行事，則自然吻合於道義，「譬如行遠，必自邇；譬如登高，必自卑」（中庸），由淺而深，由下而上，「下學而上達」，逐步前進，用力既久，自然躋乎高明之境。播間乞餘，我不爲也；傷身辱親，我不欲也；此等品德雖屬平易，然而能推此心擴而大之，則醜顏鑽營謀求富貴，亦我所不爲也；悖禮犯義自食惡果，亦我所不欲也；能如此，卽爲有道之士矣，故孟子曰「無爲其所不爲，無欲其所不欲，如此而已矣」（盡心）。此不爲不欲之良心，人皆有之，然而未必人人皆肯依而行之，孟子曰「夫義路也，禮門也，惟君子能由是路，出入是門也」。小人非無善根也，以其自暴自棄，不肯養此善根也，孟子云「自暴者不可有言也，自棄者不可與有爲也，言非禮義，謂之自暴也；吾身不能居仁由義，謂之自棄也」（離婁），彼非不能行仁義，而乃託辭曰不能，是甘墜下流，自侮其人格，自棄其人生也；甚則習於邪惡，非薄禮義，以修德積善爲迂濶，以作奸行險爲能事，多行不義，終必自斃，此卽等於自虐其身而戕其生也。

抑修身崇德，不僅爲對人處事之律也，亦卽順性命之理，所以完善吾之人生也，蓋好貴而惡賤，好尊而惡卑，乃人之通性，孟子將人之尊貴，分爲天爵人爵二類，「仁義忠信，樂善不倦，此天爵也；公卿大夫，此人爵也」。人爵由天爵而來，必修天爵而後可得人爵，拋棄天爵，則人爵卽不能保，故天爵乃爲至貴，孟子曰「欲貴者，人之同心也，人人有貴於己者，弗思耳」。天爵在人善性之中，此天所賦予之尊貴，人人皆可修而得之；人爵則須待機會而致，昨爲高官，今爲庶民，宦海競爭，得失無常，甚至於權勢烜赫，自鳴得意，而炰烋一時，萬世唾罵，人爵果爲貴乎？惟天爵乃爲永恒不變之尊榮，子張曰「昔者桀紂貴爲天子，富有天下，今謂臧聚曰：汝行如桀紂，則有怍色，有不服之心者，小人所賤也；仲尼墨翟窮爲匹夫，今謂宰相曰：子行如仲尼墨翟，則變容易色，稱不足者，士誠貴也；故勢爲天子，未必貴也；窮爲匹夫，未必賤也；貴賤之分，在行之美惡」（莊子盜跖篇）。此千古人心之所同然也，曹操貴爲王侯，武訓賤爲乞丐，今謂販夫走卒曰：汝行如曹操，則彼必以爲此大侮辱，今謂高官大吏曰：汝行如武訓，則彼以爲獎譽太厚，孟子云「詩云：既醉以酒，既飽以德。言飽乎仁義也，所以不願人之膏粱之味也；令聞廣譽施於身」，所以不願人之文繡也」（告子）。又云「仁則榮，不仁則辱，今惡辱而居不仁，是猶惡濕而居下也」（公孫丑）。故不僅負齊家治國之責，當先致力於修養，即本身人格之尊榮，亦胥賴修養工夫也。

四　教育

學記云「教也者，長善而救其失者也」。教育之目的，在啓導人生向上，成全人之完美生活；教育之要項，可分道德與知識兩大類。衣食生活之飽煖，此屬於知識方面之事，此問題較易解決。人類之重大問題，則患在群體生活發生糾紛，互相侵害，此可稱之曰人禍。殘忍毒辣，窮極兇惡，伏屍百萬，流血千里，自古人禍之烈，令人不寒而慄。知識固爲重要，但若無道德而徒有知識，則知識愈大，爲害亦愈大。儒家深鑒於此，故以道德教育爲首，知識教育次之。孔子曰「弟子入則孝，出則弟，謹而信，汎愛衆，而親仁，行有餘力，則以學文」（論語學而篇）。文、猶而今所謂書本學問，是屬於知識方面者，以文爲德行之餘事，即以道德爲本，以知識爲次也。儒家教人博學多能，並非不重知識，惟其觀點特重人事問題，其精神在乎修道立教，化民淑世，以促進人類幸福之大同社會，是以經典中亦多講作人之道。至於格物致知之術，乃在乎經驗技能之實際傳授，在文字記述中則「尊德性而道問學」相提並論（中庸），修德與求知，每混合言之，只提示其要義而已。茲簡述孟子之教育理論。

人性本善，人人皆有善根，然不加以培養，則善苗即難於產生，故曰「苟失其養，無物不消」。教育之功用在乎引發性之善端，使人擴而充之，以達於至善之境，故孟子重視教育。就教育之功效而言，家庭教育，學校教育、固爲根本，然社會教育之力量尤大。人在童年所受父母師長之教訓，雖拳拳服膺，誠心信仰，然而及年長壯行之時，不幸而當世衰道微之秋，踐足社會，見夫時風之惡濁，人情之奸險，棄禮義，捐廉恥，黑白顚倒，是非泯滅，道德法律皆失其效，桀驁之徒得勢橫行，忠實之人遭受屈辱，當此之時，除少數賢者能守死善道，不同流合汙外，一般人皆被潮流捲入旋渦，於是感到幼年所受父母師長之懿訓，至此皆不能實用，欲求現實生活之滿意，不得不洗却夙年所受之薰陶，而向現社會重新學習，遂乃隨波逐流，機變詭謀，習爲當然，勾心鬥角，爾詐我虞，處處充滿虛僞恐怖之氣氛。社會風氣愈惡劣，家庭學校之教育力量愈消損，社會教育能將家庭學校之教育徹底予以摧毀，其力量詎不大哉！

社會教育如此重要，其責任誰負之哉？曰在上位者掌政權者負之也；是故政教合一爲儒家一貫之主張，而孟子之言論尤爲深切著明也。孟子云「善政不如善敎之得民也」（盡心），此言必有教育功德，始能建立政治信仰；又云政治合理，民生安定，「然後驅而之善，故民之從之也輕」（梁惠王），此言必有政治力量，始能促進教育功效；政治能改造社會風氣，亦能創立社會教育，故教育之盛衰，其權全在執政者之手中。然執政者若專制武斷，自身荒妄無度，而徒以倫理道德命令民間，即能使人民聞聲服從乎？果爾，試看歷代無道之君，未有不以禮義訓民者，然己身無道，愈以禮義訓民而民怨愈深，民風愈壞，卒不免天下大亂，此何故哉？蓋在上位者「其身正，不令而行；其身不正，雖令不從」（論語子路），上有好者，下必有甚者焉，楚王好細腰，宮中多餓死；吳王好擊劍，民間多瘡痍；是故「堯舜率天下以仁，而民從之；桀紂率天下以暴，而民從之；其所令反其所好，而民不從」（大學）；孟子云「上無禮，下無學，賊民興，喪無日矣」（離婁），又云「有大人者，正己而物正者也」（盡心），在上者悖禮妄爲，在下者無所師法，則盜竊亂賊斯作，而國危矣。在上者以身作則，率民以正，「民蒙其化，則人有士君子之心」，「此五帝三王所以能晝法像而民不違，正己德，而世自化也」（潛夫論，德化，本訓）。

在上者既能行道示範，已足造成社會風氣，形成社會教育，而政教合一又有具體之教育法令，其教育綱要，即尚書所謂「五教」，即孟子所謂「父子有親，君臣有義，夫婦有別，長幼有序，朋友有信」（滕文公），此之謂五倫，即人倫教育也。由此五倫擴而充之，人與人直接間接，皆形成倫理開係，社會構成倫理秩序，此是教育之宗旨，亦即政治之要求，在上者躬行實賤，以率萬民，「君子篤於親，則民興於仁」（論語泰伯），又設教育機關，專司其事，「

古之教者，家有塾，黨有庠，州有序，國有學」（學記），孟子云「謹庠序之教，申之以孝悌之義」（梁惠王），「設爲庠序學校以教之，庠者養也，校者教也，序者射也。夏曰校，殷曰序，周曰庠，學則三代共之，皆所以明人倫也，人倫明於上，小民親於下」（滕文公）。以庠、序、校、定爲學校名稱，庠以養老爲義，校以教民爲義，序以習射爲義，國學爲最高學府，三代同名，學校教育文武合一，傳授知識，教導武藝，而總以明人倫之人格教育爲首要。

社會教育，學校教育，既已建樹，人人涵濡於道同風一之中，自然皆知重視家庭教育，蓋人莫不愛其子弟，豈有不教其子弟以作人之道，以備立身於社會也哉！人生幼而學，壯而行，家庭之所教，定能符合社會之所行，故家庭教育不待提倡而即能各盡其道。孟子對家庭教育亦有所提示：一則以父之於子，愛之深切，望子成龍，惟恐其不賢，諺云「恨鐵不成鋼」，如父而兼任師職，對子期望過高，責求甚嚴，學業成績不能達其所期，則「繼之以怒」，於是「父子相夷矣」。公孫丑問「君子之不教子何也」？孟子云「古者易子而教之，父子之間不責善，責善則離，離則不祥莫大焉」。又云「責善朋友之道也，父子責善，賊恩之大者」（離婁）。蓋以父子之道，重在孝慈倫理之恩，以增加家庭之溫煖，如以父兄之親而變成嚴師畏友之義，則父兄關係加隔距離，其感情不若單純父兄子弟之親自然而融洽。家庭教育純係愛情之化導，因此，又必須有學校教育，將督導學業切磋互勵之責，付之於師友。學校組織具有社會性，學校教育含有政治性，故家庭對子弟所不能施行之教育，而子弟到學校則安然接受，一切視爲當然，制度之規定，禮俗之所尙，皆隨衆人之步趨，而自知不可違越，漸與廣大之社會接近，漸感學問之重要，因而對師長之督責，亦知其爲善意而不懷怨，而且師友之誼非同泛泛，又增加一層倫理關係。家庭教育與學校教育性質不同，父母而兼師職，每不若易子而教之功效，而且父母若直接課子，督責過嚴，不幸而使子女有「匪用爲教，覆用爲虐」之感，則易於發生隔閡，故孟子提出警告曰「離則不祥莫大焉」！

次則尙有一種父兄，對子弟教育抱放任主義，一味溺愛，養而不教，聽其自然發展。或以子弟之性格天才遠不如己，遂大感灰心，以爲孺子頑劣，不可教也；或以爲如此愚魯，終不成材，吾末如之何也已。夫不肖之父兄，對子弟放縱而不教，或以己身不正，亦無法教子弟，遂棄之若遺，固無論矣；彼對子弟抱消極心理，而不盡教育之責者，與不肖之父兄，有何異哉？故孟子誡之曰「中也養不中，才也養不才，故人樂有賢父兄也；如中也棄不中，才也棄不才，則賢不肖之相去，其間不能以寸」（離婁）。中爲中正，指品德而言；才謂天才，指智能而言；學記云「玉不琢，不成器；人不學，不知道」；子弟雖賢，亦必教育之，始能成其賢，若不賢，而又失教育，豈不愈降爲愚劣？故賢父兄對於不中不才之子弟，當更盡教育之功以補救之。所謂養不中，養不才，養者，培養扶植也；父兄雖不能兼爲嚴師，然必須曲盡監護引導之方，使之接受教育，庶幾可以化莠爲良，各盡其才。

孟子又言環境教育之重要，曰「矢人豈不仁於函人哉？矢人惟恐不傷人，函人惟恐傷人，巫匠亦然，故術不可不愼也。孔子曰『里仁爲美，擇不處仁，焉得智？』夫仁天之尊爵也，人之安宅也，莫之禦而不仁，是不智也」（公孫丑）。又、孟子自范之齊，望見齊王之子，喟然歎曰「居移氣，養移體，大哉居乎！夫非盡人之子與？王子宮室車馬衣服，多與人同，而王子若彼者，其居使之然也。況居天下之廣居者乎？魯君之宋，呼於垤澤之門，守者曰『此非吾君也，何其聲之似我君也』？此無他，居相似也」（盡心）。又舉例云「有楚大夫於此，欲其子之齊語也，一齊人傅之，衆楚人咻之，雖日撻而求其齊也，不可得矣」（滕文公）。蓋社會風氣雖惡，不能無好善之人；社會風氣雖善，不能無納惡之藪；人雖有善性，然在惡劣環境中，受其薰染，久之必隨之腐化；人雖有惡性，然在善良環境之中，受其陶冶，久之必變其氣質，故家庭與學校，當選優良之環境，而對子弟向往之處與交遊之人，尤當注意，此孟母所以擇鄰而處，三遷教子也。

茲再談孟子所講爲師之道，教師爲國家作育人才，此乃神聖之任務，而且傳道授業，又爲己身學問精神不朽之盛事，故爲師者當忠於職責，以教育爲樂事，不可以「知識販子」自居，只為謀食而已也！孟子云「君子有三樂，而王天下不與存焉。父母俱存，兄弟無故，一樂也；仰不愧於天，俯不怍於人，二樂也；得天下英才而教育之，三樂也」（盡心）。莘莘學子，受我啓導，如桃李之向榮，春華秋實，各有成就，已足樂矣；且濟濟諸生之中必有英傑，王佐之輔，棟梁之材，由我栽成，豈非天下之至樂乎？此為師者誨人不倦之精神所由發也；受徒設教，栽培後進，豈與傭工賣藝者同其志趣哉？古昔之風，學生尊師重道，教育為高尚職業，教師為社會所重，為人師表並非易事，孟子恐有人濫竽冒充也。故又戒之曰「人之患，在好為人師」（離婁）。彼德之不修，學之不講者，虛有其表，而又好為人師以自炫，其本身已懷自足之心，而不求前進，而且「無而為有，虛為為盈」，敷衍從事，誤人子弟，豈非自誤誤人？

孔子教人，因材施教，孟子亦然；故曰「君子之所以教者五：有如時雨化之者，有成德者，有達材者，有答問者，有私淑艾者，此五者君子之所以教也」（盡心）。其已有相當之修養，而未解道德精義，未入學問深境者，經良師之循循善誘，其心境豁然開朗，如草木之經時雨，發榮滋長，而各展其向上之志，以成其果。其德性趨於潔身獨行者，則教之成為清操愼德之士，樂天崇道，以振社會之風。其有特長天才者，則因其志趣，教之卽物窮理，以成為專門人才。其有非及門弟子，而有疑難問題前來請教者，則就其所問而為之解答以釋其惑。亦有因地域所限，或時代相隔，雖未曾親炙受教，而傾慕其道德文章，中心私淑，深受感化者。偉大教育家，不但功在當時，而且澤及後世也。

教人當確定高尙目標，使學者向至善之境邁進，人雖未必一切皆能逮夫聖賢，然不可不志在聖賢，語云「取法乎上僅得乎中」，若取法乎中，則僅得乎下，若取法乎下，則落爲下下矣。學問固當由淺而入深，由近而及遠，然必須以正確之法度爲準繩，以至高之境界爲目的，使學者自強不息，用幾分力量，便有幾分成就，決不可因人之天資魯鈍，無志深造，便放弛規律，降低目標，使之居下而自足，舍難而圖易，冉求謂孔子曰「非不悅子之道，力不足也！子曰力不足者，中道而廢，今汝畫」（論語雍也）。公孫丑謂孟子曰「道則高矣美矣，宜若登天然，似不可及也，何不使彼爲可幾及，而日孳孳也？孟子曰大匠不爲拙工改廢繩墨，羿不爲拙射變其彀率」（盡心）。又「羿之教人射，必至於彀，學者亦必至於彀，大匠誨人必以規矩，學者亦必以規矩」（告子）。蓋「不以規矩，不能成方圓」，大匠決不能因其弟子笨拙，運斤斲木不能中規中矩，而即廢其繩墨，將就了事。羿教人射，挽弓拉弦，必須達到滿力之度數，所發之矢始能奏效，若因弟子力弱手拙，而減少其弓力之度數，則矢發不過咫尺，有何用哉？一切學問皆同乎此，降低要求，降低程度，違背標準，則所學即不能付於實用，故孟子學此淺顯之喻，使掌教者注意。

教學當注重啓發，如用機械方式，一味灌注，學者往往「苦其難而不知其益，雖終其業，其去之必速」（學記）。孟子曰「君子深造之以道，欲其自得之也；自得之，則居之安；居之安，則資之深；資之深，則取之左右逢其源；故君子欲其自得之也」（離婁）。學記云「雖有至道，弗學不知其善也」。教授某種學問，必先就其簡明要義，引發學者之興趣，使之逐步前進，由淺入深，漸達佳境，自得其樂，則安於所學而不厭倦。心得既多，處事有所憑藉，付諸實用，得心應手，如此便益感學問之價値，而愈作精深之硏究。敎人當以此法；爲學者尤當注重自發自悟之工夫也。

教育爲一種專門學問，教學方法不一，孟子曰「敎亦多術矣，予不屑之敎誨也者，是亦敎誨之而已矣」（告子）。不屑敎誨有二義：其一、違禮而不率敎者，或堅持己見而故意執拗者，則用不屑敎誨之法，激發其反省之心，使之自己覺悟，如論語陽貨篇所載，孔子託疾不見孺悲，「取瑟而歌，使之聞之」是也。其二，人之天資不同，宜於習政治，未必宜於習軍事，長於數理者，未必長於文學，其對某種學科格格不入者，如强敎之，此所謂「敎人不盡其材，其施之也悖，其求之也拂」（學記），實必徒勞而無功。學問之路甚多，何必死守一途?而今科學之口號甚盛，青年學子以爲科學而外之學問概不足貴，其天性才智不宜於此道者，亦皆屈意而强爲之，遂致對科學既不能通，且又誤却其他學問，又或學者之程度尙不能接受高深之義理，如强爲之灌注，則前之所學既未達，新之知識亦難增，此皆兩失之也。學記云「語之而弗知，雖舍之可也」。孔子云「不憤不啓，不悱不發，擧一隅不以三隅反，則不復也」（述而篇），此皆不屑教誨之意。爲師者既察悉學生不宜於某種學問，或其程度尙未能達，即不必勉强之，應使之改絃易轍，選其性之所近力之所能者而教之，庶可有成。

教雖多術，而成功仍在學者自身努力，孟子又提出種種要道以告學者云「梓匠輪輿，能予人規矩，不能使人巧」（盡心）。諺云「師傅領道進門，修行在各人」，一切學問皆須學者，自己專心致志以求進步，始克有成；爲師者不過指示方法，引導路徑而已。又戒學者不可好高鶩遠躐等而進，曰「源泉混混，不舍晝夜，盈科而後進」（離婁）。「流水之爲物也，不盈科不行，君子之志於道也，不成章不達」（盡心）。故步自封，不求進益，固爲不可，而急於求進，草率從事，學無實際，徒有虛名，所謂「聲聞過情，君子恥之」也。又戒學者不可囿於小知，不可務廣而荒，曰「博學而詳說之，將以反說約也」（離婁），學不博，則見聞淺狹；博而不詳，則所知不確；既博學而又能詳說，始可融會貫通反乎簡約，歸納其要道，精通其蘊奧。又戒學者不可有始無終功虧一簣，曰「有爲者譬若掘井，掘井九仞而不及泉，猶爲棄井也」（盡心）。孜孜不怠，日有所成，若半途而廢，則前功盡棄矣。又戒學者不可無恒，用心當勤，「孟子謂高子曰：出徑之蹊間，介然用之而成路，爲間不用，則茅塞之矣，今茅塞子之心矣」（盡心）。存心常依於仁，則邪念不生；治學勤於審思，則靈覺銳敏；體力必須鍛鍊，心力亦必須鍛鍊，若時勤時惰，一暴十寒，則心田荒蕪，思想遲鈍，而學業必難精進矣。教固多術，學亦多術，「用志不分，乃凝於神」（莊子達生篇記孔子語）。學者如堅持誠心，則自有妙悟，故孟子總論為學之道云「學問之道無他，求其放心而已矣」。

總之，孟子以人人天賦平等，皆有善性。然「逸居而無教，則近於禽獸」（滕文公）。天生下民，「作之君，作之師」，教育與政治並重，君、親、師，所負之教育責任不同，而無所軒輊，皆當各盡其道以培養人類繼起之生命。社會教育、學校教育、家庭教育三位一體，使後生涵泳於仁風德化之中，陶鑄其人格，發達其知能，於此人才蔚起，多士奮興，三代郅治之隆，不外斯道也。

五　政治

自古執政者必爲才智超群之流，才智超群，始能盧牟群衆，操縱政權，國者載民之舟也，執政者如舵手，國運之隆替，人群之禍福，全在其掌握之中，此不獨君主時代爲然，即近代所謂進步之民主政治，以選擧之制爲至公，然而其當政者，亦必有才智者始能競選成功，名義雖曰受權於民，政治方面之細枝末節，直接關係民生利害者，亦可能依從民意，然而國家之大計，主義之方針，內政之要略，外交之決策，其係於國家盛衰存亡之關鍵者，其權仍操於執政者之手，何也？執政者之才智，群衆自以爲不如，旣無其眼光，無其計劃，即不必過問，又以國爲全民共有之國家，執政者亦爲國民一分子，豈能不愛國？豈能不忠於國事乎？然而執政者之措施，未必皆得當，亦未必不逞私見，其甚者雖謨猷不臧，或假公濟私，而戢戢人群，庸弱者比比皆是，大都唯命是從，茫然無所知，即有所知，亦不敢出而干預；在野者雖有才智之士，而自以爲無權無位，人微言輕，不在其位不謀其政，只宜獨善其身，即有憂心國事者，或獻濟時之策，或進藥石之言，而當局以弁髦棄之，亦無法强其採納，如此政府，不能集思廣益，其政治能不敗，國運能不衰乎？儒家以爲政治之根本問題在乎執政者之本身，故主張人治主義，以爲有治人則自然有治法；若無治人，則雖有治法亦屬無用，故曰「其人存，則其政擧；其人亡，則其政息」（中庸）；「徒法不能以自行」（離婁）。治人者必須自身賢能，其才德使人歸服，其爲政之道，爲「道之以德，齊之以禮」（論語爲政），「以德行仁」（公孫丑），此可稱之曰德治主義。人治、德治，爲儒家政治之兩大原則，孟子言之纂詳，茲簡述之。

人治主義

洪範云「皇建其有極」極者至極之德，標準之道也，國君當以身行道，作萬民之模範，此儒家政治之出發點。論語云「修己以安百姓」，「上好禮，則民莫敢不敬」，（憲問、子路），大學言「上老老，而民興孝」，中庸言「君子篤恭而天下平」，季康子問政，孔子答之曰「政者正也，子率以正，孰敢不正」？「子欲善，而民善矣；君子之德風，小人之德草，草上之風必偃」（論語、顏淵）。孟子繼前聖之學，亦堅持此論曰「君仁莫不仁，君義莫不義，君正莫不正，一正君而國定矣」。「君子之守，修其身而天下平」（離婁、盡心）。君王爲人群之領袖，人群所望者爲聖德隆渥，福惠天下；即君王本身之志願亦必爲安定社會，保其帝位；欲安定社會必須勸善懲惡，然而君王自身不修，「不能正其身，如正人何」？

上之所行，下必效之，「其身正，不令而行；其身不正，雖令不從」（論語、子路）。是故「文武興則民好善，幽厲興則民好暴」（告子）。故孟子曰「惟仁者宜在高位，不仁而在高位，是播其惡於衆也」（離婁）。不仁者如在高位，不惟其操生殺予奪之權，恣意荼毒人民，而且弊政亂風，陷溺人心，斲喪國脉，既爲害於當時，且殃及後世。孟子云「三代之得天下也以仁，其失天下也以不仁」（離婁）。夫昏暴之君，豈不欲安定社會保其君位哉？豈不知仁政之爲美哉？豈無統治人民之策哉？然而苟非其人，則萬法失效，王符云「夫人治國，固治身之象，疾者身之病，亂者國之病也，身之病待醫而愈，國之亂待賢而治，治身有黃帝之術，治世有孔子之經，然病不愈而亂不治者，非鍼石之法誤而五經之言誣也；乃用之者非其人，苟非其人，則規不圓，而矩不方，繩不直而準不平，鑽燧不得火，鼓石不下金，驅馬不可以追速，進舟不可以涉水也」（潛夫論思賢篇）。可見庸醫誤人，妙方失靈，偓促誤國，善道無效；不惟失靈無效，且足以殺人而亡國也。故「賢者在位，能者在職」，則「德之流行，速於置郵而傳命」（公孫丑），此孟子所以主張人治主義也。

人治主義，尊崇賢能，對執政者委以全權，絕對信任，執政者既賢明，故責任心重，勵精圖治，是以「禹思天下有溺者，由己溺之也，稷思天下有飢者，由己飢之也」。「思天下之民，匹夫匹婦有不被堯舜之澤者，若己推而納之溝中，其自任天下之重如此」（萬章）。

執政者受人民之擁戴，掌天下之大權，則必能負治天下之大責，若徒掌其權，而不負其責，只以權位爲個人之享受，而不顧應負之任務，此爭權奪位之荒謬觀念；如顧責任之重，豈有爭權奪位者哉？孟子謂齊宣王曰「士師不能治事，則如之何？王曰已之！曰四境之內不治，則如之何？王顧左右而言他」（梁惠王）。齊王知士師不能治事，則當免職，豈不知國君不能治國亦當去位？故無言以對。

近世好喊民主平等之口號，每藉以非薄歷史，濫用封建專制之名詞以誣古人。孟子云「庖有肥肉，廐有肥馬，民有飢色，野有餓莩，此率獸而食人也。獸相食且人惡之，爲民父母行政，不免於率獸而食人，惡在其爲民父母也」（梁惠王）。將在上位者比爲父母，以其能負保民之責也；故往代稱官員曰父母官，取其愛民如子之義也；抬高其身份，正所以加重其責任。晚近則以爲此乃不平等不民主之口號，乃稱官員曰人民公僕，實際官員對人民何曾自屈爲公僕？甚者其官腔威勢使人民望而生畏。既爲公僕，然而又稱之曰長官，如縣長省長等等，各機關之主管皆稱曰長，公僕有所宣佈曰「訓話」，官員既爲公僕，則人民爲主人，焉有僕人而訓主人者乎？名不正，言不順，顚倒無常，此亦政治紊亂之象徵也。夫家有家長，家長當不可曰家僕也：政府領導人民，官員當然爲民之長，必呼長官爲公僕，使其名稱屈於人民之下，即可謂民主平等乎？苟爲貪官汙吏，雖有公僕之名，人民亦視之爲仇讎；苟能治國安民，人民甘願「仰之若父母」；尊重官吏，以其負保民之重任也，故孟子又將治民者比之為牧人，曰「今有受人之牛羊，而為之牧之者，則必為之求牧與芻矣，求牧與芻而不得，則反諸其人乎？抑亦立而視其死與」？（公孫丑）。人民之生命，全在為民牧者之手中，若只能取其權勢而享其尊榮，置民生於不顧，則「民卒流亡」，國勢日蹙。且人又非牛羊可比，過於控制，則內亂外患乘機而起，「國必自伐，而後人伐之」，亡國之禍，不在乎人民，全在乎官吏，故為政在人，政治之命脈，國家之存亡，全繫於執政者之身。

法家任法而不任人，以為苟有嚴明之法，不須賢才即能致治，故商鞅云「遺賢去智，治之數也」（禁使篇）。儒家之人治主義，固重於任人，然亦未嘗不任法，故孟子曰「離婁之明，公輸子之巧，不以規矩不能成方員；師曠之聰，不以六律不能正五音；堯舜之道不以仁政，不能平治天下」。法乃人所造者，非賢智之才不能製良法，亦非賢智之才不能行良法，孟子曰「聖人既竭目力焉，繼之以規矩準繩，以為方員平直不可勝用也；既竭耳力焉，繼之以六律正五音不可勝用也；既竭心思焉，繼之以不忍人之政，而仁覆天下矣」。先代聖王竭心思以立法，盡德能以致治，豐功盛績，遺法於後世，孟子尊重前人之經驗，故主張「行先王之道」，「尊先王之法」，曰「為政不因先王之道，可謂智乎」？（離婁）。雖云「五帝殊時，不相沿樂；三王異世，不相襲禮」（樂記），為政當因時制宜，然其大經大法，固有千古不易者也。儒家人治主義，有人治主義所任之法，其法為何？即孟子所謂「王政」、「仁政」、「不忍人之政」是也。略述如下：

王　政

王政、仁政、不忍人之政，三者同義而異名。孟子云「人皆有不忍人之心，先王有不忍人之心，斯有不忍人之政矣，以不忍人之心，行不忍人之政，治天下可運之掌上」（公孫丑）。不忍人之心，即惻隱之心，孟子舉例言之，如孺子將墜井，見之者必發痛惜之心，趨而救之，為政者不忍他人受痛苦，故民飢我飢，民寒我寒，禹見罪人而泣，「文王視民如傷」，其施政之策，有不合於民者，則「仰而思之，夜以繼日，幸而得之，坐以待旦」（離婁）。勞心焦思，福惠蒼生，曰「萬方有罪，在予一人」，「百姓有過，在予一人」（湯誥、泰誓）。「一夫不獲，則曰是予之辜」（說命），不忍人之心如此，故發而為不忍人之政，以解民生之疾苦，以造民生之幸福，是則不忍人之心亦即仁心，由仁心所發者為仁政，仁政即王政，說文云「王、天下所歸往也」、「民之歸仁也，猶水之就下」（離婁），故曰「行不忍人之政，治天下可運之掌上」。王政、仁政，第一須保障人民之生活，即孟子所謂「保民」，其次則為教民，茲先言夫保民：

保民之道，首須解決民生問題。蓋志士仁人，始能「無求生以害仁，有殺身以成仁」，泛泛之人，必須生活無虞，始能安分守法，爲政者如不能保民，使人民貧苦無以爲生，而猶責之以道德，悚之以法律，此非暴民政治乎？故孟子曰「無恒產而有恒心者，惟士爲能；若民則無恒產，因無恒心，苟無恒心，放僻邪侈，無不爲已，及陷於罪，然後從而刑之，是罔民也，焉有仁人在位，罔民而可爲也？ 是故明君制民之產，必使仰足以事父母，俯足以畜妻子，樂歲終身飽，凶年免於死亡 ；然後驅而之善，故民之從之也輕。今也制民之產，仰不足以事父母，俯不足畜妻子，樂歲終身苦，凶年不免於死亡，此惟救死而恐不贍，奚暇治禮義哉」？生活安定，民心始安，生活不安定，則朝不保夕，人心皇皇，挺而走險，死且不懼，小之則殺人越貨，大之則投敵作倀，苟有利可圖，即無惡不作，此時峻法嚴刑亦無用，何論道德？故仁政首須使人民豐衣足食，「養生喪死無憾」。孟子言其要點如下：

不違農時，穀不可勝食也。數罟不入洿池，魚鱉不可勝食也。斧斤以時入山林，林木不可勝用也。穀與魚鼈不可勝食 材木不可勝用，是使民養生喪死無憾也；養生喪死無憾，王道之始也。

昔者文王之治岐也，耕者九一，仕者世祿，關市譏而不征，澤梁無禁，罪人不孥。老而無妻曰鰥，老而無夫曰寡，老而無子曰獨，幼而無父曰孤，此四者天下之窮民而無告者

，文王發政施仁，必先斯四者。詩云：哿矣富人，哀此煢獨。梁惠王

其制民之產，爲井田制度：

方里而井，井九百畝，其中爲公田，八家皆私百畝，同養公田—滕文公。

五畝之宅，樹之以桑，五十者可以衣帛矣。雞豚狗彘之畜，無失其時，七十者可以食肉矣，百畝之田，勿奪其時，八口之家可以無飢矣。謹庠序之敎，申之以孝悌之義，頒白者不負戴於道路矣。老者衣帛食肉，黎民不飢不寒，然而不王者，未之有也。—梁惠王。

其對人民之負擔，主張「薄稅斂」，檢討三代之稅法，「夏后氏五十而貢，殷人七十而助，周人百畝而徹」，皆賦十分之一，（滕文公）。而以助法爲最善，井田制度土地爲國家所有，劃成井田，九百畝爲一單位，分授八家，中央一百畝爲公田，八家以人力助耕公田，將百畝公田之收穫獻於政府，此卽爲「耕者九一」之稅法，此項稅率由今觀之並不爲輕，然而其稅額隨年歲之豐歉而增減，較之「貢法」以數歲秋收之平均數爲標準而制定稅額，則助法爲公平，且「助而不稅」，田賦之外並無其他苛捐雜稅，則人民之負擔仍不爲重。

井田制度使耕者有其田，人民既有恒產，則安居樂業，自動構成良好之社會秩序：「鄉田同井，出入相友，守望相助，疾病相扶持，則百姓親睦」（滕文公）。社會之基礎如此，故可形成「德業相勸，過失相規，禮俗相交，患難相卹」之互助道德，（呂氏鄉約）。此可

謂完善之理想社會。

站於教育立場，當視人人皆可爲聖賢，一面盡我教化之功，一面鼓勵人心向善。站於爲政立場，則不可責人人皆爲聖賢，皆能崇德守法。欲使之崇德守法，必須有先決條件，即生活問題是也。管子云「倉廩實則知禮節，衣食足則知榮辱」。韓非云「豐歲則饟過客，而饑歲不食幼弟」。法家不講德治，猶爲此言，而況儒家之仁政乎？孟子云「易其田疇，薄其稅斂，民可使富也，食之以時，用之以禮，財不可勝用也，民非水火不生活，昏暮叩人之門戶求水火，無弗與者，至足矣，聖人治天下，使有菽粟如水火，菽粟如水火，而民焉有不仁者乎」（盡心）。食糧如水火般之充裕，人民生活豐富，「然後驅而之善，故民之從之也輕」。孔子爲政講先富後教，孟子云「逸居而無教，則近於禽獸」（滕文公）。保民之道既盡，於是當講教民矣。

儒家之政治，可謂政教合一之政治；儒家之教育，可謂政教合一之教育。以目的言，政治與教育皆在提高國民人格；以方法言，以政治推行教育，而教育即寓於政治之中；故執政者當立身行道，以作萬民之模範。泰誓曰「天生下民，作之君，作之師」。師爲傳道授業，教導人民向善者；君爲以身作則，領導人民向善者；然師之教導只在學校團體，而君之領導則普及社會國家，學校之教育力量，實不如社會教育力量之大，執政者負重大之教育責任，必須自身爲善，始能教人爲善，孟子曰「賢者以其昭昭，使人昭昭；今也以其昏昏，使人昭昭」（盡心）。若自身昏闇，不明大義，而欲教人明道守禮，豈可得乎？故在上位者，恭己正身，彰善癉惡，則萬民風從，「沛然德教溢乎四海」（離婁）。政教合一之綱領爲何？曰即五倫是也，亦即所謂人倫教育，或倫理教育。

孟子曰「教以人倫，父子有親，君臣有義，夫婦有別，長幼有序，朋友有信」（滕文公）。此之謂五倫，倫者理也，此五者爲人生之常理，故曰人倫。又樂記云「樂者通倫理者也」。荀子臣道篇云「倫類以爲理」，此云倫即類也，等也，理者道義也，儒家將人與人之關係分爲等類，各盡其應盡之道，例如父母爲一倫，子女爲一倫，父母對子女應盡之理爲慈，子女對父母應盡之理爲孝，乃至君臣、夫婦、兄弟、朋友……及一切相與之人，各就其親疏之等倫，以盡其應盡之道，此之謂倫理，倫理關係，即情義關係，亦即相互間之義務關係。

人之性善，人人皆有仁心，仁者愛人，人類苟能相愛，則政治問題即可解決矣，教育目的已達矣。人類之愛始於父母，此爲自然之事，儒家即依此自然之道，啓發人之理性，使人先由修身作起，培養道德人格，實踐倫理之義。理性對己有自尊心，對人有同情心，自尊必須尊人，同情於人，人亦同情於我。人格先從有直接關係者體驗起，同情心先從最親近者發動，故先以孝道爲根據，能孝，則不僅能作奉公守法之良民，不爲父母之累而已也，大孝須

「立身行道，揚名於後世以顯父母」（孝經）。不僅能養父母而已也，造福社會，立德立功，自身之榮即父母之榮也，故所盡之孝道愈大，而其所利於人群者亦愈大；如此，由父母之愛，推而及於人群之愛；由家庭之愛，推而及於社會之愛；由內而外，由親及疏，「老吾老以及人之老，幼吾幼以及人之幼」（梁惠王）。人類互重互愛之德，由倫理發揚而成，社會良好之秩序，由倫理關係而建立，學校所講者爲孝悌之義，政治所導者爲人倫之禮，在上者躬行以率下，「親親而仁民」（盡心）。「人倫明於上，小民親於下」（滕文公）。上下同道，人人各盡其倫理之誼，即可釀成博愛之風，於是政治與教育之目的已達，故孟子曰「人人親其親，長其長，而天下平」（離婁）。

所謂倫理關係，不僅限於五倫也；五倫爲基本耳。由父族、母族、妻族、朋友，推而廣之，親戚之親戚相互間皆爲親戚，朋友之朋友相互間皆爲朋友，雖無親朋關係，而長幼有序，敬老慈幼之倫理，可以通行天下，「年長以倍則父事之，十年以長則兄事之」（曲禮），以此類推，故吾國人之舊習，雖至異鄉，一切陌生，而對年老者則稱以伯叔，對年長者則稱以兄，對年幼者稱以弟，素不相識之人，皆有倫理之義，此項餘風，晚近尚未盡泯。如此，倫理關係，縱橫交加；倫理道德，形成禮俗；人與人互相愛敬，互相要好，各按其倫理關係而負有相當之義務，故人不獨親其親，不獨子其子，無形之中成爲一種社會組織，此之謂倫理社會，此即世界大同之原理也。

民主與平等

近世自民主口號盛行以來，一般人對君主政治之名稱，皆詬詈之，其意以爲民主政治爲人民之公意，是爲全民謀利益者也；君主政治，政府獨裁乃不容納民意者也。天下事鮮有絕對之利弊者，而政治問題又複雜多端，君主乎！民主乎！在其行之如何耳。夫聖君賢吏，勵精圖治，懷仁民之心，具高明之見，其政治措施以民爲主，「民之所好好之，民之所惡惡之」，奠國家如磐石之安，使人民享康樂之福，此名義雖爲君主，而實際何嘗悖民主哉！反之，高喊政權在民，官由民選，而一面在勢者操縱選政，一面狡詐者壟斷選擧，結果賢能者未必登庸，登庸者未必賢能，或以低能而誤國，或以自私而害民，此名義雖爲民主，而實際何嘗眞民主哉！

儒家未有民主之口號，以爲執政者，位居民上，負保民之責，當然處處爲人民着想，事事以利民爲本。尙書五子之歌有「民惟邦本，本固邦寧」之語，於是乃有人謂：儒家之政治不可謂民主政治，只可謂民本政治。夫事物之眞僞當以實際而論，豈可徒講字面名義？卽以字面名義而論，則民主政治以人民爲主，而官吏爲公僕；民本政治以人民爲根本，而官吏爲末梢，豈非名異而實同乎？試看孟子之政治思想，是否恰合民主之眞義？

儒書中，關於政治須以民意爲主，執政者必須民心所歸，如「子爲大政，將酌於民者也」（左傳成公六年）；「其所善者吾則行之，其所惡者吾則改之」（左傳襄公三十二年）；「朕及篤敬，恭承民命」（盤庚）；「成王不敢康，敬百姓也」（周語、記叔向語）；此等言論，多不勝擧，孟子弘揚民主之論，更爽然提出「民爲貴，君爲輕」之義，曰「得乎邱民而爲天子」（盡心），不得民心，則不能爲天子，故其施政之法則爲「所欲與之聚之，所惡勿施爾也」（離婁），並引泰誓「天視自我民視，天聽自我民聽」之語，以釋民權。執政之元首號爲天子（西伯旣戡黎），而召誥「皇天上帝，改厥元子」，又稱天子爲元子者，蓋衆人皆爲天地所生，皆以天爲父，元子爲衆子之長，故居君之地位，改厥元子，言君之地位並非固定，衆子皆可居天子之地位，顧在其德能如何耳。天道大公，天道至仁，天子之德以天爲宗，負除暴安良造福群衆之任務，「民之所欲，天必從之」（泰誓），天子爲體天行道者，然而天之意志，由誰宣示哉？欲看天之指示，卽看民之趨向可也；欲聽天之命令，卽聽民之言論可也；天意卽民意，民意卽天意，故天子必須從民意，不服從民意而違道失職，則天怒人怨，卽失却天子之資格，而天心民意，必使能稱其職者取而代之，故湯放桀，武王伐紂，孟子謂之誅罪人，不謂之弑君（梁惠王）。蓋「欲爲君，盡君道」，桀紂旣失君道，則不當復謂之君矣。「天之愛民甚矣，豈其使一人肆於民上，以縱其淫而棄天地之性」（左傳襄公十四年），故易革卦稱湯武革命，爲順天應人之擧。孟子答齊宣王問大臣應盡之道曰：君有大過則諫，反覆之而不聽，則撤其位，另立賢者（萬章）。政權爲國民之公權，執政者無道，則罷免之；權位傳遞，不得私相授受，必以民意爲主，孟子曾擧歷史以明之，堯禪舜，舜禪禹，固爲人民之公意，而禹傳其子亦非私意，禹本欲傳位於益，然而禹崩之後，諸侯之朝覲者，人民之訟獄者，「不至益，而之啓」，天下謳歌者「不謳歌益，而謳歌啓」（萬章），啓乃被人民之擁戴而即位。不但國君之廢立須以民意爲主，即官吏之任免，罪人之懲處，亦皆須徵求衆意，孟子曰「左右皆曰賢，未可也；諸大夫皆曰賢，未可也；國人皆曰賢，然後察之，見賢焉，然後用之。左右皆曰不可，勿聽；諸大夫皆曰不可，勿聽；國人皆曰不可，然後察之，見不可焉，然後去之。左右皆曰可殺，勿聽；諸大夫皆曰可殺，勿聽；國人皆曰可殺，然後察之，見可殺焉，然後殺之，故曰國人殺之也」（梁惠王）。此是何等公正愼重！政治之措施，政權之授予，皆以民意爲主，雖無競選投票之形式，得不謂之民主政治乎？

孟子不但講民主政治，且講平等主義。原夫儒家所定之倫理，本爲相對而非絕對，人與人互相重視，各盡其應盡之道，例如：父必須慈，子始能孝，父若不慈，率子爲非，則子可以違命。君必須明，臣始能忠：君若無道，則臣不但可以不忠，且可起而革命。孟子更顯明言之云「君之視臣如手足，則臣視君如腹心，君之視臣如犬馬，則臣視君如國人；君之視臣如土芥，則臣視君如寇讐」（離婁）。不但人權平等，人格平等，而勞心勞力，各專所事，「勞心者治人勞力者治於人」，分工合作，「治於人者食人，治人者食於人」（滕文公）。通功易事，互助互惠；行政者勞心，人民勞力，政府對人民負保育之責，人民對政府負供養之責，責任平等，各盡其能各享所值，官俸制度，以「祿足以代其耕」爲原則（萬章）。國君生活，當與國民同樂，「樂民之所樂者，民亦樂其樂；憂民之憂者，民亦憂其憂」，不可只顧自身之享樂，不顧民生之疾苦，故孟子答齊宣王曰：國君好樂，好田獵，好園囿，皆無妨也！苟能使人民安樂，則民安君卽安，君樂民卽樂也。甚至於「好貨」，「好色」，皆無妨也！使人民乃積乃倉，貨財充裕，婚姻圓滿，「內無怨女，外無曠夫」（梁惠王），則君民之所欲，皆得如願以償，皆大歡喜，共同之幸福，乃爲眞幸福也，反之，在位者剝削人民之脂膏，以供私人之奢靡，「庖有肥肉，廄有肥馬，民有飢色，野有餓殍」，此種不平等之生活，不惟爲致亂之因，且亦仁人之所不忍也。是則經濟平等之義，不待近世社會主義者之倡議，而孟子已早言之矣。

王天下大一統

孟子對當時之國君，苦苦講王天下之道，王道政治以全人類之幸福爲目的，無畛域之分。梁襄王問「天下惡乎定」？孟子對曰「定于一」。天下必須統一，合爲一體，利害相共，始能無紛爭，始能安定。所謂王天下，卽以仁政統一天下，而爲天下之王也，戰國之世，周世失却統一之德，諸侯爭强，互相殺伐，兵連禍結，生靈塗炭，孟子痛心言之曰「民之憔悴於虐政，未有甚於此時者也」（公孫丑），甚盼有明王出而統一天下，以救世人。「惟天無親，克敬惟親，民罔常懷，懷于有仁」；康誥曰「惟命不于常，道善則得之，不善則失之」（太甲、大學）。儒家從不主張帝權王位必屬於一家一姓，「天位艱哉」，惟有德者居之；故孟子以王道說齊王，又說梁王，然而梁王以利問孟子，齊王以霸問孟子，孟子則講仁義而反功利，蓋王道不離乎仁義，王道能救天下，而功利相爭，實所以亂天下也。但孟子亦非絕對反功利，故其答彭更之問，謂人之生計，當自食其功（滕文公）。又贊美「周于利者，兇年不能殺」（盡心）。又自身欲輔齊國王天下，功居管晏之上。又敎梁王重農業，增生產，以利民生，又恒講仁者無敵，王天下之道。然則其所講者，正所謂天下之大功大利也，其所反對者爲違犯仁義之功利也，違犯仁義而謀求功利，其結果旣損人亦不利己；以仁義爲功利，乃可自利而利人；故曰「何必曰利，亦有仁義而已矣」。但世俗之功利觀念，多以自私爲目的，是違悖仁義者也，因此，故孟子仍然反對功利。易言之，孟子乃反對私利而主張公利者，在個人如此，在國家亦如此，內聖外王之道，原屬一體也。

反私利，故反侵略，以王道統一天下，化天下爲一家，故能制止侵略，王天下者能平天下，使天下和平，欲平天下，必先能治其國，蓋國際間之關係，多在乎利害，主持正義者恒寡，正義必須有强權作後盾，徒恃强權而不講正義，則流爲今之所謂帝國主義；只講正義而無强權，則仍不免受敵國之侵陵；本身能獨立，始可圖强，强而後能以正義平天下之不平，爲天下造幸福，此王道主義也。孟子反對侵略，主張大一統，合分裂之局爲一體，消除紛爭之患，以全人類之共同幸福爲目標，故痛斥野心功利發動戰爭之罪狀，曰「今之事君者曰：我能爲君闢土地，充府庫，今之所謂良臣，古之所謂民賊也。…我能爲君約與國，戰必克，今之所謂良臣，古之所謂民賊也」（告子）。又曰「爭地以戰，殺人盈野，爭城以戰，殺人盈城，此所謂率土地而食人肉，罪不容於死。故善戰者服上刑，連諸侯者次之，辟草萊，任土地者次之」（離婁）。掊克聚斂之臣，刮人民之脂膏以充國君之私庫，固爲民賊；即如商鞅所主張以刑罰驅人民盡爲農奴，任土地以起賦稅，亦爲民賊；而爭城掠地，侵害鄰邦，殺人流血者，尤爲罪大惡極。魯欲使愼子爲將軍，以伐齊取南陽，孟子曰「不可！一戰勝齊，遂有南陽，然且不可。……徒取諸彼以與此，然且仁者不爲，況於殺人以求之乎？君子之事君也，務引其君以當道，志於仁而已」。白圭治水，築堤防川，使水注入他國，爲害他國，而告孟子曰「丹之治水也，愈於禹」；孟子斥之曰「子過矣，禹之治水，水之道也；是故禹以四海爲壑，今吾子以鄰國爲壑，水逆行，謂之洚水，洚水者洪水也，仁人之所惡也，吾子過矣」（告子）。仁人對天下，一視同仁，博愛無私，凡害人以利己者，卽爲王道所不容。

實行王道，並不在乎國家之大小强弱；湯以七十里而王，文王以百里而王，國家弱小，固當修明政治以圖强，固當善交大國以圖存；卽國家强大，己有控制天下之力，亦不可恃勢以凌弱小之邦，齊宣王問曰「交鄰國有道乎」？孟子對曰「有！惟仁者爲能以大事小，是故湯事葛，文王事昆夷。惟智者爲能以小事大，是故太王事獯鬻，勾踐事吳，以大事小者，樂天者也；以小事大者，畏天者也；樂天者保天下，畏天者保其國」。此言無論國家强弱，對鄰邦皆當禮讓相處，和平共存，不可興兵構怨製造戰禍。王道反侵略，並非厭戰爭，商湯發政施仁，以大國而事小國，然而葛伯野蠻無禮，反而以怨報德，殘殺善類，於是湯不得已而始征之。大國如施行侵略，小國雖弱，亦當設法抵抗，以制止其暴行，滕文公問曰「滕小國也；間於齊楚，事齊乎？事楚乎？孟子對曰：是謀非吾所能及也！無已，則有一焉，鑿斯池也，築斯城也，與民守之，效死而弗去，則是可爲也」。滕國受齊楚之壓迫，滕君問以事齊事楚？孟子身爲齊卿，假如蘇張功利主義之流，遇此良機，必勸滕事齊，藉以邀功，然而王道思想，天下爲公，孟子以爲齊楚不能以德服滕，而使滕君屈於威勢以降服，正所以助長其野心，故不主張事齊，亦不主張事楚，而教以整頓武備，堅守國土，與國民共患難，君有死社稷之心，民亦必拚命與國家共存亡。鄒以小國，受制於魯，鄒君問計，孟子亦告以行仁政，使民「親其上」，必效死與君共敵外患（梁惠王）。故王道並非不言兵，反之，其弔民伐罪，興滅繼絕，仁者無敵，其強大之武力亦無敵也。孔子論政首要之條件爲「足食足兵」（論語顏淵），足兵始能保民，保民始能自立，自立始能強大，強大，其文化始爲衆國所嚮慕，聲教訖于四海，已足化導天下，加以大邦畏其力，小邦懷其德，王化所至，風行雷厲，於是爲群邦之盟主，主人類之正義，保障世界之和平，此天下之共同幸福也，此王道大一統之盛績也。

孟子之政治主張，大致如上述，簡稱曰王道政治，由治國而平天下，其目的爲「天下爲公，世界大同」，何謂大同？天下統一之謂大，利害均等之謂同，此爲政治最高之境界，爲萬古常新之大道，此境不可一蹴而至，人類文化曲折前進，人生之道紛歧多端，先知先覺者，以眞知灼見指示正路，而衆人無眞知灼見，故不能直接聽從，甚至視爲迂濶之術，及將各項歧途一一走徧，失敗而回，始不得不走聖人所指示平易近人之大道。試看近世西人所倡之世界主義，國際主義，皆爲求全世界之和平與全人類之安寧，其意已在吾儒大同思想範圍之中，其主義雖未實行，然亦足見人類進化之趨向。將來此等主義漸次實行之日，亦即大同思想漸次實現之日。不自由者爭取自由；以自由爲幸福；不平等者爭取平等，以平等爲幸福；大同主義豈僅包括自由平等而已哉？大同世界，乃人類之極樂世界也。

六　天命

中庸云「天命之謂性」，天命卽天然固定之理，亦簡稱曰天理。性與命同賦自天，同一根源，故性命二字連為一詞。蓋理性與慾性皆天所賦予，二者之使命皆為求生，然發揚理性則人生圓滿，而放縱慾性則足以戕生，戕生卽違性也。故必由理性以約束慾性，使之合乎常度，乃可養身而全生，此天然固定之道，不可違逆者也。故程伊川云「天賦為命」（易乾卦詞）。朱子云「命猶令也」（中庸首章注）。楊子法言問明篇云「命者天之令也，非人為也」。命卽人生天賦之條件，如人有四肢而不能生兩翼，人必陸居而不能水棲，人有智愚，有美醜，有生必有死，此皆天然命定之事，不可更易者也。命為人生自然必趨之理，如飢則思食，勞則思休，好善惡惡，有感必應，凡人所必遵而不可違抗者，皆曰命，故儒家又稱之曰天命。引伸此義，凡為種種條件所限制而無可如何之事皆曰命，荀子言「節遇謂之命」，偶遇幸運，非己之才力所致；偶遇禍事，非己之行為所招；亦曰命，庸碌怠惰之子，本當窮苦，然而其承受先人之遺產，得以坐享安飽；天資聰穎之子，當能博學，然而其困於艱難之境遇，遂致目不識丁。體格健壯者未必多壽，身體孱弱者未必夭亡，故「智慮深而無財，才能高而無官，懷銀紆紫，未必稷契之才；積金累玉，未必陶朱之智」（論衡命祿篇）。子夏曰「死生有命，富貴在天」（論語顏淵），不誠然乎？人生環境有優劣，時運有否泰，遭遇有幸有不幸，條件所限，機會使然，非人力所能爲者，卽儒家所謂命。

荀子非相篇力斥「相人之形狀顏色，而知其吉凶妖祥」之說；韓非詭使篇亦斥「卜筮視手理」者爲狐蠱之事；蓋星相預言家之論命，至戰國時代已盛行，墨子非命篇謂「執有命者以雜於民間者衆，執有命者之言曰：命富則富，命貧則貧，命壽則壽，命夭則夭」。「王公大人借曰信有命而致行之，則必怠乎聽獄治政矣；卿大夫必怠乎治官府矣；農夫必怠乎耕稼藝樹矣；婦人必怠乎紡績織紝矣」。此所謂執有命者，分明爲星相預言之流，此世俗之定命論，非儒家之天命論也。

命之意旣如上述，故儒家主張知命安命。或謂命不可知，安命之說實足以引怠惰而阻進步。此不然，儒家之所謂知命，並非占驗推測之知命；此所謂知命，乃指事實固定之條件，而顯然可知者，如我本中人，只宜量材以任事，不可妄想高位；我本寒素，必須勞力以爲生，不可妄想安佚；有自知之明，此之謂知命。知命則當安命，不安命而作非分之想，則悖理妄求，自身苦惱，而社會亦必紛亂。

諺云「人定可以勝天」，或云人力可以打破環境。此乃人類自豪之辭，爲勸人發奮之語。人定果可勝天，則人可以長生不老，可以起死回生，孔子周遊列國，不至徒勞；孟子游說諸侯，不至失敗；人定果可勝天乎？所謂打破環境，亦必有打破環境之條件，或幸遇其機會耳，雖才智超群，而困於環境，限於時機，則仍不能打破環境，故以武侯之才，而未達其興復漢室還於舊都之志；以武穆之才，而未能成其掃蕩敵寇恢復宋室之功；抱朴子云「時命不可以力求，遭遇不可以智達」（外篇博喻）。此儒家所以主張安命也。

天道必然之理，時運際會之機，此之謂天理命運，簡稱曰天命。不知命者，必盲目妄撞，不安命者，必强奪詐取；此盜竊亂賊之事也。「富與貴是人之所欲也」，然得之必以其道，鑽營苟求，皆不知命不安命者之所爲也。孔子至衞，衞君之寵臣彌子瑕謂子路曰「孔子主我，衞卿可得也。子路以告，孔子曰「有命」！孔子進以禮，退以義，得之不得曰有命」（萬章）。魯平公欲見孟子，嬖人臧倉以讒言阻之，樂正子以告孟子，孟子曰「吾之不遇魯侯，天也！臧氏之子焉能使予不遇哉」！（梁惠王）。彼衞君魯侯既以嬖臣爲心腹，孔孟欲得其任用，必與嬖臣爲黨，不然，則必慍於群小，而終不得行其道，此亦事實條件限定之事，此卽所謂「命」，故孔子曰「道之將行也與？命也；道之將廢也與！命也」，（論語憲問）。不安命，而强欲爲之，除降志辱身，同流合汙而外，安有勝天之策？安有打破環境之道？且悖理妄爲，不擇手段以達所願，卽一時可以得意，此果爲勝天乎？天道好還，自作孽耳！

故孔子曰「不知命，無以爲君子也」（論語堯曰）；孟子曰「知命者，不立於巖墻之下」（盡心），知命而不安命，是自求禍也。

是以達人知命，君子安命，爲儒家一貫之思想。孟子對於知命安命，有深切之闡明。高位厚祿，人之所欲，雖云學優則登仕，功高則位顯，此所謂求之有道也；然而學優未必登仕，故賢士沉淪於草野；登仕未必得志而立功，故英才終身屈居末吏；立功未必不遭忌疑，故蔽賢埋功，賞罰顛倒，甚至「鳥盡弓藏，兔死狗烹」；故孟子曰「得之有命」，不可必得，故不可强求也。

人有善性，順乎善性而行，自然合乎天理，不悖天命；然人又有慾性，慾性最易泛濫，泛濫即足以泯善性而違天理。故錦衣玉食雖爲性之所欲，然事實所限，求之不得，只宜安命，不可藉口於性，而逞慾强求。孝子未必能得父母之歡心；忠臣未必能得君上之信任；待人以禮，未必人不疏慢；有志濟世，未必能達所願；此雖有事實機緣所限，然倫理道德，原在我性分之中，分所應爾，不可藉口於命，而不盡我之材，故孟子曰「口之於味也，目之於色也，耳之於聲也，鼻之於臭也，四肢之於安佚也，性也；有命焉，君子不謂性也。仁之於父子也，義之於君臣也，禮之於賓主也，智之於賢者也，聖人之於天道也，命也；有性焉，君子不謂命也」（盡心）。命受自天，而賢在乎己，不違天命，完我善性，此之謂「各正性命」（易乾卦）。

順性命之理以盡人生之道，仰不愧於天，俯不怍於人，坦然自如，其樂只且，不作分外之求，不結煩惱之緣，不汲汲於富貴，不戚戚於貧賤，故舜受堯之天下，不以爲幸運；顏子陋巷簞瓢，不改其樂；從容中道，無所企圖，孟子曰「哭死而哀，非爲生者也；經德不回，非以干祿也，言語必信，非以正行也；君子行法，以俟命而已矣」（盡心）。法者、天理之當然也，行天理當然之事，乃出自本性，非有所爲也；我行我素，榮辱之來，泰然處之而已。

環境之支配，事實之限制，命定之事，實有令人有無可奈何者，只宜逆來順受，聽天安命；如怨天尤人，橫衝妄撞，必欲抗天命而求得意，是暴虎馮河，死而不悟也，故孟子曰「莫非命也，順受其正，是故知命者，不立乎巖墻之下，盡其道而死者，正命也；桎梏死者，非正命也」（盡心）。生死禍福，皆有其必然之運，非人力所能轉移，我只遵道而行，勿自取咎，勿自陷阱，則生死禍福置之度外；所欲有甚於生，所惡有甚於死，大義所在，天理難違，雖鼎鑊在前，亦無所懼，殺身成仁，甘之如飴，蓋此乃我之「正命」當如此也。

知命安命並非消極主義，相反者，儒家又主張立命主義，孟子云「殀壽不貳，修身以俟之，所以立命也」（盡心）。體弱者命當殀，然而善自頤養，則可以益其壽數；體健者命當壽，亦須注重衞生，始可盡其天年；故貧富壽殀，不必憂慮，只要修身自勵，盡我應盡之道，庶可改善境遇而裨益命途。孔孟當亂世，奔走天下，欲行其道，皆欲打破環境，創立新生命，然而喪亂之秋，大道隱沒，人心難化，當時之隱者皆譏孔子多事，以為亂流方洶，無人能治，子路答之曰「道之不行，已知之矣」（論語微子），夫孔子豈不知其道之不行？然而仍栖栖皇皇，不憚艱險以從事者，蓋抱「知其不可而為之」之熱誠。欲扭轉乾坤以福人群，如良醫之治病，病者之死命已定，而良醫救人心切，必盡其所能以期有效，雖不奏效，而吾之力已盡矣，心已慰矣，此無可如何者也。聖人之救世亦猶是也，常人以為凡事只有萬分之一之希望，即絕望而灰心，聖人「知其不可而為之」之熱誠，雖有一分希望亦不放棄，必須作到究竟，以定其成敗。有一分力量盡一分力量，雖遭遇挫折，亦不氣餒，蓋愈艱鉅之事，困難愈多，欲建大功，必受大苦，故孟子曰「故天將大任於斯人也，必先苦其心志，勞其筋骨，餓其體膚，空乏其身，行拂亂其所為，所以動心忍性，增益其所不能……然後知生於憂患而死於安樂也」（告子）。從憂患中以創立生命，其奮鬥精神亦偉矣！如奮鬥到底而卒不能挽日回天，此乃事實所限，非人力所能為，而吾心無遺憾，亦無憂煩，只有聽造物之安排而已，此則仍須安命矣。孔子遇匡人之難，曰「天之將喪斯文也，後死者不得與於斯文也，天之未喪斯文也，匡人其如予何」？（論語子罕），孟子失意而去齊，曰「未天未欲平治天下也，如欲平治天下，當今之世，舍我其誰也」？（公孫丑）。患難非我所招，失敗非我之咎，我心無愧疚，安然處之而已，此等態度何等自然！

故儒家之安命，非如一般消極定命論者之委心任運也，而乃盡人事以聽天命；所謂立命，非如反定命論者之行險僥倖也，而乃由正路以闢新境；故競競業業，自强不息，「發憤忘食，樂以忘憂」，「富而可求也，雖執鞭之士，吾亦爲之」，如不可求，則守道安貧，「飯疏食飲水，曲肱而枕之，樂亦在其中矣；不義而富且貴，於我如浮雲」（論語述而）。「素富貴，行乎富貴；素貧賤，行乎貧賤；素夷狄，行乎夷狄；素患難，行乎患難；君子無入而不自得焉」（中庸）。此儒家安心立命之精神也。

孟子之天命論與性善說，互相關聯。性善說，鼓勵人生努力向上，以人皆可以爲堯舜，教人皆效法堯舜；然堯舜之人格，雖可學成，而堯舜之地位，則不可夢想，詎不使人失望？於是乃有天命論告人曰：外物之條件，乃環境時機所湊成，此不可强求者也！故周公孔子德及堯舜而不能有天下，行一不義，殺人不辜，而得天下，聖人猶且不爲；倘必求有天下，則篡奪鬥爭，製造禍亂，聖人豈肯爲之乎？如肯爲之，則失理性而逆天命，何以爲周公孔子？何以爲聖人？故君子樂天知命，命之所定，理之當然，只有守分安命，乃可完德性而善吾生。說卦云「窮理盡性，以至於命」，與孟子所講盡心、知性、立命、俟命之說，意義相同，俟命即安命也；蓋必盡心致知，始能明理；性者人之理也，能明人之眞理，則修身力行，即所以立命也；實踐立命之道，順乎性命之理，安而行之，無所憂慮，即所謂安命也。明乎孟子天命之論，則人生得所勖慰，自然安樂矣。

七　闢邪說

周自武王革命，統一天下，周公制禮作樂，施行王政，四海康寧，萬方來歸，道同風一，彝倫有敘，盛治之世，人無異議。自春秋而後，王政已衰，大局分裂，列國紛爭，民生困苦，舊日之禮樂教化，已徒存形式，虛有其表，而不爲時君所信行，社會日趨紊亂，於是有識之士，蒿目時艱，各抒所感，發爲議論，諸子群興，百家爭鳴，暢所欲言，盛極一時，然或蔽於一偏之見，或故作激憤之語，誠如莊子所謂「皆有所長，時有所用，雖然不該不徧，一曲之士也」（天下篇）。受其影響者，則騰爲口說，一錯百謬，流爲邪詖，而叛乎正道，所謂「九流分而微言隱，異端作而大義乖」（穀梁傳序），「使天下混然不知是非治亂之所存」（荀子非十二子）。孟子承儒家之正統，衞聖王之大道，毅然出而闢駁諸家，欲息邪說而正人心，故曰「予豈好辯哉？予不得已也」！（滕文公）。漢志僅就先秦諸子有書可考者，連同儒家，列爲十家，其實當時，衆說紛紜，儒家而外，何止九家？就孟子所述者，如任人、子莫等，其言論思想皆不在九家之內，可知當時諸說之繁雜，其湮沒而未傳於後世者，不知凡幾。茲敘孟子所闢駁者如下：

楊朱

楊朱之學說，當時勢力頗大，孟子云「楊朱墨翟之言盈天下」（滕文公）。莊子徐無鬼篇亦言楊墨盛行天下。惜楊朱無著述傳世，詳論無可尋究，莊子山木篇有楊子之宋一段，寓言篇有陽子居遇老聃問道一段，有人謂陽子居即楊朱，爲老子弟子，其學說係道家之流。此說頗有疑問，莊子所記之兩段，皆稱述陽子崇尚謙德，與「爲我」縱慾之楊子，實不相侔，卽云其從學於老子，然其學說亦不類道家。墨子曾受孔子之術（淮南子要略），吳起嘗學於曾子（史記吳起傳），初從其學，繼而叛之，墨子吳起不得謂爲儒家之流也。是故楊子之學說，仍自成一派，其學說雖無詳細之記述，然由孟子書中所指其「爲我」、「拔一毛而利天下不爲也」二語，已可見其宗旨，呂氏春秋不二篇言「陽生貴己」，「貴己」卽「爲我」之意，又列子一書，雖有後人竄入之文，然其書係採集古籍以編成者，不可謂全爲僞作，（近人有考證列子書決非僞造者，其文載大陸雜誌），列子楊朱篇之言論，與孟子所斥楊朱之主義實相符，實可作楊朱學說之簡單說明。

雖一粗淺之學說，亦必有其人生問題之觀點，必有其立身處世之主張。清平之世，世道有常軌可循，人與人禮讓相待，彼此皆收互助互惠之益，亂世之中，人心險惡，明禮者處處退讓，强暴者肆無忌憚，善人愈行慈惠，愈足滋長貪戾者之野心，此時不敢期望人人有利他之道德，只求人人皆能自利足矣！惟求自利，故不願損己以利人，亦不敢損人以利己，各守其分，社會卽安定矣，楊子有此觀感，故曰「損一毫利天下，不爲也；悉天下以奉一人，不敢也；人人不損一毫，人人不利天下，天下治矣」。楊子又以人之一生，歲月無多，生活不宜刻苦，應「從心而動」，任慾享樂「當身之娛」而外，不必爲他事勞神，因此，故倡「爲我」主義。此兩項主張，亦持之有故，言之成理，若從表面觀之，孟子斥其爲「無君」，而擬之爲禽獸，似乎太過；但聖人決不苛於責人，孟子蓋當時對其學說爲害之實情，不得已而嚴斥之也。其學說偏激狹隘，「所言之韙，不免於非」（莊子天下篇），蓋人必有社會國家始能生存，若拔一毛而利天下不爲也，人各自私，絕棄公德，則元首一人豈能理天下之事？故孟子斥其爲「無君」；無國家社會之組織，而能生活者，惟鳥獸爲然，人類絕不可能。再觀楊子「爲我」享樂之言論：以爲人之結果，死後斷滅，毫無知覺，故將人賢愚善惡之比較價値，一概泯滅之，曰：

十年亦死，百年亦死，仁聖亦死，凶惡亦死，生則堯舜，死則枯骨；生則桀紂，死則枯骨；枯骨一矣，孰知其異？且趣當生，奚遑死後？

以爲人生「百年者，千無一焉」，卽有一者，而除却幼年、老年、睡眠、疾病、哀苦、憂懼之時間，所餘十數年之中，其樂幾何？故當不顧一切以圖享樂，若爲是非名譽所約束，豈不等於囚犯？故曰：

人之生也，奚爲哉？奚樂哉？爲美厚爾，爲聲色爾！而美厚復不可常厭足，聲色不可常翫聞，乃復爲刑賞之所禁勸，名法之所進退，遑遑爾競一時之虛譽，規死後之餘榮，偊偊爾愼耳目之觀聽，惜身意之是非，徒失當年之至樂，不能自肆於一時，重囚纍梏，何以異哉？

因此，故主張「恣耳之所欲聽，恣目之所欲視，恣鼻之所欲向，恣口之所欲言，恣體之所欲安，恣意之所欲行」，以縱耳目之欲，爲唯一之至樂，人格與前途皆所不顧，故曰：

凡生之難遇，而死之易及，以難遇之生，俟易及之死，可孰念哉？而欲尊禮義以夸人，矯性情以招名，吾以此爲弗若死矣。爲欲盡一生之歡，窮當年之樂，惟患腹溢而不得恣口之飮，力憊而不得肆情於色，不遑憂名聲之醜，性命之危也。

如此拚命於食色之慾，儼然如其他動物無異，廉恥榮辱性命皆所不顧，以舜禹周孔，苦心濟世，不顧私慾，雖有不朽之名，而於自身無實際之益，不足爲法，故曰：

人而已矣，奚以名爲？……曰爲死，既死矣，奚爲焉？……曰爲子孫；名奚益於子孫？名乃苦其身，燋其心。……凡爲名者必廉，廉斯貧，爲名者必讓，讓斯賤。凡彼四聖（舜禹周孔），生無一日之歡，死有萬世之名，名者固非實之所取也，雖稱之弗知，雖賞之不知，與株塊無以異矣。——以上所引皆列子楊朱篇。

總上所述，卽可見孟子所指楊子「爲我」自私之精神，其言論亦眞可謂「邪說誣民，充塞仁義」矣（滕文公）。道德爲人生必由之徑，社會秩序，人類生活，賴以維持，違犯道德，釀成亂端，胥由人慾恣肆而致，人情多不能克制私慾，故聖人教人嚴守道德，而人猶往往因慾以敗德，如任慾泛濫，豈非天下大亂之道乎？楊子亦恐天下大亂，意在教人互不侵犯，故主張不拔一毛以利天下，亦不損他人之一毫以自利，卽楊子個人能作到恰如其分，亦不過爲人群中無情無義之頑夫而已；假如人人皆能作到，又豈有社會國家可言？此必無之事也。而況盡量放縱慾望，則不奪不饜，勢必弱肉强食，其禍可勝言哉！彼夫刻薄鄙吝之守財奴，藏金積玉，而生活枯槁，直等禁慾主義，畢生自困於憂苦之中，如採納楊子之學說，當可解其固滯。楊子對世人之「焦苦其形」，而不知享樂者，深有所感，其言論甚易搖動一般人心。任何一種學說，苟付諸實行，其所具之優點不易實現，而其所隱之弊端，則易於發展，楊子之學說，本爲偏邪，故流而爲極端爲我之自私主義，其自私所享樂者爲何？曰「豐居美服，厚味姣色，有此四者，何求於外」？（楊朱篇）。是非名譽皆所不顧，道德更不必論，抹煞人之精神生活，此又爲絕對唯物之享樂主義，人慾肆而理性滅，則從其說者在當時貪慾荒妄之行爲，當必不堪寓目，孟子擬之爲禽獸，指其事實而斥之，豈無端之言哉？

墨子

孟子云「天下之言，不歸楊，則歸墨」，當時楊墨學說，同爲人所傾向，而墨子之聲勢，則較楊子爲尤著；呂氏春秋有度篇云「孔墨之弟子徒屬，充滿天下」，墨家之勢力儼然與儒家相抗衡，其理論亦較楊子爲踏實而周密；惟其兩家學說，各走極端，楊子「爲我」自私，縱慾享樂，墨子則「以自苦爲極」，憔悴其身，楊子知有己而不知有社會，墨子知有社會而不知有己，皆流於一偏。墨子學說之中心爲兼愛，兼愛必須利人，利人故節用以苦己，節用因而非樂節葬之言論以出，教人苦自刻薄，凡音樂、美味，以及居室衣服之文彩，皆當廢除之，其言論雖動人之聽，然而矯枉過正，徒爲美談而已，誠所謂「以此教人，恐不愛人；以此自行，固不愛己；不可以爲聖人之道」（莊子天下篇），既反乎聖人之道，是以孟子斥之。

孟子云「墨子兼愛，是無父也」（滕文公）。兼愛何以爲無父？墨子主張「視人之室若其室，視人之身若其身」，「爲高士於天下者，必爲其友之身若爲其身，爲其友之親若爲其親」（兼愛篇）。兼愛卽墨者夷子所謂「愛無差等」，此乃一美麗之口號耳，非能實行者也；如所謂「視人之室若其室」，夫吾室中之財物，吾得取而用之，吾之屋舍破漏，吾得以金錢修葺之；他人室中之財物，吾亦得取而用之乎？他人之屋舍破漏，吾有無數金錢一一爲之

修葺　？如所謂「視人之身若其身」，夫吾身勞力於事業，上奉父母，下畜妻子，而吾一身之所得，能兼養他人之父母妻子乎？如以他人亦當勞身養我之父母妻子，則他人之身能聽命於我乎？如言人人兼愛，則我養他人之父母妻子，他人亦養我之父母妻子；則各孝其親，各齊其家足矣，何必互相越分，徒滋多事乎？是以儒家之仁道，主張推己以及人，由親以及疏，「老吾老以及人之老，幼吾幼以及人之幼」，此乃人情自然，合理之大道，兼愛既違人情，故不能實行，孟子斥墨者夷子云「夫夷子信以爲人之親其兄之子，爲若親其鄰之赤子乎？……且天之生物也，使之一本，而夷子二本故也」（滕文公）。愛其兄之子如愛其鄰之子相同而無差等，此不可能之事，即間有能之者，亦必矯情之流。人由父母養育而成，故人只有一本，父母之愛爲根本之愛，人生無二父母，故無兩種根本之愛，若愛無差等，則路人皆爲父母，父母亦如路人，此非等於無父母乎？故孟子斥之爲「無父」，無父母，失却親親之義，「於所厚者薄，無所不薄也」（盡心）。既薄於父母，而能愛他人者，未之有也。

人有恒性，終不可泯，對父母本當盡孝，生事之以禮，死葬之以禮，人情乃安，墨家之學說違乎人情，故雖其信徒亦不能實行，孟子云「墨之治喪也，以薄爲其道也，然而夷子葬其親厚，則是以所賤事親也」。儒家亦反對奢侈，雖富者之喪，亦不得過禮，苟爲貧者，則「歛首足形，還葬而無椁」。亦可也（檀弓）。葬禮固可因時代而變異，然而禮俗所尚，不可乖僻以立異，孝子亦決不忍刻薄以「儉其親」（公孫丑），墨家崇尚薄葬，然而墨者夷子厚葬其親，豈非以其所賤之道事其親乎？孟子揭其矛盾，夷子乃辯曰「愛無差等，施由親始」（滕文公），如此一辯，不但自動將薄葬之理由推翻而且又將兼愛之理由推翻；夫既曰愛無差等，而又曰施愛當由親始，是則仍先重視自己之父母而後顧及他人，仍有親疏厚薄之分，焉得謂愛無差等？可見兼愛之說徒爲口號而已。

孟子曰「楊子取爲我，拔一毛而利天下不爲也；墨子兼愛，摩頂放踵利天下爲之」（盡心），摩頂放踵，言苦於行事，磨禿頭頂以至脚跟，如莊子所謂「腓無胈，脛無毛」，勞瘁全身亦所不惜，此與楊子之不拔一毛以利天下，迥然相反，此種精神確爲難能可貴，故莊子曰「墨子眞天下之好也，將求之不得也」，然而苦自刻薄，虐待自己，違乎人情，實非人生之常道，不惟一般人不能實行，卽墨者之徒亦不能實行，豈非空作訛言搖亂正義？故莊子又評之云「其生也勤，其死也薄，其道大觳，使人憂，使人悲，其行難爲也，恐其不可以爲聖人之道，反天下之心，天下不堪，墨子雖能獨任，奈天下何？離於天下，其去王也遠矣」（上引莊子語皆天下篇）。反乎人心，違乎王道，不惟莊子非之，荀子亦非之爲「欺惑愚衆」（非十二子），然則孟子欲「閑先聖之道」、「息邪說，正人心」，豈能不斥之哉？

許行

戰國之世，諸侯皆欲稱雄天下，養士畜卒，以擴張勢力，政客謀夫滿天下，爭趨於無業消耗之途，朝秦暮楚，挑撥是非，製造戰禍，許行深感於此，於是起而提倡自耕而食，君民並耕，消除治人與被治之階級，躬率其徒，從事勞動，「衣褐捆屨織席以爲食」，其用心亦良苦矣。然而其學說則遠離事實，徒足以鼓動人民仇視政府之心，並無其他效用。其言曰「滕君則誠賢君也。雖然，未聞道也；賢者與民並耕而食，饔飧而治，今也滕君有倉廩府庫，則是厲民而以自養也，惡得賢」？（本題所引許行之事，皆見滕文公篇）。謂國君當與人民同樣勞力於田畝，親自炊爨而食，兼治國事，方得謂賢；若不然，則即爲剝奪人民，害民以自養，此分明爲愚惑人民反對政府之言。夫國君日理萬機，爲全國人之事而苦心焦思，何嘗不辛勞？豈必躬自耕稼，方得謂之勞動乎？賢明之君，雖若舜禹，如從事爲農，不過養數口之家，然而其安萬民，平水土，能爲天下人造福，其爲農爲政之功果，孰大孰小？且治理國事，而又須勞身於農，人世有如此萬能之君乎？即有之，而宵旰不休，忙於政事，曾不足換取衣食之代價，人間寧有此不平之事乎？許行之說，是承認勞力者之價值，而抹煞勞心者之價值也。如其說中於人心，則人民視行政者爲剝削階級，仇視之而拒絕公帑之供應，勢必造成無政府之紊亂社會。孟子略加詢問，許子之說便無以自立。夫一人之身，不能兼百工之事，生活所需，豈必自爲而後用之？許子自耕而食，然不能自爲陶冶，其耒耜釜甑，皆必以粟易之，農人以粟易器，雖未任製器之勞，然不爲有害於工人，工人以器易粟，雖亦不耕而食，豈爲有厲於農夫？問許子何以不自爲陶冶？曰「百工之事，固不可耕且爲也」！孟子曰「然則治天下獨可耕且爲與」？則許子之說不攻自破。

孟子依據分工合作之原理，將勞動者分爲兩類，曰「或勞心，或勞力，勞心者治人，勞力者治於人，治於人者食人，治人者食於人」，行政者運用知識，計劃國家大事，當然不遑勞力於農事；農人亦各忙於專業，當然無須勞心於政治；勞心與勞力，互助爲生，如農工之交易相同，「此天下之通義也」。孟子復舉例言堯舜治天下其用心之苦，功德之大，無暇於耕，而萬民感戴，豈必「與民並耕」哉？於是許行之說，無言以辯。

然而近世民主政治與社會主義之口號盛行，竟有侮聖人之言者曰：孟子將治人與被治者，定爲兩種階級，係封建時代之思想。自命爲新思想者，以中國先哲之言，無一是處。夫儒家之政治目的爲世界大同，「大人世及」之制度，爲儒家所反對，故孔子「譏世卿」（公羊傳隱公二年），如以階級爲上下位次不可變動之稱，則我國社會，自唐虞而後，富貴貧賤之階級已漸消滅，故「舜發於畎畝之中，傅說舉於版築之間，膠鬲舉於魚鹽之中，管夷吾舉於士，孫叔敖舉於海，百里奚舉於市」（告子），平民可被舉爲帝王宰相，安有階級可言？官吏致仕，便爲平民，平民登庸，便爲官吏，眞所謂變動不居，上下無常「昨日論朝政，今日話桑麻」，則昨爲官而今爲民；「朝爲田舍郎，暮登天子堂」，則朝爲民而夕爲官，此與現代所謂民主政府之人員，當選任職時，則爲治人者；屆期謝職時，則爲被治者，有何不同？如必名之以階級，則此種臨時之階級，永遠有之，事實如此，孟子之言，何可誣哉？

許行不僅欲泯滅事功之比較價值，而且欲泯滅物類之比較價值，其信徒陳相宣其說曰「從許子之道，則市價不二，國中無僞，雖使五尺之童適市，莫之或欺，布帛長短同，則價相若，麻縷絲絮輕重同，則價相若，五穀多寡同，則價相若，屨大小同，則價相若」。孟子曰「夫物之不齊，物之情也，或相倍蓰，或相什伯，或相千萬，子比而同之，是亂天下也，巨屨小屨同價，人豈爲之哉？從許子之道，相率而爲僞者也，惡能治國家」！物之素質優劣本不能齊，價値安能齊一？同爲一斗米，而米之精粗不同；同爲一尺布，而布之工料不同；只計量而不計質，强使之同價，豈非使人相率爲僞乎？

諸家學說相比，有小異而大同者，有大異而小同者，不可以其有相似之處，即爲之牽合爲一，或謂許子之平等主義，有似道家，故遂謂其爲道家之支流，然而道家講「以正治國，以道蒞天下」（老子），並未主張君民並耕，廢棄政治，或謂許子之苦行，有似墨家，故遂謂許行卽墨子之弟子許犯。然而墨子重視勞心者之價值，甚至於言勞心之功果有大於勞力者（魯問篇），而且墨子標榜大禹，而許行則假託神農，故孟子當時言墨者夷子，並未言墨者許行，而曰「有爲神農之言者許行」，則許行既非道家亦非墨家也明矣。神農治天下，倡導農業，發明農具，勞心於人民生計，未必躬身爲農，自耕而食，許行只講君當與民並耕，勞心須兼勞力，並未講農業生產之學，而後世稱之曰農家，實乃名不符實。梁任公云，許行之理論，「頗與希臘柏拉圖之共產主義及近世歐洲之社會主義相類」（中國學術思想變遷大勢），此言當矣。——許子爲反對不事勞動之游士食客，而矯枉過正，形成邪說，是以孟子斥之。

宋牼

宋牼卽宋鈃，莊子逍遙游，韓非顯學篇，又稱宋榮子，荀子正論篇、韓非顯學篇、皆稱其「見侮不辱」，「使人不鬥」，莊子天下篇亦稱其「見侮不辱，救民之鬥，禁攻寢兵，救世之戰……以禁攻寢兵爲外，以情欲寡淺爲內」，歸納其意，蓋以天下大亂由於鬥爭，鬥爭由於衆人之多欲及不能忍辱而起，於是持其說「周行天下，上說下教」，排解戰爭，奔走和平，其學說如墨子之節用非攻相似，其精神與墨子之摩頂放踵相似，故荀子以之與墨翟並稱，其志在求「天下之安寧」，與一般游說之士不同，然而其言論主旨，孟子以爲有更正之必要，試看告子篇所載云：

宋牼將之楚，孟子遇於石丘，曰「先生將何之」？曰「吾聞秦楚構兵，我將見楚王說而罷之。楚王不悅，我將見秦王說而罷之。二王我將有所遇焉」。曰「軻也，請無問其詳，願聞其指，說之將何如」？曰「我將言其不利也」！曰「先生之志則大矣，先生之號則不可，先生以利說秦楚之王，秦楚之王悅於利以罷三軍之師，是三軍之士樂罷而悅於利也，爲人臣者懷利以事其君，爲人子者懷利以事其父，爲人弟者懷利以事其兄，是君臣父子兄弟，終去仁義，懷利以相接，然而不亡者，未之有也。先生以仁義說秦楚之王，秦楚之王，悅於仁義而罷三軍之師，是三軍之士樂罷而悅於仁義也，爲人臣者懷仁義以事其君，爲人子者懷仁義以事其父，爲人弟者懷仁義以事其兄，是君臣父子兄弟去利懷仁義以相接，然而不王者，未之有也，何必曰利？

凡事徒抱利之觀念，則雖義所當爲之事，而以與我無利，便不肯爲：子弟之於父兄，不以爲應盡孝敬，而乃視爲有利；官吏之於國家，不以爲應當效忠，而乃惟利是圖；於是對人處事，處處以營利爲目的，而天下亂矣。宋牼欲勸秦楚息兵，其意義至爲正大，然而以利作說辭，其所發生之副作用，可能愈引起好戰者之野心。弱國固不敢干犯强國，若强國侵略弱國，而乃以不利說之以罷兵，則强國固以爲有利始行侵略也，秦楚兩大强國互不相讓，皆懷取勝之謀，必皆以爲有利始構兵，而乃以利說之，豈不愈促其積極好戰之心？苟以利害爲趣舍，則三軍之士，侵人之國，掠人之財，滿載而歸，殺人多者，更可邀功，豈非大利？天下戰爭本爲爭利而起，而以不利說之，「正言若反」，聽者最易誤會。

儒家並非不言利，而主張「見利思義」，「以義爲利」，如只顧利而不顧義，則營私罔利，不奪不饜。見利思義，始能無損於人而有利於己；以義爲利，則人我兩利，此天下之公利也。講公利，則無私鬥，故曰「亦有仁義而已矣，何必曰利」！有仁義則無戰禍，此乃天下之大利，秦楚構兵，其目的在乎爭强，爭强不若王天下，王天下必以仁義，故以利說之，不若以仁義說之爲言正而得體。

荀子非十二子及正論篇，對于宋牼之言論，多有非議，莊子對之亦有微辭，可見其說之非正，其奔走和平，自屬可嘉，而以利害爲說辭，則義不正而且寡效，故孟子爲之修正之如此。

陳仲子

陳仲子亦稱陳仲，因與齊王同姓，固又稱田仲，彼見亂世之政府，賢奸不辨，闒茸之輩，尊顯得志，於是對於在位者，概以卑鄙眼光視之，遂隱身山林，傲世肆志，與妻子織屨辟纑，自食其力以度生，孟子滕文公篇述之云：

匡章曰「陳仲子豈不誠廉士哉？居於陵，三日不食，耳無聞，目無見也，井上有李，螬食實者過半矣，匍匐往將食之，三咽，然後耳有聞目有見」。孟子曰「於齊國之士，吾必以仲子爲巨擘焉。雖然，仲子惡能廉？充仲子之操，則蚓而後可者也。夫蚓上食槁壤，下飲黃泉，仲子所居之室，伯夷之所築與？抑亦盜跖之所築與？所食之粟，伯夷之所樹與？抑亦盜跖之所樹與？是未可知也，……仲子齊之世家也，兄戴蓋祿萬鍾，以兄之祿爲不義之祿，而不食也；以兄之室爲不義之室，而不居也；辟兄離母，處於於陵。

仲子爲齊國之貴族世家，兄爲大夫，食祿萬鍾，而己身則與妻子勞力爲生，有時饔飧不繼，三日不食，亦不變其廉介之志，大有富貴不淫，貧賤不移之風，故孟子稱之爲齊國首屈一指之士。苟在無可奈何之境遇中，而能如此獨善其身，聖人亦必以「賢哉」稱之，然而仲子之如此，則有可議者，仲子之兄如眞爲不義，則仲子避之，孟子必不非之，雖云當時之政風窳敗，然而對于士大夫一以惡類視之，已爲妄見，以爲兄爲士大夫，即爲不義，而遠避之，尤爲無情，避其兄則並其母亦避之，此又何心哉？是以荀子曰「忍情性，綦谿利跂，苟以分異人以爲高，不足以合大衆明大分」（非十二子），謂其忍心矯情，離歧違俗，立異以爲高，不明倫理之大分，不能與人群相協也。

普通士人，不易進身政府，不易取得權位，故不易展其抱負以爲國用，仲子以貴族世家之身分，本有相當地位，本易參預國事而有所貢獻，而乃置國家於不顧，置母兄於不顧，逃脫責任，而自謀淸閑，鄉里凡民，只顧自身，拋棄親屬，猶爲非是，而況以仲子在齊國之地位，於國於家漠不關心，烏乎可哉？故當時趙威后問齊使云「於陵仲子尙存乎？是其爲人也，上不臣於王，下不治其家，中不索交於諸侯，此率民而出於無用者也，何爲至今不殺乎」？（戰國策齊策），宋人屈穀以瓠之「堅如石，厚而無竅，不可剖以盛物」之喻，比仲子爲無用之物，韓非子曰「今田仲不時仰人而食，亦無益於人之國，亦堅瓠之類也」（外儲說左上）。綜上所述，孟子對仲子猶有褒辭，則孟子所責於仲子者，豈爲苛哉？

仲子在當時，必有諸多動人聽聞之乖僻行爲，故能名著全國傳及鄰邦，就孟子所載：其三日不食，匍匐摘井上之殘李而咽之，已足傳爲趣談，尤有令人發噱者，仲子以爲其兄所有，皆爲不義之物，一日歸家，適有人以鵝贈其兄，仲子以爲此又自不義而來者，立卽雙眉一蹙，改變面容曰：要此鶃鶃亂鳴之物何用？他日其母殺此鵝與之食之，其兄自外至，曰「是鶃鶃之肉也」！仲子聞之，卽急出門哇哇嘔吐，表示不食其兄之物。

道德行爲，作幾分有幾分意義，若能「充類至義之盡」（萬章），愈推而極之，則人生之道愈圓滿，仲子之操行其可取者爲廉也，然如此之廉，推而極之，則必如蚯蚓一般，不食人間烟火，始能合乎其廉之標準，若將其避兄離母不子不臣之意推而極之，則無家無國無社會，非隔絶人世惟我獨存，不足以盡其志趣；草野之氓，如此孤僻，無人注意，不足指責，而仲子爲齊之世家，爲全國著名之士，爲衆人所仰望者，此種行爲，如被好奇者崇爲風範，競以效尤，則國家社會豈不瓦解？拘小廉而蔑大德，何足取哉？故孟子曰「人莫大焉，無親戚君臣上下，以其小者信其大者，奚可哉！」（盡心）。

任人

當戰國百家爭鳴之時，其中有一派唯物思想出現，惟當時其勢力薄弱，其學說未曾盛行，此派思想在孟子書中有一人物可爲代表，前人討論先秦思想者，多未注意，即任人是也，試觀其言論云：

任人有問屋廬子曰「禮與食孰重」？曰「禮重」！「色與禮孰重」？「禮重」！曰「以禮食，則飢而死，不以禮食，則得食，必以禮乎？親迎則不得妻，不親迎則得妻，必親迎乎？屋廬子不能對，明日之鄒以告孟子，孟子曰「於答是也，何有？不揣其本而持其末，方寸之木可使高於岑樓。金重於羽者，豈謂一鉤金與一輿羽之謂哉？取食之重者與禮之輕者而比之，奚翅食重？取色之重者與禮之輕者而比之，奚翅色重？往應之曰：紾兄之臂而奪之食，則得食，不紾則不得食，則將紾之乎？踰東家牆而摟其處子，則得妻，不摟則不得妻，則將摟之乎？

彼之發問，自以爲理由充分，强有力矣，彼以物質可以支配人之行爲，食色爲人所必需，遵守禮義，則行爲拘束，凡有所求，不敢越禮，禮適足以限制人之生活，人既欲求生活，何必受禮之羈勒？易言之，爲求生活，可以破除禮法，任所欲爲。此猶近世唯物派之一般狂徒，罵先哲之禮法遺敎，爲「吃人禮敎」同一論調，其淺薄荒謬，無足深辯，孟子以簡單之答覆，即足以破其狂妄。夫「禮也者，理之不可易者也」（樂記），處事以合理爲度，此禮之本義也，齊人不食嗟來之食，而甘於餓死（檀弓），魯人不納投來之寡婦，而鰥居終身（詩傳），如此拘禮而不得食不得妻，固爲太過，然而較之蠻橫無禮者，殺人越貨，奪人之妻，何如哉？故不以禮而謀食，可以作强盜以刼其兄；不以禮而求妻，可以作暴徒而姦鄰女；如此果能得食，果能得妻乎？人之生活不能離物質，但亦不能離禮法，無禮法則人將相食，豈能生活？如任人者，眞可謂絕對唯物思想派，自以爲其理由精强，故毅然向儒家挑戰，但經孟子略一闢駁，彼便爲戰敗之俘矣。

子莫

趙岐謂子莫爲魯之賢人，焦循疑莊子徐無鬼篇「儒墨楊秉」之秉，卽子莫，其在當時亦爲一著名之學者，惟其學說無可考。孟子有簡單之評語曰「子莫執中，執中爲近之，執中無權，猶執一也。所惡執一者，爲其賊道也，擧一而廢百也」（盡心）。墨子偏於公，楊子偏於私，二者各走極端，各執一是，子莫了解極端之誤，而採取執中之道，執中近乎聖人之道矣，然執中而固滯泥拘，不知變通，不權衡其輕重是非，只一味取其兩者調和，只求無失無得，「無非無儀」而已，此豈不流爲模稜兩可者乎？且世事有絕不能兩者折衷以執其中者，小者如一旅行團體，欲至某地，有主張水行者，有主張陸行者，絕不能採取兩端水陸兼行，當以臨時情形何者便利爲主；大者如遭遇危難，或云當明哲保身，或云當壯烈犧牲，決不能採取兩端，既保身又犧牲，而應視其事之意義與代價，以作決定。儒家注重中庸之道，所謂舜「執其兩端，用其中於民」（中庸），所謂「湯執中，立賢無方」（離婁），其中皆有權衡，不迂拘，不機械，以合理爲度，其權衡之標準，以義爲本，「以義制事」，則事事恰得其當，故孔子曰「君子之於天下也，無適也，無莫也，義之與比」（論語里仁），若只知執中，而無權衡，流爲模稜兩可，此卽古之所謂鄉原，今之所謂騎牆主義，此種執中，懼前恐後，不東不西，漫無是非，與偏左偏右者皆爲執一不通，皆不明大道，而有害於正義。是以孟子非之。

縱橫家

以燕齊趙韓魏楚六國，南北聯合西向抗秦，謂之合縱；解散縱約，使六國各自西向事秦，謂之連橫；此本當時政客在國際間所挑動之兩種相反之政策，其代表人物爲蘇秦張儀，其所擅長者，爲巧於應對，善爲說辭，政客並非學者，故縱橫家無學術可言，然而其足以支配天下之大局，關係列國之安危，其聲勢烜赫，震驚一世，大爲時人所重視，觀孟子滕文公篇所述云：

景春曰「公孫衍、張儀，豈不成大丈夫哉！一怒而諸侯懼，安居而天下熄」。孟子曰「是焉得爲大丈夫乎？子未學禮乎？丈夫之冠也，父命之；女子之嫁也，母命之；往送之門，戒之曰「往之汝家，必敬必戒，無違夫子！」以順爲正者，妾婦之道也！居天下之廣居，立天下之正位，行天下之大道，得志與民由之，不得志獨行其道，富貴不能淫，貧賤不能移，威武不能屈，此之謂大丈夫。

墨子宋牼之奔走列國，爲排解戰爭，求天下和平之福；而縱橫家之朝秦暮楚，游說諸侯，則爲求私人之富貴。蘇秦初以連橫說秦惠王，教以併吞六國之計；惠王不用，失敗而歸，乃憤而以合縱說六國，連諸侯以攻秦，身佩六國相印，極人世之榮。張儀初出游說，受辱於楚，乃投效於秦，以連橫之策，分化諸侯，藉秦勢以欺楚，說韓國以擊楚，私憤己洩，而身駕王侯之威。公孫衍（爲魏之犀首——官名——因號犀首），爲秦王說齊魏攻趙，破蘇秦之縱約，張儀爲秦相，衍與張儀不善，乃去秦而主持合縱，嘗佩五國之相印，其前後時而主縱，時而主橫，皆爲約長，純爲個人之利祿而反覆無常。縱橫家當時於國際間挑撥是非，製造戰爭，其怒目所向，則諸侯畏懼，其本身無事，則天下寧靜，是以景春稱之爲大丈夫。其實彼之目的只在個人之利，故奉迎諸侯之心理，曰「我能爲君約與國，戰必克」；曰我能爲君「詘敵國，臣諸侯」；諂言婉容，應順國君之慾望，求得寵愛，以便狐假虎威，遂其私願，若不順從獻媚，便不能得信任，故孟子謂之爲妾婦之道。——至若大丈夫則居仁由義，堂堂正正，得志則行道濟世；不得志則樂道安命；「非其義也，非其道也，祿之以天下弗顧也，繫馬千駟弗視也」（萬章），不爲物慾所奴役，不爲威權所屈服，素位而行，超然自在，此之謂大丈夫。

其他

當時列國諸侯，競尚富强之術，而其富强之目的，並非爲國人共同之幸福，大都爲擴充武力，施行侵略，欲稱霸於天下，此恰悖乎儒家之王道主義。梁惠王問何以利吾國、齊宣王問桓文之霸術，其目的皆同，故孟子以仁義糾正之。孔子言立國之條件，必須足食足兵，聖人弔民伐罪，不諱用兵，然如當時之一般兵家，助君興兵構怨，以圖個人之榮利，不但「爭地以戰，殺人盈野；爭城以戰，殺人盈城」；甚至不惜殘害親戚以遂其私，故吳起殺妻以求將，龐涓刖友人以圖功，如此殘忍，人道安在？故孟子曰「善戰者，服上刑」。孟子講爲政之本，首重農事，以安民生，然如當時之法家，以愚民政策，禁予人民官爵，使民「不貴學問」，「重關市之賦」，以消除商賈，强迫人民皆從事於墾草拓土，以便重聚歛，充府庫。又復以權術賞罰之技，「今貧者富，富者貧」（商子墾令去疆等篇），使人民苦於農役，疲於奔命，終身無生活樂趣，故孟子謂「任土地，闢草萊」者，亦皆爲罪徒。富國强兵，當以全國之幸福爲目的。倘「君不鄉道，不志於仁，而求富之，是富桀也。……君不鄉道，不志於仁。而求爲之强戰，是輔桀也」（告子）。助桀爲虐，張其威勢，內而宰割人民，外而侵略他邦「內奰于中國，覃及鬼方」（大雅、蕩），此種統治階級，與寇盜集團，何異？是以孟子斥之。

結語

中國開化最早，中國文化，由儒家之道發揚而成，儒家之道，並非孔孟所肇造，乃自羲黃開國以來，我民族自强獨立，我先王先民之大仁大智，由人生體悟而得，由人生經驗而成，故中國文化乃我民族天性之自然表現，非由外鑠者也，非取他人之衣强加於自身者也。中國文化自唐虞而後，已有定律，至周朝禮樂文物燦然大備，周室寖衰，王化陵夷，社會人事日益繁賾，賢哲懼世道之衰微，乃出而弘揚固有文化，使正統思想不墜，此即所謂儒家。孔子云「述而不作」，其所述者即前人所傳中國文化之一貫大道。至戰國時，百家爭鳴，儒家一統之思想，一時分裂，自客觀言之，諸子各發意見，提供辯論，亦爲勝事；自儒家本身言之，惟以「聖王不作」，「聖人之道衰」，故引起諸家之異議，大道隱淪，此不幸之事也；因此，孟子出而與諸家辯。孟子當時雖未能平息諸說，而其理論固已戰勝諸說矣。百家之學，雖各有所長，或如清涼散，或如興奮劑，時有所用，然而不可常服。儒家之道，則如稻粱菽麥，爲日常生活所必需，誠所謂「極高明而道中庸」。孟子當時雖深懼「邪說誣民、充塞仁義」，然又深知諸家之說不能通行，不能常存，深信世人之受炫惑者，終必迷途知返，復歸正道，故曰「逃墨必歸於楊，逃楊必歸於儒，歸斯受之而已矣」（盡心）。夫由理性以啓發人之自覺，使人走入合理之大道，而大道之行，天下爲公，以全人類爲一體，此萬古常新之道，不受時空之限制。今日又當邪說横行，大道晦闇之秋，人類進化，曲折多艱，摸索前進，未來諸賢，必有復發現此道者，彼雖不標榜儒家，而儒家先哲，固在暗中拍掌稱慶也。

八　士之人格

賈子道術云「以才智用者，謂之士」。白虎通義爵云「辨然否，通古今之道，謂之士」。士為才德兼備之人物，可以領導社會，可為人群之師法，「天生下民，作之君，作之師」，君與師本身所具之條件，皆須健全，能為師，然後能為長，能為長，然後能為君，故君及百官，凡居上位者，必須有士之資格。然而以時機所限，士未必皆得居上位，雖不得居上位，而同樣為社會所重視。甚至有時「小人道長」，「肉食者鄙」，而士則不事王侯，高尚其志，天子不得而臣，諸侯不得而友，其人格愈為社會所崇敬。儒家之教育，即訓練士之人格者也。

皇古之世，文風未開，建國之道，專重武力，天民之秀傑者，皆習弓馬戰鬥，競為武士，以效用於國，國家之安全，賴以保障；國君之政權，賴以衛護；故自古士為第一等人物。及至周朝文化大盛，崇尚文治，於是士遂重文學，而致力於詩書禮樂之道，然而有文事者，必有武備，士人必能文能武，必受文武合一之教育，故孔子習射於矍相圃，其教弟子之科目六藝中文武並重，其弟子如子路冉有等，皆能執干戈臨陣殺敵，以勇武聞於當時，及戰國而後，文武漸形殊途，赳赳武夫，能為公侯之干城，而未必有折衝尊俎，決勝廊廟之策，文士則以博學善謀，鬥智不鬥力，可以代替挽弓擊劍之術，士人注重文教，此後士人階級，遂多爲文人矣。雖然武人仍有甲士力士壯士之稱，而諸子百家之學者，亦皆稱爲士，乃至有一技之長者，如方士卜士相士等等，皆稱爲士，然此非儒家之所謂士，儒家所謂之士，乃承自古以來士之系統，才德超衆，能負行道濟世之任者，論語所載孔子論士，已可見士之人格，茲述孟子之論士：

君爲至尊之稱，君與師本身之條件皆須才德兼備，有士之資格，始可爲師，士即才德兼備者也。士由好學修身而成，曲禮云「博聞強識，敦善行而不怠，謂之君子」。君子爲才德兼備之尊稱，故稱士曰君子，稱在位者亦曰君子，因而古時士君子、士大夫，每連爲一詞（考工記、鄉飲酒），有德者、有位者，皆爲人民之表率者也。故亦稱爲大人，孟子書中如「無君子莫治野人」，「有大人之事，有小人之事」（滕文公），其君子大人，皆指在位者而言，其他凡指有德之君子大人而言者，皆與士爲同一人格，士爲通稱，君子大人則爲尊稱也。

道德才能至高無上者，謂之聖人，至高無上並無限定之程度，後世稱孔孟爲聖人，而孔孟當時却不敢自居爲聖人，故子貢問孔子曰「夫子聖矣乎」！孔子曰「聖則吾不能」！公孫丑謂孟子曰「夫子既聖矣乎」！孟子曰「夫聖孔子不居，是何言也」！蓋吾人以孔孟爲合乎理想之人物，以之爲師法，尊之爲聖人；而孔孟亦有其理想人物以爲師法，自強不息，向前追求，學無止境，德亦無止境也。士人以聖人爲典範，雖未必能及聖人，然必立志效法聖人，孔孟設教，教人爲士，其自身卽以士之資格倡導士風。

君子大人其道德人格，卽士之人格，孟子對士與君子大人之德行，解說頗多，總之士爲社會之領導者，故自古士爲四民之首；然農人樹藝五穀，商人懋遷有無，其工作皆具體而實際，士人雖亦或從事於農商，而士之身分，却另有其任務，士之本職除受徒設教而外，似乎空洞而無實據，故王子墊問孟子曰「士何事」？孟子曰「尚志」！曰「何謂尚志」？曰「仁義而已矣；殺一無罪，非仁也；非其有而取之，非義也；居惡在？仁是也；路惡在？義是也；居仁由義，大人之事備矣」（盡心）。高尙其志，卽志在聖賢，以期達乎至善之境，其言行動靜，皆依仁義爲準繩，公卿大夫在上位者，以治人安民爲事，士雖不在其位，而其以身作則，領導人群，實已具大人之事功。

士「戴仁而行，抱義而處」（儒行），其化民淑世之功，非若政治工作之顯而易睹，故世人每以其傳道教人爲空虛而不實，是以或謂孔子曰「子奚不爲政」？孔子答以雖不在位，而教人以孝悌忠信修身齊家之道，是亦等於爲政也（論語爲政篇）。不惟局外人有如此之感，甚至士人之本身，有時亦有此感，故樊遲欲爲農爲圃，孔子曉之曰：以禮義化世，意義重大，不必自耕而食（論語子路篇）。公孫丑亦問孟子曰「詩曰不素餐兮，君子之不耕而食，何也？」孟子曰「君子居是國也，其君用之，則安富尊榮，其子弟從之，則孝弟忠信，不素餐兮，孰大於是」（盡心）。戰國之時，游說之士，風起雲湧，惟憑佞口以取富貴，誠所謂「厲民而以自養」者也，孟子遊齊梁，亦受時君之崇待，其弟子彭更心感不安，乃問曰「後車數十乘，從者數百人，以傳食於諸侯，不以泰乎」？孟子曰「非其道，則一簞食不可受於人。如其道，則舜受堯之天下，不以爲泰，子以爲泰乎？」曰「否！士無事而食，不可也」！曰「子不通功易事，以羨補不足，則農有餘粟，女有餘布，子欲通之，則梓匠輪輿，皆得食於子。於此有人焉，入則孝，出則弟，守先王之道，以待後之學者，而不得食於子，子何尊梓匠輪輿，而輕爲仁義者哉」？（滕文公）。士承文化之傳統，立身行道，爲世之楷，以內聖外王之學說啓迪後進，澤洽當時，功垂後世，不惟不可與一般食客同日而語，又豈一農一工之貢獻，可等量哉？

士抱濟世之略，懷用世之志，固願登庸於廟堂，如商湯之聘伊尹，文王之訪呂望，作國家之棟梁，作蒼生之霖雨；然而決非如求富貴利達之政客，如齊人乞食一般，「脅肩諂笑，病于夏畦」，以自辱其人格。蓋明君當國，必能招賢納士，苟非明君，則雖上書自薦亦無用，段干木之於魏文侯，「踰垣而避之」，泄柳之於魯繆公，「閉門而不納」，孟子謂「是皆已甚，迫斯可以見矣」（滕文公）。然如魯平公將見孟子，爲嬖人所阻，彼既不來見孟子，而孟子亦不求見於彼，何也？平公若為明君，豈能受嬖人之惑哉？庸碌之君不可與有為，士不枉道而干祿，又何必見之哉？萬章問曰「敢問不見諸侯何義也」？孟子曰「在國曰市井之臣，在野曰草莽之臣，皆謂庶人，庶人不傳質為臣，不敢見於諸侯，禮也」（萬章）。「學而優則仕」，學以致用，士固願有政治地位，以展其所懷，故孟子曰「士之失位，猶諸侯之失國也。……古之人未嘗不欲仕也，又惡不由其道，不由其道而往者，與鑽穴隙之類也」（滕文公）。不由其道而巧取苟得，孟子比之如男女之鑽穴相窺，踰墻而私從，同一齷齪。當時齊梁之君有禮賢下士之風，在時君之中較為賢者，故孟子往見之，然彼好賢而不能用，孟子遂拂袖而去，不戀其萬鍾之祿也。「立乎人之本朝，而道不行，恥也」（萬章）。道既不行，而尸位素餐，孟子比之如賤丈夫之登龍斷而罔私利（公孫丑）。陳子曰「古之君子，何如則仕」？孟子曰「所就三，所去三，迎之致敬以有禮，言將行其言也，則就之；禮貌未衰，言弗行也，則去之。其次雖未行其言也，迎之致敬以有禮，則就之；禮貌衰則去之。其下朝不食，夕不食，飢餓不能出門戶，君聞之曰吾大者不能行其道，又不能從其言也，使飢餓於我土地，吾恥之，周之亦可受也，免死而已矣」（告子）。不被國君所信任，不食其祿，而受其周濟何也？蓋士不矯情以沽名，不乖僻以自高，既去職，則為平民，國君有周濟貧民之義，且其周濟又出於仁慈之誠，君子與人為善，不肯拒人之善意，故受之；雖受之，亦不踰節，只求免於飢餒而已，厚賜重貽，皆所不受。「繆公之於子思也，亟問，亟餽鼎肉，子思不悅，於卒也標使者出諸大門之外，北面稽首，再拜而不受，曰今而後知君之犬馬畜伋，蓋自是臺無餽也。悅賢不能舉，又不能養也，可謂悅賢乎」？（萬章）。諺云「無功不受祿」，厚餽鼎肉，超出周濟貧民之義，故子思不受也。——士之出處去就，辭受取與之節如此。

孟子云「無恆產而有恆心者，惟士爲能」。士「非義不合」，雖蓬戶甕牖，簞瓢屢空，自得自樂。雖「委之以貨財，淹之以樂好，見利不虧其義，劫之以衆，沮之以兵，見死不更其守」（儒行）。寧殺身以成仁，寧舍生以取義，決不枉道以偷生，「故士窮不失義，達不離道。窮不失義，故士得己焉；達不離道，故民不失望焉。古之人得志，澤加於民；不得志，修身見於世；窮則獨善其身，達則兼善天下」（盡心）。守死善道，不降其志，「苟利國家，不求富貴」（儒行）。「天下有道，以道殉身；天下無道，以身殉道」（盡心）。其自立之精神如此。

士雖立身剛毅，然不自大傲物；雖處世謙和，然不屈於威勢；孟子云「古之賢王，好善而忘勢，古之賢士何獨不然？樂其道而忘人之勢，故王公之不致敬盡禮，則不得亟見之，見且猶不得亟，而況得而臣之乎」（盡心）。曾子曰「晉楚之富不可及也，彼以其富，我以吾仁；彼以其爵，我以吾義；吾何慊乎哉」？（公孫丑）。其心無私求，擴然大公，不肯趨炎附熱，故雖以王侯之尊，亦不能屈其人格，彼蓋以「堂高數仞，榱題數尺，我得志弗爲也；食前方丈，侍妾數百人，我得志弗爲也；般樂飲酒，驅騁田獵，後車千乘，我得志弗爲也；在彼者，皆我所不爲者，在我者，皆古之制也，吾何畏彼哉」？（盡心）。我之志，不在乎富貴享受，我無所羨於爾，而我之所有者爲自古以來人生不可離之大道，我無爾人爵之貴，而我之天爵之貴，可以駕乎爾之人爵之上，吾無所愧，無所懼，豈肯低心下首以取辱哉？其人格之莊嚴如此。

綜上所述，可見士之人格，爲正義之代表，爲人群之師法，世間立德立功立言之勝，胥由傳道授業解惑而來，故雖以王者之尊，不能無師，「君之所不臣於其臣者二，當其爲尸則弗臣也；當其爲師則弗臣也」（學記）。帝王雖貴，而士則可以爲帝王師，顏斶曰「士貴耳，王者不貴」（戰國策齊策），言王者不貴於士也。「湯之於伊尹，學焉而後臣之，故不勞而王。桓公之於管仲，學焉而後臣之，故不勞而霸」（公孫丑）。君既尊士，而士亦甘居臣職以盡其才，輔君爲堯舜之主，致國於至盛之治，「用之則行，舍之則藏」，「天下有道則見，無道則隱」（論語），抱天地之正氣，闡人生之大道，士之人格詎不偉哉？

孔孟標示士之人格，後學繼其遺風，修身行道，作人心之主宰，作社會之中堅，上爲帝王所師，下爲人群所法，中國數千年之燦爛文化，爲士人精神之光輝，故歷代郅治之世，亦卽士風最盛之時。蓋國家社會之秩序，全在當政者與被治者雙方維持，權勢在握，當政者固有威力；然而衆怒難犯，被治者亦有威力；倘雙方對立，要求無厭，彼此以力對力，互相衝突，勢必演成慘禍，兩敗俱傷，士人卽在此兩間作調劑工作，以構成社會和平，其調劑之道爲何？卽啓發人之理性，使雙方各自向內用力是也。一面輔導當政者曰：須約束自己，以德化民，人民自心悅而誠服；一面勸導人民曰：須愛護政府，奉公守法，大家始可享安樂之福。使雙方情感溝通，自然上下一體，國家清平。如不幸而奸民莠徒，無理倡亂，士人則喚起正義，除暴安良；不幸而暴君汙吏，禍國殃民，士人則領導群衆，發動革命。士人有可以在位之資格，而不必在位，其立場變動不居，可上可下，而總之由理性作主張，鐵肩擔道義，仁以爲己任，啓導社會人群走入合理之路而已。西方文化以宗教爲主宰，有專司傳教之教士，其教士在社會之地位，始終爲大衆所敬愛，足見其國人有中心信仰，故其國家能健强而獨立。如言中國文化尙有可取之點，則士之人格永遠尊榮，士之功烈永遠不磨。慨夫華夏衰亂，歐風東漸，國人失却自立之信心，狂妄者竟欲擧火自焚，剷除自己之文化，空羨外邦物質之文明，喪失本身自强之魄力，以飛機大礮爲進化之利器，以道德倫理爲落伍之思想，結果既未學得外人之長處，空自斲喪固有之精神，自毀長城，自尋危亡，於是士氣掃地，士風已泯，而茫茫神州遂陷於浩劫之中矣。

九　儒家何以成爲思想之正統

梁任公云「西人稱世界文明之祖國有五：曰中華，曰印度，曰安息，曰埃及，曰墨西哥」。然彼四國者，其國族與文化，非早滅亡，即曾中斷，而數千年歷史文化一貫相承，迄今仍屹然獨立於世界者，則惟我中國。中國學術思想，至先秦時代已燦然大備，直至於今合東西哲人之思想，大致皆未能逾其範圍。當時群哲紛出，百家爭鳴，各抒睿見，各發宏論，以理相競，自由發展，而儒家何以獨能超勝諸子，巍然居正統之地位，建中華光榮之盛史，作東方文化之代表？此當然有其優勝之根本，故能獲衆心之擁護，而成其偉大之功，今試論之。

簡述儒家而外三大學派之要旨

先秦百家之學，紛紜競勝，當時除各家互相檢討外，亦有於客觀立場總加批評者，其評判公正而握要者則爲莊子。莊子天下篇評議天下之道術，分爲儒、墨、道、法、名五家，荀子非十二子，亦總括此五家，皆選學派之大者而評之也；其他各家，所謂「多得一察焉以自好」者，或漫羡無歸，或一見之智，皆不足與此五家相抗衡，故皆置而不論。然此五家中，所謂「

名家」者流，乃徒講辯論之術者，猶今所謂論理學，當時學派之爭辯，政客之游說，處士之橫議，多借之以勝人之口，其學問雖風行一時，爲世所樂道，然其實僅爲一種言論技術，並無人生中心思想，故本文亦不述及。儒、墨、道、法四家，於人生哲學及治平之道，有其具體之理論，道家思想博大，陳義過高，戰國時「儒墨之徒滿天下」，法家之富强政策，爲時君所崇尚，儒家之外，彼三家爲最著。學說思想之評價，可借孔子「修己安人」一語以衡之，其地位之高下，視其勢力之强弱，其勢力之强弱，視其所發修己安人之功效如何，今卽以此爲準，以述三家。

道家

道家之學，可擧其兩項要旨以明之，一曰崇法自然；自然者，天道也；宇宙萬物，有其自然之法則，各當循其自然之規律，其在人類，爲天賦之本性，其在事物，爲必然之定理，此不可違悖者也。道家闡明此義，以任天適性爲人生之眞諦，故其對自身則反對矯揉造作，老子云「常德不離，復歸於嬰兒」，曾再三申明人生於世，當保持嬰兒天眞自然之德，不受世俗之惡化，自無外物之牽累，倘與俗浮沉，糾纏於利害之中，失却自主之性，勢必矯揉造作，削足就履，以傷眞我，此莊子所謂「行名失己」，「以身殉利」者，（大宗師，駢拇）

，不但其生活不自由，而又適足戕其生也。其對行事，為反對干涉主義，老子云「愛養萬物，而不為主」，「為而不恃，長而不宰」，效法天道，坦然無私，對萬物愛之養之，雖功德無量，而不自恃其能自居為主，雖為其君長，而不憑一己之意宰制一切。對人事而妄加干涉者，莊子喻之為烙馬毛，穿牛鼻，既毀事物之眞性，徒現自己之暴虐，此謂「不道」，不道者必敗事而危身。二曰主張無為，無為之義亦由天地自然之道而發明者，無為並非放廢世事，而是本乎理智，從容中道。其用之於修身，則為致虛守靜，不馳逐外物，徹悟天人之理，逍遙大道之鄉。其用之於行事，照動機而言，則為廓然大公，不執私見而故意有所為；照方法而言，則為秉要執本，以簡御繁，不多事紛擾。如此無為，乃可以大有為，故老子云「道常無為，而無不為」。莊子云「虛則靜，靜則動，動則得矣。夫虛靜恬淡，寂漠無為者，萬物之本也」。「天不產而萬物化，地不長而萬物育，帝王無為而天下功」。（天道篇）。無為之義玄矣遠矣，非有德慧者不能行其道。

崇法自然，主張無為，總在使人各「安其性命之情」（莊子在宥），其在個人，為圓滿至樂之自由，其對群衆，為最善之理想政治，至樂之自由，須由「見素抱樸，少思寡欲」以求之；最善之政治，乃「輔萬物之自然」而不敢私有所為，「使百姓皆曰我自然」，（老子）。此之謂「常德」、「玄德」。

老子以仁義爲下乘，其目的在使人逕由大道歸於上德，雖陳義過高，然與儒家大致不相背。自莊子而後，儒道兩家遂顯然殊途。莊子爲亂世所迫，直走獨善其身之路，遺世獨立。超脫形骸，所謂「獨與天地精神往來」，「上與造物者遊，而下與外生死無始終者爲友」，「乘雲氣御飛龍，而遊乎四海之外」，（天下，逍遙遊）。此種超世思想，糠粃塵世，脩然物外，遂遠離群衆，而爲高士畸人獨往之妙境矣。莊子亦深知其道非一般人所能通曉，故曰「萬世之後，而一遇大聖，知其解者，是旦暮遇之也」。（齊物論）。道家之學由莊子發揮詳盡，亦惟由莊子之學始足見道家之異彩。其玄義奧旨雖非衆人所能了悟，然終爲人生必有之一義也。西漢承亂秦之緒，實行老子「清淨爲天下正」之道，而有文景之盛治；晉人在亂世之中，效法莊子灑落忘世之高致，而得樂道於清流；清儒魏源謂老子爲救世之書，（言與儒家經世之學不同也），又有人將莊子之學比爲菫，（卽烏頭，言只可作治病之用也），皆言道家之學非日用經常之道，只能於非常時期現其功效也。

墨家

墨子自述其學說云「國家昏亂，則語之尙賢尙同。國家貧，則語之節用節葬。國家憙音湛湎，則語之非樂非命。國家淫僻無禮，則語之尊天事鬼。國家務奪侵凌，卽語之兼愛非攻」。（魯問篇）。

發動戰爭，攻人之國，損人而不利己，所謂「貪伐勝之名及得之利」，然而「計其所自勝，無所可用也；計其所得，反不如所喪之多」，（非攻中）。而況佳兵不祥，好戰必敗，天下至慘之事無如戰爭，墨子目睹當時列國交鬨之禍，愍然傷之，故不辭辛苦，致力於奔走和平，其非攻之論，自爲正確。

墨子以當時之在位者「居處言語皆尙賢，逮至其臨衆發政而治民，莫知尙賢而使能」，「王公大人骨肉之親，無故富貴，面目美好者，則擧之」。（尙賢下）。王公大人，雖口稱尙賢，而用人循私，故政亂國危。墨子主張尙賢使能，不論親疏貴賤。尙賢爲「政事之本」，亦爲至論。

國家之政令必須統一，天下之主義必須統一，始能免却矛盾紛爭之患，在上者當齊一公理，使人民有所遵循，故墨子有「尙同」之說。鄉長爲一鄉之領袖，國君爲一國之領袖，天子爲天下之領袖，故「鄉長之所是必皆是之，鄉長之所非必皆非之。國君之所是必皆是之，國君之所非必皆非之，天子之所是皆是之，天子之所非皆非之」。此彷彿爲階級服從之制，故有人謂：墨子之尙同，易流爲極權獨裁之政治。此不然；墨子既主張尙賢，賢者當政，豈能流爲極權獨裁？「是故里長者里之仁人也；鄉長者鄉之仁人也；國君者國之仁人也；。「

天子者固天下之仁人也，舉天下之萬民以法天子，夫天下何說而不治哉」？墨子謂「選擇天下之賢可者立以爲天子」，此明言君權爲人民所授。又謂「上之爲政，得下之情，則治；不得下之情，則亂」。天子「壹同天下之義」，劃一天下之公理，以衆情爲依據，此非等於民主政治乎？而且天子不但須依從民情，天道至公至仁，天子又須法天，率萬民「上同於天」，此恰爲反對極權獨裁者，故尚同之說亦無可非。（以上所引皆見尚同篇）。

墨子以人之作惡，有非道德法律所能制止者，故欲借天與鬼以威人心而戒邪慝，謂「天欲義而惡不義」，「天愛百姓」，「禹湯文武順天意而得賞；桀紂幽厲反天意而得罰」。「愛人利人順天之意得天之賞；憎人賊人反天之意得天之罰」。「得罪於天，將無所以避逃之者也」，（天志篇）。墨子又利用一般人信鬼之心理，遂言確有鬼神，謂「鬼神能賞賢而罰暴。是以吏治官府之不潔廉，男女之爲無別者，鬼神見之」。鬼神力大無邊，任何「富貴衆强，勇力强武，堅甲利兵，鬼神之罰必勝之」。「是以吏治官府不敢不潔廉」。（明鬼篇）。凡一切惡行，皆必受鬼神之懲罰。墨子之尊天事鬼，與宗教家神道設教之義相同，亦自有其是處。

卜筮相術之技，謂能斷人生命運之休咎，此在春秋戰國之時已甚流行，荀子有非相篇，韓非詭使篇亦痛斥國君受「卜筮、視手理者」之蠱惑，推之，桀言其祿命如天之有日；紂言

「我生不有命在天」；（尚書），其所言之命，亦皆由此種信仰而來者，墨子之非命，即反對此種「執有命者」之論，此與儒家「知命」之命不同，此處姑不具論。此種執有命者謂「命富則富，命貧則貧，命壽則壽，命夭則夭」，「福不可請，禍不可違，敬無益，暴無傷」，一切皆由命作主，此實足以使一般人縱惡而怠志，故墨子乃斥此種定命論毫無據實，謂「强（自强力行）必治，不强必亂」，「强必貴，不强必賤」，「强必榮，不强必辱」，「强必富，不强必貧」，人之一切皆由人之自主，不可迷信命定以自誤。（以上所引皆見非命篇）。墨子之非命論，亦時俗之藥石也。

墨子見時君暴奪民財，宮室衣食奢侈無度，使人民飢寒並至，因而作姦釀亂，（見辭過篇）。又以諸侯天子之喪，以金玉車馬鼎鼓，几筵戈劍羽旄，種種寶物埋之於壙，甚且有殺人殉葬之慘，（節葬篇）。又以王公大人，置樂器，養樂隊，一面耗民之財，一面沉於淫樂而怠於政治，是以「國家亂而社稷危」，（非樂篇）。於是遂發節用、節葬、非樂等論，節用固爲美德，然而如墨子之主張，其用財限於實用之意，只求維持低級生活足矣，故謂樂器不如舟車之有用。（非樂），謂食足充飢則止，衣足護體則止，宮牆足爲男女之別則止，凡五味芬香之調，雕鏤文采之飾，皆不必要，（節用）。此種節用，謂某時生活當如此簡單則可，謂此爲生活永遠之法則，則不可。且舉好樂荒淫之例以爲戒，遂排斥音樂，豈非因噎而廢食乎？至於欲戒奢葬而遂操極端相反之主張，以薄葬爲貴，重資財而薄父母，固爲人情所不忍，故墨者夷子葬其親厚，孟子譏其以所賤事其親，（孟子滕文公篇）。墨家本身亦不能實踐其偏激之言，豈能行諸大衆。且墨子既謂「人死而爲鬼」，須潔爲酒醴粢盛以敬事鬼神，方不逆民人孝子之行，（明鬼篇），則刻薄以葬其親，豈孝子之意乎？且鬼既有靈，能不疾其寡情乎？是則墨子未能自圓其說者也。

「兼愛」爲墨子之中心思想，孟子云「墨子兼愛，摩頂放踵，利天下而爲之。」此最足表示墨家之精神。兼愛者，愛之所施無人己親疏厚薄之分也；因兼愛，故非攻；欲使天下無戰禍，必須仁人在位政治合理，於是尙賢尙同之論由此而出。墨子云「天下之亂，起於不相愛」，此言是也；然而兼愛卽愛無差等，所謂「視人之國若其國，視人之家若其家，視人之身若其身」。夫吾家之財物，吾得隨意取而用之，若視人之家若其家，則人家之財物吾亦得隨意取而用之乎？既不能，則仍當各守其分位，各先顧自己之家，而後再推愛於別人之家，此人情之自然也。兼愛既不協於情，難於實行，豈非空唱高調乎？「兼相愛，交相利」，爲墨子常講之口號，兼相愛必繼之以交相利，如不「交相利」，何以見得交相愛？社會之人衆矣，欲盡兼而愛之，故必節衣縮食忍受艱苦以利他人，於是節用、節葬、非樂等等言論由此而出。墨子云「吾聞爲高士於天下者，必爲其友之身，若爲其身，爲其友之親若爲其親，然後可以爲高士於天下」。（兼愛下）。爲己之身，而更須兼爲他人之身，養己之親，而又須兼養他人之親，此多層擔負，誰能勝任？以此責諸己，則力所不贍；以此求諸人，更苛刻難通；力所不贍亦强而行之，死而無悔，如伯夷紀他之殉名，此誠可謂高士矣，然而非天下之達道也。如呂氏春秋恃君覽所載：齊國高士戎夷如魯，天大寒，而城門已閉，與弟子宿於郭外，二人之衣須併於一人，始能救一人不死，不然則二人必皆死，戎夷謂弟子曰：「子與我衣，我活也；我與子衣，子活也；但我「國士」也，爲天下惜死，子不肖人也，不足愛也，子與我子之衣！弟子曰：「夫不肖人也，又惡能與國士之衣哉？」戎夷太息嘆曰：「嗟乎！道其不濟夫！解衣與弟子，夜半而死」。此足徵兼愛之不能實行矣。

總之，墨子見當時士大夫身居高位，而不能盡治平之責，徒謀私人之榮利，而不顧衆人之痛苦，因而殺伐互起，塗炭生民。於是遂創立學說，站於平民立場，勞心苦行，欲以淑世風而救時弊，知有社會而不知有個人，不惜犧牲一切以利天下。不圖利祿，不求地位，「量腹而食，度身而衣」，（魯問篇，越王欲迎墨子，以五百里地封之，墨子云如能用吾道，則量腹而食，度身而衣卽可，奚以封爲哉？）百舍重繭，止楚攻宋（戰國策宋策）。其吃苦好義之精神，實令人欽崇，然而非中道也，莊子論之云「其生也勤，其死也薄，其道大觳，使人憂，使人悲，其行難爲也；反天下之心，天下不堪，墨子雖能獨任，奈天下何？離於天下，其去王也遠矣」。「生不歌，死不服，以此敎人，恐不愛人；以此自行，固不愛己」。（天下篇）。此其道所以不能行於世也。王充論衡薄葬篇，亦謂墨子學說乖錯，（明乎死者無知，薄葬之論乃能成立），是非不明，不可以行。

法　家

先秦前期法家，管仲子產等，其政治主張，俱以道德爲本，以法律輔道德之所不及，其思想言論與儒家相近，故孔子對管仲子產屢屢稱贊，（論語孔子稱管仲爲仁人，左傳孔子稱子產爲古之遺愛）。後期法家申不害韓非等，始純講法治主義，始建立法家特有之精神。故先秦法家以申韓爲代表。彼見亂世之中，人心險惡，道德不足以爲防，故曰「今天下無一伯夷，而姦人不絕世」，「故有道之主，違仁義，去知能，服之以法」，（韓非子守道，說疑）。於是純講法制以統治社會，純恃嚴刑以鎭壓人群，申韓之學，如此而已，玆略述其要點：

任法爲治：愼到解釋任法之理由云「君人者，舍法而以心治，則賞罰從君心出，受賞者雖當，而望多無窮；受罰者雖當，而望輕無已；君若以心裁輕重，則同功殊賞，同罪殊罰，怨之所由生也」。一切斷之以法，則公而無怨矣。申子云「君必有明法正義，若懸權衡，以稱輕重，所以一群臣也。」韓非用人篇云「釋法術而任心治，堯不能正一國；去規矩而妄臆度，奚仲不能成一輪」。其任法之理論，可謂健遒有力矣。度與衡爲察物之利器，法家卽以法爲治國之利器。法家不尙賢，以爲只要有嚴明之法，則「强不得侵弱，衆不得暴寡」，（守道篇），不須賢者便能致治。賢者執法，必揆情度理，斟酌損益，在法家視之，此便爲「以心治」而非法治，此便爲違法，故商鞅云「遺賢去智，治之數也」。

極崇君權：法家以一國之政必須集中權力。由君一人主持，始可便於指揮而統一政令。君以刑賞之威以制臣下，臣下須遵君令，絕對服從，不但不得爲非，且亦不得爲善，蓋爲善則得群衆之擁護，此足影響君權者也；故曰「人主者，以刑德制臣者也」，「臣制財利，則主失德；臣擅行令，則主失制，臣得行義，則主失名；臣得樹人，則主失黨；此人主所以獨擅也，非人臣之所得操也」。「行惠取衆，謂之得民，得民者，君上孤也」。（韓非二柄、主道、八說）。「權者、君之所獨制也。……權獨制獨斷於君，則威」，（商子修權）。獨制獨斷，卽今所謂專制獨裁也，專制獨裁之法令，縱有弊害，臣民亦不得評議，故云「言行不軌於法令者，必禁」，（韓非問辯），先秦法家可謂極端之專制獨裁矣。

嚴刑重罰：法家最反對所謂「德政」，「惠政」，彼以爲德政足以啓人民依賴政府之心；惠政使人民無功受賞，爲不公之擧，「此法之所以敗也」，（韓非難三、六反等篇皆有此論），惟嚴刑重罰，始能立政府之威，始能止社會之亂，故曰「愛多則法不立，威寡則下侵上」，「上設重刑而姦盡止」，（韓非內儲說，六反），「故善治者刑不善，而不賞善；故不刑而民善，不刑而民善，刑重也，刑重者民不敢犯」。（商子畫策篇）。彼以為刑罰愈重，則民愈不敢犯，故酷刑制裁，復制連坐之法，一人有罪，連及無辜，（韓非制分篇，商子賞刑篇）。商鞅之法尤為殘酷，「棄灰於路者，被刑」，臨渭論囚，渭水盡赤，執嚴酷機械之法，絕不顧惜人命，此法家特有之精神也。

法家之峻法嚴刑，係據「性惡」論而來者也，彼以為自私自利為人之通性，利害可左右人之一切行為，故云「以利為心，則越人易和；以害為心，則父子怨且離」，不肖之子「父母怒之弗為改，鄉人譙之弗為動，師長教之弗為變」，政府操官兵捕姦人，「然後恐懼，變其節易其行矣」。父母之於子「產男則相賀，產女則殺之」。「李兌傅趙王而餓主父，優斯傅驪姬而殺申生」，（以上所引見韓非外儲說左上，五蠹、六反、備內。）韓非舉不肖之子，不慈之父以為例，以為利之所在，雖父子之親猶不惜互相殘害以趨之，足徵人皆自私自利，絕無同情相愛之心，卽有極少數慈善之人，而在多數惡性人群之中亦不得行善，行善正所以取損，（外儲說左上曾舉鄭人以慈心放鱉飲水，而鱉死，以為喻）。人性皆惡，專好損人而利己，故非繩之以嚴法不可。——或謂：韓非曾師荀子，其性惡論係受自荀子者，此不然；荀子言性惡，並不否認人尙有善性，故云「塗之人可以爲禹」，「夫人雖有性質美而心辨知，必將求賢師而事之，擇賢友而友之。得賢師而師之，則所聞者堯舜禹湯之道也；得良友而友之，則所見者忠信敬讓之行也；身日進於仁義而不自知也」。（性惡篇）。荀子承認人有善性，故用禮義敎化導人入善，因有善性，故能爲善也。法家不承認人有善性，故專用嚴法以制人，其見解一偏，不獨韓非爲然。

法家旣以人性皆惡，非繩之以嚴法不可，故擯斥仁義、反對孝悌及一切善行，以至詩書禮樂文學，皆當一概禁絕，略舉其語，可見一斑。

「言先王之仁義，無益於治」，「擧先王言仁義者盈庭，而政不免於亂」，故「明君之道，賤德義，貴法術」。又擧徐偃王行仁義，荆文王伐而滅之，以明仁義適所以亡國，（韓非顯學、八說、五蠹）。「仁義不足以治天下」。（商子畫策）。

韓非五蠹篇又擧特殊罕見之事物以爲例，以爲忠孝乃矛盾之事，謂「君之直臣，父之暴子也；父之孝子，君之背臣也」。忠孝篇又大發反對賢子賢臣之言論。至於仁人、慈惠、誠信、貞廉之行，皆當以法禁止。（韓非八說、五蠹、商子飭令）。

反對臣民爲善，恐臣民得衆而奪君勢；卽政府亦不得行善，故商子去彊篇云「國爲善，姦必多」。韓非外儲右下篇載；秦大饑，應侯請發五苑之果蔬，足以活民，昭襄王謂賞功罰罪爲秦之法，如應侯所請是人民無故而受賞也，寧棄蔬果爲無用，使人民餓死，亦不肯違賞罰之法。

商子去彊篇謂「國用詩書禮樂孝悌善修廉辯治者，敵至必削，不至必貧，國不用十者治，敵不敢至，雖至必却」。其農戰篇謂：學詩書則避兵役，故詩書無益於治。又謂學術風盛影響農業，足使國貧，其算地篇以文學之士顯名，足以影響君之尊榮。韓非以藏書講學之士皆無用，「故明主不道仁義之故，不聽學者之言」，（顯學篇）。謂「工文學者非所用，用之則亂法」，「故明主之國，無書簡之文，以法爲教」。以學者及工商之民，皆爲邦之蠹，（五蠹）。

總觀先秦法家，除其信賞必罰之精神可取而外，其嚴刑峻法之措施，只可作治亂世用重典偶然用之，其餘主張皆爲偏狹之見，無有是處。一則過分尊崇君權，集政權於君主一人，實足造成獨裁專制之政府。再則其任法不任人，流爲機械無理，如上述不肯變通賞罰之法，寧使蔬果爲廢物而使人民餓死，不誠如韓非所述鄭人信度之笑話乎？（外儲說左上，鄭人買履信自其足所量之度，而不信其足）。三則，刑罰過嚴難以行通，故不能賞罰嚴明，韓非所云「不避親貴，法行所愛」，徒爲口號而已。太子犯法，商鞅宣判刑其師傅，法既不能行於親貴，而乃遷罪於他人，豈不荒謬？（秦孝公太子（惠文王）犯法，商鞅以太子親貴不可刑，乃刑其傅公子虔，黥其師公孫賈）。且嚴刑亦不能止亂，故秦法雖嚴，而叛者群起，秦遂以亡。四則、抹煞人之善性，杜絕人類自覺自治之美操，使人民完全處於被動地位受法律之管束，不啓發人性向上之美德，只求人民不犯法而已，此之謂消極政治主義。五則、惟使人民專於「農戰」，商賈技藝之人皆被取締，（商子農戰篇），甚且以詩書禮樂一切文化皆爲無用，此非愚民政策奴役政治乎？

孔子曰「道之以政，齊之以刑，民免而無恥。道之以德，齊之以禮，有恥且格」。前者爲法家之法治主義，後者爲儒家之德治主義，此兩種政治主張大相徑庭，法家與儒家固迥不相同。史遷以老莊與申韓列爲一傳，謂其學「本於黃老」，然法家與道家亦實不相侔，法家所講之「道」，與道家所講之「道」，實非同道；韓非有主道、守道二篇，其所講者純爲人主駕馭臣民之道，故曰「明君無爲於上，群臣竦懼乎下」，（主道）。法家所講之無爲，與道家所講之無爲亦不相類，法家所講之無爲，只是靜操君權統制天下之術，故曰「事在四方，要在中央，聖人執要，四方來效」。（韓非揚權）。且老子以「法令滋彰，盜賊多有」，「民不畏死，奈何以死懼之」？而法家則純恃嚴刑酷法以鎮壓人民，與道家背道而馳，何曾本乎黃老哉？

秦始皇見韓非所著之孤憤五蠹等篇，拍案叫絕曰「寡人得見此人與之遊，死不恨矣」。

法家之整套主張，由始皇具體實行，曇花一現，卽歸淪敗，其殘酷之禍，至今猶令人談虎色變，而申韓之學亦陷於荒烟斷港矣。

總之法家之學說，只爲一種法治主義，並無具體之人生思想，不能與道墨兩家相比；有獨到之見而理論有體系者，儒家而外，厥惟道墨。梁任公云「無蹈湯赴火之實力，則不能傳墨學；無幽微玄妙之智慧，不足以傳老學」。（中國學術思想變遷之大勢）。道家陳義過高，墨家自苦太極，皆非一般人易於實踐之道也。

此外尚有一家，當一述及：

道墨兩家衍生之學派，以及其他各小家之學說，亦各有其獨見而言之成理，此處無暇詳及。惟今當唯物思想泛濫之日，而有不得不述及者，卽唯物言論在中國學術中觀之，並非新穎；在先秦時代雖無唯物思想之語詞，而却有其言論，今爲述說方便起見，故稱之曰唯物派。當時唯物派曾立於諸小家學說中喧囂一時，然而不足與各大學派相抗，故早已爲戰敗之俘矣。當時唯物派言論最激烈者，可舉二人以爲代表；一則任人也；二則許行也；任人以物質支配人之一切之理論，向孟子弟子屋廬子挑戰，觀其所云「禮與食孰重？色與禮孰重？以禮食則飢而死，不以禮食則得食，必以禮乎？親迎則不得妻，不親迎則得妻，必親迎乎」？自以為所持之理强有力矣。然而孟子以正義稍加批駁，彼之言論荒謬卽畢露矣。（孟子告子篇）。許行倡君當與民並耕而食之說，輕視「勞心」，只重「勞力」，謂政府元首及官員皆為不勞而食，為害民以自養者。如此只以物質為生活所必需，而蔑視其他一切，其所唱之口號，與近世高喊勞工神聖而鼓動工潮者，言論實為一致。神農發明耒耜，倡導農業，其治天下，勞心改善人民生活，未必躬身為農自耕而食。許行假託其學說出自神農，而徒講勞心須兼勞力，欲使君臣與民並耕，並未講農業學術，而後世稱之為農家，實乃名不符實。或以許行率其徒「衣褐，捆屨織席以為食」，有似墨家之苦行，故遂以許行卽墨子弟子許犯，（見錢穆所著之墨子），此附會之說也；許行自耕而食，妄擬神農，墨子則每稱道夏禹，效法夏禹之勞心焦思以救天下，故莊子以為墨學原於禹。墨子並未主張勞心者必須自耕而食，觀其魯問篇載：「有吳慮者，冬陶夏耕，自比於舜」，墨子謂之曰「一農之耕分諸天下不能人得一升粟，不能飽天下之飢者；一婦之織分諸天下，不能人得尺布，不能暖天下之寒者；翟以為不若誦先王之道而求其說，通聖人之言而察其辭，上說王公大人，次說匹夫徒步之士，王公大人用吾言，國必治；匹夫徒步之士用吾言，行必修；故翟以為雖不耕而食饑，不織而衣寒，功賢於耕而食之織而衣之者也」。以勞心之價值勝於勞力之價值，豈非與許行之說大相反乎？梁任公謂「許行所持之理論，頗與希臘柏拉圖之共產主義，及近世歐洲之社會主義相類，蓋反對北人階級等殺之學說，矯枉而過正者也」。（中國學術思想變遷之大勢）。矯枉過正，流爲一偏，一偏之論，卽爲邪說，故經孟子闢駁，彼卽無以辯矣。（孟子滕文公篇）。先秦諸家之思想言論，除道家有當別論而外，蓋皆不能與儒家爭勝也。

儒家之道適合人生，而無諸子之弊，故得成爲正統：

道家陳義過高，公孫丑之語恰可借之以喻道家之道，曰「道則高矣，美矣，宜若登天然，似不可及也」。（孟子盡心上），其餘諸子於世事各有所見，其言論大都有所爲而發，戒淫佚，則主張廢音樂；見惰民，則主張除商賈；持之有故言之成理，一時慨憤，因噎廢食，多爲偏激之言。其精釆之論，有時亦可作補偏救弊之用，然一鈞之金，不能成鼎鼐之巨器，一智之得，不可作經世之常道；誠如莊子所評「猶百家衆技也。皆有所長，時有所用，雖然不該不徧，一曲之士也」。（天下篇）。

儒家見解睿明，思想周密，「毋固毋我」，不發意氣之言，針對實際，解決人生問題，非諸子所能及，茲作比較而略論之。

道家返樸歸眞超世之旨，只有少數人翛然獨往，非一般人所能領受，其價値有當別論。其政治思想有與儒家相通之點，而結果終不相同。老子謂「大道廢有仁義」，以仁義爲下乘，欲人直追「上德」，達於「至德」之世。孔子以「今天下大道既隱」，不能躐等而進，只可由禮義爲紀之小康之道，而漸進入天下爲公之大同之境。道家講順民之情，「長而不宰」，使「百姓皆日我自然」。儒家講得民之心「民之所好好之，民之所惡惡之」，使人民康乂。兩家政治，皆以民衆爲主，惟道家以純樸自然爲尙，以天下清淨無事爲人民之幸福；儒家以正德厚生爲尙，以社會文明繁榮爲人民之幸福；二者皆爲幸福，然儒家之路平坦而易入，爲群性之所趨；道家之道，幽微而難進，故遂陷於冷落。至於修已方面，兩家同爲嚴格，惟道家後學偏重致虛守靜，務於獨善其身；儒家則講「窮則獨善其身，達則兼善天下」，用行捨藏，不得已而退居無事，仍然不忘濟世，永抱積極之精神，立已立人，知其不可而爲之。孔子爲魯相，及周遊列國，以至退而設教，無非此種精神。

墨家講非攻、尙賢，儒家講「禮讓爲國」，以發動侵略戰爭者當「服上刑」，此與墨家之和平主義相同。然儒家不一味「非攻」，伐暴戡亂而安天下，非戰不可，此儒家所以又講軍事，崇武功也。至於選賢與能以爲治，尤爲儒家所首倡。墨家講節用，儒家亦講「節用而愛人」，節儉固爲美德，然吝嗇刻薄則不可也！如墨家所講薄葬非樂之理論，謂所費必求實用，然試問何謂實用？安慰人心，調劑人情，非實用乎？如謂實用只限於物質生活之所需，精神生活所需者便不爲實用，則試問：爾之一哭一笑，有何用哉？曰此爲我發抒情感之用也！

儒家亦反對淫樂，然樂以和其心志，此非發抒情感之用乎？儒家亦反對厚葬，然重喪禮以盡孝心，此非發抒情感之用乎？若夫修己之道，則墨家兼愛之說，徒落空談，尤爲儒家所不取，儒家講推己以及人，老吾老以及人之老，幼吾幼以及人之幼，此種博愛之德，出於人情之自然，乃易於實行者也。

法家任法爲治之精神，所謂「奉公法，廢私術」，（韓非有度篇），固爲可取，然而法乃人所訂立者，徒法不能以自行，用之全在乎人，若任法而不任人，則固執機械之法，不能運用適當，豈能爲治？儒家固然信任良法，然以爲有治人自然有治法；有治法而無治人，則法淪爲無用；故曰「文武之政，布在方策，其人存，則其政舉；其人亡，則其政息」。（中庸）。是故「有良法而亂者有之矣，有君子而亂者，自古及今未嘗聞也」。（荀子王制）。法家刑罰之森嚴，有時固可採用，然其只信刑罰可以維持社會秩序，道德教育一概蔑視，不相信人可以爲善，而一以嚴法繩之，如韓非所主張言大而功小，與言小而功大者，皆一律懲罰，（二柄），是何等機械無情？違反人情，無怪其行不通也。刑罰固不能廢，然儒家總以「齊之以刑」，只圖維持現狀，爲消極主義，爲政治之下策，故主張「道之以德，齊之以禮」，尊重人格，啓發人之自尊心，使人自覺自治。惟遇桀驁不馴之徒，不可以感化，不可以理喻，則「刑期於無刑」，（大禹謨），不得已而始用刑，諺云「禮治君子，法治小人」，人民此種政治信仰，至晚近始漸消失。法家之尊君主義，流爲專制暴政，尤爲古今之忌；元首總理國事，固當尊崇，儒家對元首予以天子之稱號，天爲至高無上之威權，天道至仁至公，天子爲替天行道者，天意由何表現？曰「天視自我民視，天聽自我民聽」，「民之所欲，天必從之」，（泰誓），民意卽天意，故天子爲政必以民意爲主，如違反民意而專橫暴虐，則失却天子之資格，而淪爲獨夫，爲衆人之仇敵，人民必擁護「應天順人」之革命者，出而代天伐罪，以安人民，以接任天子之職務，此與晚近所謂民主政治，實大同而小異。故儒家雖沿襲君主制度，而實際則爲民權政治也。——法家徒講治人之術，而不談修己之道，只站於統治立場發言，無具體人生思想，既不能與墨家相比，豈能與儒家相提並論？

儒家哲學，充實而完美，其修己安人有一貫之道，小而言之，修己卽所以自治，所以自安；大而言之，修己始可安人，安人必須修己；故曰「自天子以至於庶人，壹是皆以修身爲本」。（大學）。其對人生問題，見解精確；其解決問題之道，思想周密，而其執行之方有一定義，卽所謂中庸之道，何謂中庸之道？「不偏之謂中，不易之謂庸，中者天下之正道，庸者天下之定理」，凡事不走極端，不偏左，不偏右，允執其中，一秉至公。所謂「無適也，無莫也，義之與比」。「無可無不可」，並非摸稜兩可是非不明，而是「可行則行，可止則止」，不固滯，不機械，「隨時之宜」，「以義制事」，以合理爲度。其所闢之人生大道，淺而言之，修身安分，平易近人，雖愚夫可以能行；大而言之，救世濟衆，立德建功，雖聖人亦不能盡善；誠可謂「極高明而道中庸」。適合人生，衆心所趨，是以得居正統之地位而造出中國燦爛之文化與光榮悠久之歷史。

或謂：自漢武帝罷黜百家，獨尊儒術，是以儒家得居正統之地位；此不然，諸子爭鳴，人群信仰自由，當戰國時，儒墨之徒已滿天下，此兩家最爲群衆所擁護，繼而墨家後學流爲名家之詭辯，至秦末又流而爲犯禁之游俠，墨學漸歸銷沉；而儒門之士，則仍持其修齊治平之旨，以發揚其經世之學。溯自秦孝公變法，崇法家而棄儒學，秦昭王曾明言「儒無益於人之國」，及至始皇變本加厲，焚書坑儒，一任法家殘酷之術，施行專制暴虐之政，人心暗中思儒家之德治主義，卒以釀起革命。秦亡漢興，苛法盡除，儒學遂如春筍怒發復興於天下，即朝廷不事提倡，其學亦洋溢乎中國而自成正統矣。如就當時朝廷之信仰而言，則元勳大臣，多好黃老，「言治道貴清淨」，曹參爲相，公然以黃老之術輔治，甚至帝后亦「喜老子言，不悅儒術」，（見漢書儒林傳、后者竇太后，文帝之后也）。故有文景淳樸之盛治，以此而言，則武帝當推道家爲至尊，而不當獨尊儒術矣。然而其所以獨尊儒家者，以其學賢良方正直言極諫之士，洞察輿情，知儒家之道爲衆心所歸，故遂推尊之也。帝王勢力，能迫人一時虛僞屈服，而不能迫人永久服從，故始皇欲迫人擁護其子孫萬世帝業，而卒未能。北魏太武帝及唐武宗，俱崇奉道教而擯斥佛教，或殺戮沙門，或毀除僧寺，禁止信佛，然而不但未能迫人民廢佛教而尊道教，反而佛教繼興，盛於道教，足徵服從非強力所能迫，信仰更非強力所能迫，然則謂國人數千年來尊儒家爲正統，乃帝王勢力之所迫，亦卽言儒家之所以成爲正統，爲帝王勢力所支持，豈不謬哉？

儒家對人生問題了解清楚，抓住解決問題之要領，循其理而實踐之，自然走至善之境，其要領爲何？卽啓發人之理性是也。略述如下：

啓發理性使人自動向善走入合理之大道

理性賦自天然，與生俱來，人人皆有，無假外求，此天賦平等之善根，使人自重而重人，自愛而愛人，人類進化卽理性爲原動力，理性愈發達，社會愈文明，人世一切事，苟能訴諸理性以解決，則無不諧矣。

何謂理性？一般人常說「人是理性動物」，對理性之解釋則云「理性是指思考推理等能力而言」；誠然，思考推理等能力乃由理性所發者，然而一般人又說「人類之特徵在理智」，理智亦指思考推理等能力而言，然則二者究竟有無分別？普通之說法似乎渾而不明，然實亦不易截然劃分，今試略作解釋，曰：理性者對事求其合理求其美滿之天性也；理智者對事判斷處理之智慧也；理性爲熱誠無私之情感；理智爲冷靜無私之思辨；俗語說「某人有正義感」，便是理性的特徵，如說「某人不論情理」，便爲泯沒理性；或說「某人作事決不盲從」，便是理智的特徵，如說「某人固執私見」，便爲失却理智；舉例言之：例如計算數目，計算之能力爲理智，而必求其正確者，理性也；又如：善於理財以利身家，爲理智之力量；而捐舍財物以救濟他人者，則理性所主使也。此則理性與理智似乎顯然爲二物，然而理性對事求合理，求美滿，欲達其目的，則必須付諸理智以實行，故理智實爲理性之一部分，人常謂對事求其「心安理得」，心之所安，卽所處之事合理也；如所行有缺，自感愧歉，則心不安矣；理性要求心安，理智要求理得，理性與理智實爲一體之兩面，相輔爲用，實不可强分者也。

今就本題，何謂理性？再作具體之解答，曰：理性者，好善之心也，求眞之心也，凡惻隱之心，羞惡之心，是非之心，辭讓之心，皆理性之特徵也。孝經云「天地之性，人爲貴」，貴其異於萬物也，貴其爲萬物之靈也，其貴其靈，卽在其特有之理性也；凡克己愛人，彰善癉惡，守節不渝，拾金不昧，以至殺身成仁，舍己爲群一切美德，皆理性爲之也；理性發揮偉大無私之情感，指揮理智以從事，理智負運用方法完美其事之任務，如事實所限，理智不能勝任，則提出成敗得失以警告情感。然偉大無私之情感，則只能以善惡是非爲取舍，不爲成敗得失而動搖，故理智有時力窮技盡，而偉大無私之情感決不灰心，知其不可而爲之，雖犧牲一切在所不顧；人世間動天地感鬼神，可泣可歌之事，皆由此而生。人類全憑此偉大無私之情感以互愛互助，建立和平社會，造成人生幸福。

儒家以人生最重要之問題不在物質生活簡陋，物質方面雖簡陋，總可以生活；而大患則在乎人禍，人與人之間，其糾紛問題為禍最烈，一家之人若失却偉大無私之情感，骨肉乖戾，同室操戈，則雖財產豐饒，而其貧立至，苦亦隨之；一國之人若失去偉大無私之情感，黨派鬥爭，自相殘殺，則雖有大好河山，而外寇侵至，舉國塗炭矣。儒家首先看重此一問題，解決此一問題之根本要領，即在啓發理性，發揮偉大無私之情感；偉大無私之情感，亦即所謂「仁心」。

惻隱之心人皆有之，是非之心人皆有之，理性乃天所賦予，無假外求者也；好善惡惡為人之通情，為非作歹之徒，豈不自知無理，豈不內心自疚？然而以其不肯服從理性，而被私慾所惑，故遂昧天良而故意為惡。莊子云「其嗜慾深者其天機淺」，人為私慾所蔽，則理性便失明，由失明而泯沒，與其他動物無異，故稱惡人之行為曰獸性行為。人若趨於獸性社會，便為退化；人與人冷酷無情，互相疾害，如此則物質科學無論進化至如何精美之程度，亦非人之幸福。理性為人類進化之原動力，儒家啓發理性，使人生向上，不必強力之逼迫，不靠神力之援引，而自動走入光明之大道。

由理性而構成倫理社會

理性也，仁心也，淺而言之，卽人與人互發之同情心也；彼此同情，故彼此互愛，若夫各顧私利而弱肉强食者，乃其他動物之生活方式，非人類之生活方式也；若以其他動物全憑强力作生存之競爭，如虎食鹿，鷹捕雀等等優勝劣敗之例，以衡人類之生活，其理不通，其謬誤已有史實證明；古昔强悍之民族，全恃武力以征服他族者，不久皆歸失敗，如蒙古人曾稱霸歐亞；歐洲北方之野蠻民族曾征服希臘羅馬；以及近世兩次大戰，强暴橫行之侵略國，皆遭慘敗；人類若與其他動物一般，只顧自身之利，而無同情之心，則林肯爲何解放黑奴？晚近民主國家爲何扶植弱小民族？若失却理性，利令智昏，理智亦必隨之而偕亡，故理性與强暴相爭，亦卽人性與獸性相爭，前者勝而後者敗，史實昭然可鑒也。儒家之啓發理性，非憑空設想而然，蓋應當如此，而事實必須如此也。

人類之同情心，以共存共榮爲幸福，人類幸福以互愛爲基礎，由互愛互助而促進文明，以遂其人生向上生活進化之願，此爲理性之路，決不與無理性之動物走一條路，儒家首先認清這一點，故啓發理性，釀成人群博愛之風，而構成倫理社會。試看倫理社會之概況：

何謂倫理？可借荀子臣道篇「倫類以爲理」一語以釋之，倫者類也，等也，理者道義也儒家將人與人之關係分爲等類，各盡其應盡之道，例如父母爲一倫，子女爲一倫，父母對子女應盡之理爲「慈」；子女對父母應盡之理爲「孝」；乃至於夫婦、兄弟、朋友，及一切相與之人，各就其親疏厚薄之等倫，以盡其應盡之道理，此之謂倫理，倫理關係卽情誼關係，亦卽相互間之義務關係。

人類之愛始於父母，此爲自然之事，儒家卽依此自然之性，而以孝道爲根本，以家庭作基礎，由家庭之愛擴充成社會之愛，大孝須「立身行道，揚名於後世，以顯父母」，（孝經），「故居處不莊非孝也，事君不忠非孝也，（忠於元首，其義卽忠於國家），蒞官不敬非孝也，朋友不信非孝也，戰陣無勇非孝也」，（曾子大孝章），蓋一切善行皆足以榮親，一切惡行皆足以辱親也，由孝道而擴充成一切美德。不愛親豈能愛國？故以孝道爲德之本。無國便不能有家，無家又何以孝親？故孝道擴大，其顯著之表現爲愛國，愛國卽所以愛家，愛家方能盡孝親之道，如此由內而外，由外而內，一體之愛，擴然大公，始成爲完美人格，人格愈完美，所盡之孝道愈大。儒家用此自然之孝道作根據，由父子有親推而至於君臣有義，夫婦有別，長幼有序，朋友有信。以此五倫爲綱領，由家庭推而及於宗族、鄉黨、以至於廣大之人群社會。親戚之親戚，則相互皆爲親戚關係；朋友之朋友，則相互皆爲朋友關係；如此而縱橫交加，四面八方皆爲倫理關係，「年長以倍，則父事之；十年以長，則兄事之；五年以長，則肩隨之」；

（曲禮），雖遠離鄉里，無親友關係，而以敬老慈幼，長幼有序之義，互相對待，仍然皆成爲倫理關係。一切倫理關係，皆以情義相待，爲表示親切，加重其情義，故於師恒曰「師父」，於徒則有徒弟徒孫之稱，於親友乃至於一切人，皆以伯叔兄弟相稱謂，舉整個社會關係而一概家庭化之，四面八方之倫理關係，彼此各負有相當義務，互以對方爲重，互相要好，全社會之人，不期而彼此關聯，無形中成爲一種組織。此之謂倫理社會。

以倫理組成社會，其政治亦倫理化，孝經云「資於事父以事君，而敬同」，取於事父之道用以事君，則君與父同其敬。君爲一國之長，父爲一家之長，「天子作民父母，以爲天下王」。（洪範），子對父又有「家君」之稱，（易家人卦），君父列爲一倫，臣子列爲一倫，「以孝事君，則忠」，（孝經），臣民忠於君，君對臣民當然必以仁，乃至於對行政長官，人民皆稱之曰父母官，以父母之禮對長官，長官當然應盡愛民如子之義。政治與倫理合一，故鄉黨地方形成自治制度，里長鄉長於當地人群本屬親朋關係，而被公衆推爲地方首長，則負起倡導公益與排難解紛之任務，而群衆皆一致服從。地方自治除固定之機構而外，凡長者皆有訓導後輩之義務；後輩皆有尊重長者之習尙。父母官對民事，亦最重教導方式，最忌機械制裁。如此，政治依倫理而行事，倫理中已含政治之要求，此即所謂政教合一。

不但政治倫理化，其經濟亦倫理化，一家之中，夫婦、父子、財產不分，父母在堂，兄弟等亦不分，分則視爲背理，是曰共財之義。族黨親友，彼此間有無相通，是曰通財之義。通財，雖應償還，但在某種情形之下，又有施財之義務；總之在經濟方面，彼此顧恤，互相負責，有不然者，群訛爲不義。此外，如祭田、義莊、義學等，爲宗族間共有之財產，大都作救濟孤寡貧乏及補助教育之用，此種社會經濟，隱然有似共產，惟其相與共者，以倫理關係之親疏厚薄爲準，愈親厚，休戚相關之義愈重，其財產愈當共享，親戚之名稱卽由此而來。如此，則個人之財產不僅爲個人所有，凡在倫理關係者，皆有其份。殷富之家，如不憐貧恤孤，是謂「爲富不仁」，必受輿論之制裁，而無以自立，故格言云「刻薄成家，理無久享」。中國舊社會經濟之所以平衡，此爲重大原因。

倫理社會，政教合一，家庭教育與社會教育一致，人人自幼薰陶在禮義廉恥之風尙中，此種風尙卽教育，亦卽政治，重禮義，知廉恥，積極向善之精神，無形之中已超過奉公守法消極之法治要求，而其督導人生向上，其高明之處，實非法治所能及，倫理道德，形成人群共守之禮俗，人人循規蹈矩，習爲自然，無須警察維持社會秩序，間有少數莠徒，必爲衆人所不齒，受大衆之抵制，亦不敢任所欲爲；如公然作惡，爲社會所不容，官府始制之以法，此爲極罕見之事，法律僅居輔助倫理之地位，太平之世，法律幾乎備而不用，如漢文帝時，獄無繫囚，唐貞觀二十三年，獄中繫囚五十餘人，惟二人應死，人民只知有倫理，幾乎不知有法律。英哲羅素譽中國倫理社會爲文化團體，實非過奬之言，或謂此種倫理之治，只能實行於農業社會，不足實行於工商社會；夫倫理道德由理性而發，由仁心而發；亦卽由人與人之同情心而發，何以便不能實行於工商社會？此不必深辯也。

由理性之路進入大同世界

天下爲公之大同世界，爲儒家所要求之理想社會，亦爲人類進化共同追求之目標，何謂大？人類合群統一之謂大；何謂同？人類利害均等之謂同；欲達此目的，非武力所能致，必須由理性發揮同情心，大家始能無矛盾，始能合群統一，始能患難相恤，利害相共。理性之路充溢博愛之德，處事動機出自仁心，雖有時難免興兵用武，然亦爲弔民伐罪除暴安良之舉，非如野心家之無謂發動戰爭，塗炭生靈也；漢文帝，匈奴三入而三拒之，不事追擊；唐太宗對異族，必待有罪而始征之，是以外族向化，成爲文明盛世。古聖先王，抑強扶弱，興滅繼絕，以人類共存共榮爲目的，領導人類走理性之路，此卽天下爲公世界大同之大道也。

結語—儒家之道爲人生必由之徑將永居正統之地位

中國燦爛之文化，悠久之歷史，胥由儒家之道而來，儒家修身濟世，與人類共存共榮之思想，使中國往代成爲文明强國，作東方文化之代表，其偉大之精神與價值，在人類史中，靈光永在。然而今日一般時髦之輩，鄙棄自己之文化，以爲中國文化如果眞美善，爲何國家落到如此地步？五四運動之濫調，至今仍唱之不休，爾時一般妄人，故意破壞中國文化，將專制政權及科學落伍等等罪名，俱加於儒家身上，信口雌黃，愚惑青年，流毒至今，大爲發作，思想紛亂，邪說橫行，於是國家始落到如此地步。事實顯然，製造亂端，禍國殃民，以及喪却自信之心，甘於落人之後，種種原因，皆因失掉儒家啓發理性與人生向上之精神所致。自五四運動開始破壞中國文化，漸而滙成毀滅中國文化之瘋狂朝流，迄至於今，中國文化已氣息奄奄，而國運亦陷於空前危險之境矣。效顰媚外，徒爲獻醜；妄自菲薄，等於自絕；時至今日，吾人尙不知自悟乎？

啓發理性，使人自動向上走入高尙之境，不落爲被動機械之下級生活，此乃人類天性必然之趨勢，此種趨勢，有時雖遇人心反常，暴力阻礙，但人性不可泯滅，終不能阻止其趨向，此儒家之道所以如日月之經天，雖難免遭逢雲霾，然其光輝終必普照人世也。

人類心理及生活之需要，大致相同，理義之悅我心，猶芻豢之悅我口，物質文明爲任何民族所愛好；道德文明尤爲任何民族所必需；儒家即創造道德文明者，照人類普遍之問題而言，人與人之糾紛鬥爭，爲人生第一大患，儒家最看重此點，故專門研究此部學問，致力解決此一問題。凡爲一種學說，皆欲爲人解決問題，然而講超世人生者，其眼光過於遠視，忽略現世問題，而凝神於未來理想之境，此爲少數人所能領悟者；唯物主義者，其眼光又太短視，抹煞人之理性，而死執目前問題，將人生逼入酷冷無情之恐怖中。儒家以多數人之通情爲準，針對事實解決問題，不强人所難必須升到天國，亦不將人性與獸性同視必須錮之以枷鎖，亦不以物質可以支配人之一切，如蠅之逐臭蚊之飽血生活便爲圓滿，儒家由理性而開發之中庸大道，平易近人，爲人生必由之徑，簡而言之，修身齊家，愚夫可以能行；及其至也，可以贊天地之化育，誠可謂極高明而道中庸。

而今世人對儒家之道，雖仍有誤會，仍多不了解者，然而人類在生活途徑中試探而行，摸索前進，轉來轉去，終必走儒家之路，不見中西哲人之眼光已有一致之趨勢乎？孟德斯鳩之法意（嚴復譯本），竭力稱道中國倫理之治；梁任公遊歐洲，西方哲人云：西方物質文明，外表美觀，骨內痛苦，最須中國道理補救其人生，羅素對中國文化尤爲贊美，謂西方人發明武器，須有中國精神，始能用之得當。杜威云「中國人多理會人事，西洋人多理會自然」。人事問題之重要性，並不亞於自然科學之重要性，西方哲人亦看重人事問題，對儒家漸有認識。物質爲死物，受人支配；人爲動物，無法操縱；故人事科學不能如物質科學進步之速。人生哲學曲折前進，由認識儒家而同情儒家，將來必走儒家之路。蓋人類之所以繼續存在，全憑有理性有道德；泯滅理性不講道德，決非人類之社會，啓發理性發揮道德，始能走入共存共榮合理之大道中；人生不求向上則已，如求向上，則雖不認識儒家，而自動由生活經驗中試探所得之規律，將來亦不期而然，必與儒家合轍，百慮而一致，殊途而同歸，儒家先哲始終爲先知先覺之聖人，其正統之地位，將永遠屹立於人生大道中。

本書作者著述之一覽

書名	出版處
道家與神仙	台灣中華書局
老子要義	台灣中華書局
孔孟要義	台灣中華書局
荀子要義	台灣中華書局
論李杜詩	台灣中華書局
魏晉清談述論	台灣商務印書館
文言與白話	台灣商務印書館
松華軒詩稿	台灣商務印書館
莊子要義	文景書局
列子要義	文景書局
兩漢哲學	文景書局
佛學概論	文景書局
中國文學論衡	文景書局
應用文	文景書局

中華語文叢書

孔孟要義

作　　者／周紹賢　著
主　　編／劉郁君
美術編輯／鍾　玟

出 版 者／中華書局
發 行 人／張敏君
行銷經理／王新君
地　　址／11494 台北市內湖區舊宗路二段181巷8號5樓
客服專線／02-8797-8396　　傳　　真／02-8797-8909
網　　址／www.chunghwabook.com.tw
匯款帳號／兆豐國際商業銀行　東內湖分行
067-09-036932　中華書局股份有限公司

法律顧問／安侯法律事務所
印刷公司／維中科技有限公司　海瑞印刷品有限公司
出版日期／2017年9月再版
版本備註／據1979年6月初版復刻重製
定　　價／NTD 450

國家圖書館出版品預行編目（CIP）資料

孔孟要義 / 周紹賢著. -- 再版. -- 臺北市 :
中華書局, 2017.09
面 ; 公分. -- (中華語文叢書)
ISBN 978-986-95252-6-8(平裝)

1.孔孟思想 2.儒家

121.2　　106013183

NO.H2018
ISBN 978-986-95252-6-8（平裝）